LEAP

ディスラプションを味方につける
絶対王者の5原則

Howard Yu
ハワード・ユー 著
東方雅美 訳

How to Thrive in a World
Where Everything Can Be Copied

プレジデント社

LEAP by Howard Yu

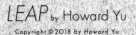

LEAP

イントロダクション

競争の仕組み

国内であれ、国外であれ、新たな市場を開くということは、経済構造を内側から絶えず変革し、古い構造を絶えず破壊して、新しい構造を絶えず創造するという、変わることのない産業の変化のプロセスである。この「創造的破壊」のプロセスは、資本主義において不可欠なものである。

ヨーゼフ・シュンペーター（一八八三－一九五〇）　経済学者

競争に勝ち続けることは難しい。それを何十年も、何世紀も続けることは、ほとんど不可能のように思われる。産業革命以来、豊かになった国はどこも、最初は別の国のまねをした。フランス人はイギリス人のまねをし、アメリカ人はドイツ人のまねをし、日本人はあらゆる国のまねをした。

こうした競争の中で、数えきれないほどの企業が消えていった。しかし、なかには何世紀ものあいだ生き残り、いまでも繁栄し続けている企業がある。いったいどうやって、そんなことが実現できるのだろうか。

底値を目指す競争

アメリカ　サウスカロライナ州グリーンビル　一八七二年

ヘンリー・P・ハメットは、いまから一世紀半ほど前にサウスカロライナ州グリーンビルの市長を務めていた人物だ。陽気な男で、たいそうな巨漢でもあり、その大きな体を乗せるために特注の馬車に乗っていたほどだ。頭は禿げ、ひげはきれいに剃られ、あごは分厚く、青白い顔をしていた。彼はサウスカロライナのエリートたちに通じていた。

ビジネス関係者が集まるシティ・クラブでの演説で、ハメットは、リッチモンド・アンド・ダンビル鉄道がグリーンビルにやって来ることを告げた。[1]「この鉄道路線に沿ったこの地域（ピードモントと呼ばれるアメリカ東部の高原地帯）には、豊かさと繁栄と、偉大さをもたらす要素が、すべて自然に備わっている」と、ハメットは聴衆に向かって声を張り上げた。「旅行者はこの美しさと魅力に感銘を受けないはずはなく、資本家は投資に最高の場所だと考えるに違いない[2]」。

市長にとって、新しく開通するこの鉄道は、ピードモントの経済見通しを立て直すまたとない好材料だった。ピードモントには貧しい白人が多く、借金を背負った農民と山岳住民が経済の重荷となっていた。そのため、辺境の未開の地と見られていた。鉄道はそんな評価を覆すチャンスだった。

アメリカの鉄道の黄金時代だった一八七〇年代の終わりから一八九〇年には、約一一万七五〇〇キロメートルもの鉄道が新たに敷設された。一年あたりで換算すると、約一万一〇〇〇キロメートルで、その多くが南部や西部で建設された。[3] ピードモントを横断する鉄道は、ノースカロライナ州シャーロットとジョージア州アトランタを結び、さらに北はニューヨーク、南はニューオーリンズまで延びるもので、可能な限りの最短距離を直線で結ぶとされていた。注目度も非常に高く、ピードモント鉄道はこれを「エアライン」として宣伝した。民間航空事業が始まる前の時代に、この言葉を使ったのだ。[4]

鉄道が開く可能性は非常に魅力的で、市長自身も、自分で演説した通り鉄道開通を活用するためピードモント製造会社（PMC）を設立した。一八七六年三月一五日、PMCは綿布の輸出を開始した。同社の製品は最先端の紡織機械を使って製造したもので、円筒に巻き付けた布の直径は九〇センチほど、輸出先は急成長していた中国だった。

このビジネスは大成功を収めた。PMCはさらに八万ドル相当の機械を導入し、それによって一八八三年には、二万五七九六個の紡錘と五五四台の織機を備えた、サウスカロライナ州最大の繊維メーカーとなった。その五年後、二つ目の工場「ピードモント第二」を開設し、さらに翌年には三つ目の「ピードモント第三」を立ち上げた。

中国人は、PMCの安価で粗い、丈夫な布を好んだ。イギリスからの高価な輸入品は避けられるようになり、ピードモントの低賃金と大規模な工場が世界的に知られるようになった。繊維製品も石炭や石油、鉄といった他のコモディティと同様に、需要が非常に弾力的であった。つまり、価格が低いときには消費者はより多くの布を購入し、価格が上昇すると買うのをやめる。当時中国を旅した旅行者によると、「中国で、ピードモントの商品を見かけない場所はどこにもなかった」という。[5]

ＰＭＣが驚異的に成長する一方で、他社もすぐに追いついてきた。ホルト、カノン、グレイ、スプリングス、ラブ、デューク、ヘインズといった大手企業が、アジアに進出してきたのだ。これによって、アジア市場をイギリス企業が押さえるという産業革命以来の構図に終止符が打たれた。

一九三〇年代には、アメリカ南部の繊維メーカーが、アメリカの繊維輸出額の七五％を占めるようになった。地元の新聞は何度も、大成功の要因は勤勉な南部の人たちの販売力とアイデアだと報じた。それによって、他の企業が市場から追い出されたのだ。

そこに、日本から一ドルのブラウスがやって来た。[6]

第二次世界大戦の終戦から間もなくして、日本人がアイデアと低賃金という同じコツをつかんだ。日本の勤勉な人々は、ピードモントの企業よりもさらに低い価格で繊維製品を生産した。しかし、一〇年ほど過ぎると、衣料品の生産はさらに安価な香港や台湾、韓国の労働力が担うようになった。そして、それらの国々でも賃金が上がると、繊維製品の工場は中国や、インド、バングラデシュへと移っていった。底値を目指しての競争である。二〇〇〇年の時点で、繊維製品の生産に携わる人の賃金は、中国とインドネシアでは一時間あたり一ドル未満だったが、アメリカでは約一四ドルだった。

二〇世紀が終わる頃には、繊維産業でにぎわったアメリカの都市は、かつての面影もなく衰えてしまった。会社の建物は封鎖されて放置されるか、別の用途に転換されるか、博物館となった。ピードモント第一工場は、南部の繊維産業に貢献した重要性が認められて国の歴史建造物に指定されていたが、一九八三年の火災で、ほとんどが燃えてしまった。幸いけが人はいなかった。というのも、PMCの駐車場では、コンクリートの割れ目から雑草が伸びているほどで、訪れる人もいなかったからだ。ピードモント第一工場は、一九七七年に操業を停止していた。同工場の残骸は、静かに取り壊され、運び去られて、その名前は国家歴史登録財からも外された。[7] 今日では、グリーンビル繊維遺産ソサエティが、高齢化しつつある住民から話を聞いて、その記憶を記録し続けている。[8]

この話を聞いて、繊維産業は例外的に短命だったのだと考える人もいるかもしれない。しかし、繊維産業だけが特別なのではない。たとえば、パーソナルコンピュータを見てみよう。

まずは、ハードディスクドライブ（HDD）という驚異的な製品について考えよう。

テープにデータの保存をすると、ユーザーがその最後にあるデータにアクセスするためには、必要な情報にたどり着くまでテープ全体を読み込まなければならない。ＨＤＤは、データをブロックに分けて保存して読み出すことでスピードを速めた。カセットテープのように順に情報を読み出すのではなく、ランダム・アクセスという方法を取るのである。これを実現するために、ハードドライブは一分間に約七〇〇〇回転するディスクを備え、動く軸の上に取り付けられた磁気ヘッドが、この回転するディスク上にデータを書き込んだり、読み込んだりする。この技術は、戦闘機のパイロットが、高度三〇〇〇メートルを時速九六五キロの速さで飛行しながら、テニスボールを一度もミスすることなく六〇〇回バケツに入れることに匹敵する。

こうしたレベルの技術は、一九五〇年代には、カリフォルニア州サンノゼにあったＩＢＭの研究所だけのものだった。一九五六年に発表された最初のモデルは、トーマス・エジソンの蓄音機シリンダーからヒントを得たものだ。それ以来、ＨＤＤの技術は飛躍的に進歩した。ハードドライブの大きさが縮小する一方で、容量は何倍にもなった。しかし、イノベーションの場所は変わった。今日では、世界中の企業が競争し合っている。東芝はいくつもの台湾企業に追い上げられるなか、きわめて効率的な製造プロセスで攻勢をかける。価格圧力があまりにも強いため、同業界はほとんど利益が出ないところまで追い込まれている。

再生エネルギー業界も、同様の例として挙げられる。風力タービンは、ゼネラル・エレクトリックやシーメンス、ヴェスタスなどの企業が先陣を切り、一時期はほとんどが欧米の企業によって製造されていた。しかし、二〇年も経たないうちに、ゴールドウインド（新疆金風科技）やシノベル（華鋭風電科技集団）といった中国企業が初期のメーカーから市場シェアを奪い、グローバル市場で主要メーカーとなっていった。

太陽光パネルの製造でも、中国のインリー・グリーンエナジー（英利緑色能源）が、二〇一三年の時点では世界最大手のメーカーとなっている。それどころか、太陽光パネルメーカー上位一〇社のうち七社が中国に本拠地を置き、そのすべてが市場にあとから参入してきた企業だ。

こうして、繊維製品からＨＤＤ、再生エネルギーに至るまでを見ると、こんな疑問が浮かんでくる。「最初に市場を開拓した企業が新しい企業に負けていくのは、現代の経済では避けられない宿命なのだろうか。あるいは、葬られずに済む方法があるのだろうか」。

奇跡の医薬品

スイス　バーゼル　二〇一四年

スイス北西部、バーゼルの中心部から車で五分ほど走ったところに、クモの巣のように広がったオフィス群がある。世界第三位の製薬会社、ノバルティスの世界本社だ。中庭を中心として、そこから広がるような形で建っている社屋は、現代建築の粋を集めたものだ。壁が床から天井までガラスでできているステンレス・スチールの構造、砂利の庭に置かれていた巨大な現代彫刻など、もしここにスーツを着たマネジャーや、白衣を着た技術者などがいなければ、現代美術館のように見えるかもしれない。

このオフィス群の建物の一つ、ファブリクストラッセ22はイギリス人の建築家、デイヴィッド・アラン・チッパーフィールドが設計した。一部がオープンになっている独特の構造だ。この建物の内部で働く科学者に求められる学際的なコラボレーションも、同様に特徴的である。社内では、生物学、化学、計算科学、医学などのすべてが一体となる。研究者らは細胞で実験をし、データを多用した分析を行って、がんを引き起こす原因を探っている。ほかにも、これまで治療できなかったものを治療するための野心的な試みがあちこちで行われている。そして、この洒落た現代的な本社は、ノバルティスが手にした成功の証でもある。

本社の建物こそ新しいものの、同社の歴史は古い。前身であるチバガイギーとサンドが一九九六年に合併してできた企業だが、チバガイギーもサンドも、このバーゼルのライン川沿いで長い歴史を刻んできた。

チバは一八八七年に、最初の解熱剤「アンチピリン」の製造を開始した。一八九五年には競合企業のサンドが、サッカリンと鎮咳・鎮痛剤の「コデイン」の製造販売を始めた。もう一つのスイス国内のライバル企業であるロシュは、一八九六年に設立され、海外に事業を展開していった。まず一八九七年にミラノに進出し、続いて一九〇三年にはパリに、一九〇五年にはニューヨークに進出した。それから一世紀以上が経過した二〇一四年の時点で、ノバルティスとロシュの株式時価総額は四〇〇〇億ドルを超え、さらに拡大基調にある。同年の研究開発費は、ノバルティス一社だけで九九億ドルにもおよび、ロシュもそれに近い額を投資している。[10]

他の産業の中心地がやがては衰退していったのと異なり、バーゼルの生活水準は西ヨーロッパで最も高いレベルにある。ライン川の向こう岸には多様な建物が立ち並んでいる。狭い石畳の道に囲まれた歴史ある見事なタウンハウス、典型的な工業建築、そして現代的な邸宅——そのすべてがスタイルはまったく異なるものの、完璧に調和して共存している。短命だったピードモントとは異なり、バーゼルの恵みは無限のようだ。

では、なぜ繊維産業の命運が残酷にも移り変わっていったのに、製薬産業はこれほどまでに安定しているのだろうか。新たな競合企業が襲来したとき、比較的無傷で逃げられる先行企業がある一方で、後発企業に追い散らされる企業もある。その原因は何なのだろうか。

輝きを失った真珠

謎を前にしたとき、学者は文献を読み、観察し、インタビューし、議論をし、記述をする。わたしは二〇一一年にスイスのＩＭＤビジネススクールの教授陣にフルタイムで加わったが、本書はそれ以来続けてきた研究の集大成である。

同校のエグゼクティブ教育プログラムがわたしの研究の場となり、「すべてがまねできる世界で、企業はどのようにして成功するのか」という謎をそこで解明していくことができた。そのプログラムには、さまざまな業界の経験豊かで国際的なビジネスリーダーたちが参加しており、彼らがわたしのガイドとなって、大小さまざまな企業の栄枯盛衰について、実体験を話してくれたのだ。この恵まれた立場で、わたしは多くの人の経験を知ることができ、その全体を統合するという恩恵に浴することができた。

しかし、わたしがこうした業界の移り変わりと先行企業の敗退について強い関心を持つようになったのは、学術界に加わるずっと前のことだ。香港で生まれ育ったわたしは、知識と資本の海外への移転を否応なく目にすることになった。

わたしの小学校のときの先生は、香港を「中継貿易地」と表現していた。香港が中国と他の世界を結ぶ唯一の窓だったときに、イギリス人がそう呼んでいたのだ。チーズやチョコレート、自動車、綿花、米など、ほぼすべての商品や品物が、中国に出入りするのに香港を経由する必要があった。

香港は人件費が安かったために、労働集約的な製造業の中心地ともなった。かつては静かな漁村だった香港が「東洋の真珠」、つまり経済発展の輝かしい事例となったのだ。一九七二年には、玩具輸出において香港は日本を追い抜いて世界第一位となり、衣料品の生産が経済を支えるようになった。アジアの大富豪の一人で、推定資産総額が三〇〇億ドルとも言われる李嘉誠《リーカーシン》は、プラスチックの造花をつくる工場から事業をスタートし、その後不動産開発、コンテナ港の操業、運輸業、小売業、電気通信などに事業を拡大していった。

しかし、一九八〇年代前半に香港の製造業は崩壊した。工場は中国本土に移り、それとともに仕事も移っていった。まず、製造業は国境の向こう側の深圳に移り、続いて広東省全域、そしてそれ以外の地域にも広がった。香港の失業率は急上昇し、長いあいだ香港人の特徴とされていた楽観主義も消えていった。わたしが大学を卒業する年には、同級生たちは、自立するためには新たなスキルを身に付ける必要があると話していた。最初の仕事に就く前に、そんな話をしていたのである。生き残るためには、自己を改革しなければならないと香港人は考えていた。

そして、香港はそれを実行した。かつての製造業と植民地としての自己を脱ぎ捨て、金融と物流の中心地として生まれ変わったのである。この香港の改革のなかでわたしは成長した。この頃、世界中の政策決定者は一様にアウトソーシングを「効率的」だと称賛していた。当時はまだ、自由市場主義の経済学者の誰一人として、新興国の企業がいずれは西側諸国の大企業に追いつくだろうとは本気で警戒してはいなかった。それはグローバル化に際限のない信頼が置かれていた時代だった。しかし、わたしを含めた香港人にとっては、不信感の時代だった。誰もが安定と継続を求めていた。それをどう実現するかを、わたしは解明したかった。

安定を求めることは不可能なのか

なぜ、ピードモントや香港から、知識や専門性は無慈悲にも国境を越えて逃げていったのか。その一方で、なぜスイスで育った産業は、その地にしっかりとどまり、無傷で、繁栄し続けているのか。

わたしがこの問いを企業の幹部たちに投げかけると、たいてい彼らはいぶかしげな顔をして、こう答える。「医薬品は繊維産業や玩具よりもハイテクだから」。あるいは、「大手製薬会社は特許をたくさん持っているから」。つまり彼らの理屈は、複雑な薬の発見とその商業化がスイスの大手企業を守り、一方で衣料品や玩具の製造には特別なスキルが不要であるため、その業界の企業は守られなかったということだ。

この説明は説得力があり、自明なものですらある。しかし、非常に複雑なテクノロジーを持った業界でも新参企業の侵略に抵抗できず、やがて低コストの企業に敗北していった例が数えきれないほどある。もし、複雑な知識と技術が競争を阻む決定的な要因なのであれば、経済学者は業界の技術的複雑性に応じた企業の寿命をグラフに描くことができるはずだ。そのグラフでは、ある業界の技術が複雑であればあるほど、業界の典型的な企業の平均寿命が長くなることが示される。それは非常にシンプルですっきりとした注目すべきモデルとなり、世界中のビジネススクールの学生の頭に叩き込まれることだろう。

しかし残念ながら、そんなグラフを描くことはできない。業界にあとから参入してきた海外企業が先行企業を打ち負かした例は、HDD、自動車、風力タービン、携帯電話など実に多様だ。こうなると、「ハイテク」という言葉の定義さえも、補足が必要に思えてくる。ピードモントの繊維業者も、当時は最先端だったはずだ。これらの理由から、「ハイテク」という理由は、ピードモントの企業とバーゼルの企業の運命の明暗を説明するには不十分ということになる。

この違いの説明としてもう一つよく言われるのは、知識の性質そのものだ。わたしの授業でも何人かの企業幹部が指摘したが、製薬業界の製品開発は不確実性が高くリスキーである。このことはノバルティスの天文学的な研究開発費からも明らかだ。薬が臨床試験に合格し、やがては市場で発売されるという保証はまったくない。今日では、新薬一つを商品化するには平均で二六億ドルが必要で、その額は五年ごとに二倍になると予想されている。それと比較して、繊維やエレクトロニクス、風力タービン、太陽光パネルなどのイノベーションはずっとコストが低く、予測もしやすい。この観点から見ると、製品開発の不確実性が高い業界では、後発企業が先行企業を脅かそうと狙っても、チャンスはないと考えられる。本質的に予測不可能で複雑な問題に取り組むには、豊かな経験と深い知識、そして専門性が必要だ。したがって、経験の少ない後発企業には、参入障壁が高すぎる——。

この説明が当てはまる場合もあるかもしれないが、これまでの歴史には、以前は乗り越えられないと思われていた不確実性を見事に消し去った後発企業の例がたくさんある。たとえば、自動車製造を考えてみよう。

自動車業界では長いあいだ、品質のばらつきは避けられないものとして受け入れられていた。フォードやゼネラル・モーターズ、クライスラーの経営陣は、技術面でどれだけ工夫をしても、人的なミスは防げないと考えていた。したがって、トヨタ自動車や本田技研工業がムダのない生産方法やジャスト・イン・タイム方式を導入したとき、西側諸国の専門家やコンサルタントや学者たちは完全に不意を突かれた。彼らは、混沌としていた自動車業界に、品質管理のツールが秩序と規律をもたらすことを想像していなかったのだ。やがて、かつては自動車産業の中心地だったデトロイトは、日本企業によってラストベルト（錆びついた工業地帯）の地位に追いやられることになった。

このように、製品イノベーションや生産が本質的に予測不可能だと考えられていた業界で、海外の後発企業が実際に成功を遂げている例を次章以降でも紹介する。しかし、なぜこのシナリオが製薬業界では展開されなかったのだろうか。あるいは、少なくとも他の業界ほどには展開されなかったのだろうか。たしかに、特許や規制があれば、まったく同じ製剤を他社がまねして販売することは防げるだろう。しかし、薬を発見する方法や、その能力を育てる方法を後発企業が学ぶのを禁止することはできない。なぜ、誰もそれを学ばなかったのだろうか。裏返して言うと、先行企業は敗退や停滞を防ぐために、何ができるのだろうか。

これから先の地図

「歴史は繰り返さないが、韻を踏む」という言葉がある。この表現は、本書の精神をとらえている。本書全体を通じて、わたしは業界の歴史を比較し、さまざまな企業がとった行動を比較する。その行動の結果を対比することによって、わたしは五つの原則を導き出した。この原則は、人材や情報や資金が簡単に、安価に、ほぼ瞬時に動く時代に、企業がどのようにして成功することができるのかを、説明し、予測するものだ。

最もシンプルな言い方をすると、優位性が揺るがないような、独自のポジショニングを追求しても、それは幻想に過ぎない。知的資産やポジショニング、ブランド認知、生産規模、そして流通ネットワークすらも、長期間の競争に耐え得るものではない。どんな価値提案も、それにどれほど独自性があっても、脅かされないことはない。よいデザインや優れたアイデアも、それを企業秘密にしても、特許があっても、結局はまねされる。

こうした状況の下で、長期にわたって成功するための唯一の方法は「リープ（跳躍）」することだ。先行企業はそれまでとは異なる知識分野に跳躍して、製品の製造やサービスの提供に関して、新たな知識を活用するか、創造しなければならない。そうした努力が行われなければ、後発企業が必ず追い付いてくる。

では、なぜ先行企業はもっとリープしないのだろうか。この問題をしばしば難しくするのは、企業幹部らが現在の事業の目標達成に関して、大きなプレッシャーを受けていることだ。長期的な観点でよいと思われることは、短期的には犠牲を伴う。したがって、リープするためには、次のような新しい考え方と、新しいマネジメントの方法が必要になる。

原則1　自社の基盤となっている知識《ナレッジ》とその賞味期限

最初に検討するのは、「なぜ、新たな競合企業を阻止するのがそれほど難しいのか」という問いだ。

破壊的なイノベーションや消費者の嗜好の変化がないときでも、後発企業は先行企業に対して恐るべき攻撃を行う。その例として、第1章ではヤマハの音楽事業がどのようにしてスタインウェイ&サンズの勢いを失わせたのかを見ていく。ピアノの製造に関して、根本的な変化は何も起こらなかった。しかし、スタインウェイは苦戦を強いられた。この事例からは、後発企業がどのようにして先行企業に迫り、やがては追い越していくのかを見ることができる。

この危険なシナリオを回避するためには、企業幹部はまず何よりも、いま自社の基盤となっている知識、核となる知識を再評価し、その成熟度合を評価し直す必要がある。危険を避けるには、まず自分たちの位置を知ることから始めなければならない。

原則2 新たな知識《ナレッジ》分野を見つけ、開拓する

現代の製薬業界から学べることは、ある分野での知識の発見が別の分野での発見につながるということだ。究極的には、この継続的な発見のプロセスが、成長のための新たな道を切り開いていく。競争優位を確立するには、こうした新たな知識の吸収と、新市場や新事業のタイムリーな創造が非常に重要になってくる。現在あるものを修正するのではなく、大きく前に進むことによってのみ、先行企業は後発企業の追い上げから逃れることができる。かつては無名だったバー

ゼルの製薬会社も、そうしてきたからこそ、一世紀半ものあいだトップを走って来られたのだ。

この点に関して、経営面での選択が非常に重要になってくる。たしかに、運のいい業界に存在する企業もある。たとえば、科学の世界での発見によって、どこにリープすべきかが明らかになるような場合だ。一方で、それがはっきりとは示されない、あまり幸運ではない業界もある。それでも、先行きが暗そうだったのに、そこから抜け出して業界をリードし続けている企業も実際に存在する。たとえば、プロクター・アンド・ギャンブル（P&G）は、新たな知識分野にリープすることによって、家庭用消費財でトップの地位を保ってきた。P&Gについては、第2章以降で詳細に分析する。

原則3　地殻変動レベルの変化を味方につける

もし、歴史によって過去を理解することが新たな知識分野へのリープという概念の確立につながるのならば、わたしたちは歴史についての理解を基に未来を考える必要がある。リープするチャンスを探すためのヒントもそこに隠されている。

業界ごとに重要な変数は存在するものの、業界や地域にかかわらず、誰もが感じる地殻変動のような劇的な変化がある。一八世紀には蒸気機関の発明があり、一九世紀には電力の活用があった。それと同様に、二一世紀の後半に向けて、二つの絡まり合う力がすべての企業に及んでいる。人工知能の台頭と、ユビキタスな環境である。

勝利するためには、自らの周囲の地殻変動を活用し、それに従ってリープしなければならない。テクノロジーの開発者であれ、従来型の製造業者であれ、起業家であれ、非営利組織であれ、わたしたちは今後数十年で重要になってくる力を認識し、他社よりも先に自社のコンピタンスを再構成しなければならない。

原則4　実験、実験、実験

とはいえ、やはり選択は行わなければならない。

選択をするに当たって、大胆な意思決定が格好よく見えるのも、それが間違いだったとわかるまでだ。元米国防長官のドナルド・ラムズフェルドの言葉を借りると、企業幹部らは「何を知らないのかも知らない」、つまり、重要な情報が欠けていることさえ気づいていない可能性がある。証拠に基づいた意思決定を行うには、頻繁に実験を行う必要がある。そうすることで、わからない部分を減らし、必要なレベルの情報をもって結論を下すのである。

別の角度から説明しよう。大規模で複雑な企業の生存を脅かす最大のリスクは、政治的な内紛と、誰も何もしないことである。取締役会で展開される議論は、美しいが無意味な言葉が並べられるだけだったり、個人の信念に過ぎなかったりする。

実験こそが真実への扉であり、そこから外の光を取り入れることができる。したがって本書では、重要な予測の方法や、それを厳密な実験によって証明する方法について検討していく。

原則5

実行への「ディープダイブ」

認識することと実際の行動とは別のものだ。知るだけでは十分ではない。戦略とその実行とは切っても切れない関係にある。アイデアが日々の行動とオペレーションに変換されない限り、先行企業は依然として後発企業に排除されるリスクにさらされている。

経験豊かな先行企業の優位性は、それまでに得た知識である。それが新たな知識分野と組み合わさると、従来の製品開発の軌道が変わる可能性がある。しかし、先行企業のリープを難しくするのは、変革的な事業提案も、上の階層に上げられるなかで却下されてしまうということだ。だからこそ、頂点に立つ人物が、必要なときには介入して新たな方向性を実現しなければならない。

このように、経営トップ個人が重要な分岐点で介入し、その力を活かして障壁を乗り越えることを、わたしはCEOの「ディープダイブ」と呼んでいる。ディープダイブは地位の力よりも知識の力によって可能になるもので、それはマイクロマネジメントとは根本的に異なる。この最後の原則によって、先行企業が自社を再構成し、自社の仕組みを変えるための最後のハードルが取り除かれる。

＊＊＊＊

大まかな地図の説明は以上だ。では、この地図を片手に「なぜ、先行企業は成功し続ける場合もあれば、消えていく場合もあるのか」という疑問について探求を始めよう。さまざまな企業のストーリーを見ることで、変化し続ける複雑な世界に対応するための原則がより明らかになるはずだ。

目次

第1部 歴史から学ぶ

第1章

「日米ピアノ戦争」の教訓

強みが弱みに変わるとき

過去を忘れてしまう人は、同じ過ちを繰り返す。

ジョージ・サンタヤナ（一八六三―一九五二）哲学者

史上最高のピアノ

ニューヨーク市クイーンズのアストリア大通りと二八番街のあいだにあるスタインウェイ通り沿いに、「リトル・エジプト」として知られる地域が広がっている。スタインウェイ通りにはモスクがあり、その向かいには爆音を響かせるナイトクラブがある。水タバコを出すフーカバーときらびやかなベーカリーが同じブロックにあり、ベーカリーからはバクラバなど中東の焼き菓子の香りが漂ってくる。さらに通りを歩き続けると、スタインウェイ&サンズの歴史ある工場に着く。

この工場は昔ながらの製作所といった趣だ。赤レンガの壁には多くの窓が並んでいる。その内部にある機械は、それを操作している人たちよりも古くに誕生したものだ。むき出しの蛍光灯が天井からぶら下がっている。部屋の隅に置かれたラジオからは、静かなジャズが流れている。この工場から一・六キロほど東にはラガーディア空港があり、航空機が所定の場所に向かって動いていくのが見える。その土地は、かつてはスタインウェイが所有していた。

スタインウェイはさらに多くの土地を所有していた。リトル・エジプト全体を含む、一・六平方キロメートルにおよぶ区画が、スタインウェイ・ビレッジを構成していた。工場の周りには、材木置き場や鋳物工場、従業員用の住宅などがあり、郵便局や図書館、公園、浴場、消防署もあった。「スタインウェイ・ホース・カンパニー・ナンバー7」という名の消防車もあり、現在はニューヨーク市消防博物館に静かに展示されている。[1]

すべての始まりは一八五三年、ドイツからの移民であったヘンリー・エンゲルハート・スタインウェイが、ピアノ製造会社を立ち上げたことだった。同社が目指していたのは、「一台一台のピアノを、医者が患者を扱うよりも丁寧に扱う」ことによって、「可能な限り最高のピアノをつくる」ことだった。[2]

ピアノの製造方法は、昔からほとんど変わっていない。スタインウェイでは、いまでもオートメーションでつくる部分は最小限にして、手づくりにこだわっている。グランドピアノのU字型の外枠をつくる工程では、長さ六・七メートルの硬いカエデの木の薄板一八枚に、人の手で膠《にかわ》を塗り、貼り合わせる。合わされた木材を工場の曲がりくねった通路を通って運び、板を曲げるためのプレス機に載せる。ピアノ製造にあたる職人たちは、かつてはイタリア人が多かったが、現在ではさまざまな国の人が働いている。六人の男たちが、まるで振り付けをされているかのように一斉に力を込めて木材を押し、プレス機のカーブに沿って曲げていく。汗を流しながら、彼らは曲げられた板を定められた位置にとどめ、約三〇キログラムの巨大な締め具で締め、ノブを回し、巨大なレンチで叩く。カンカンという音が、コンクリートの床に響く。

こうしてプレスされた外枠には白いチョークで日付が書かれ、ほの暗い調整室に送られる。温度と湿度が管理されたその部屋に一〇週間から一六週間ほど置かれて「リラックス」させ、そのあとで組み立てが行われる。[3]

門外漢から見ると、ピアノは驚くほどに複雑だ。一台のピアノは一万二〇〇〇ほどのパーツでできており、そのパーツがそれぞれの位置にぴったりとフィットしている。この「ぴったりとフィットしていること」が音質の面で非常に重要だと考えられている。現代的なコンピュータ管理のシステムを用いてはいるが、低音部と高音部を結ぶブリッジから音響板まで、すべてのパーツが最初はわざと少し大きめにつくられる。こうすることで、経験豊かな職人たちが自分の手で余計な部分を削ることができるようになる。ゼネラルマネジャーのスタンフォード・G・ウッダードは、一九九一年にこう語った。「機械を使って木材を標準の大きさにカットしたら、どのピアノにも使えるだろうが、完璧にはフィットしない。完璧にするには、手作業で行うしかない[4]」。

スタインウェイのグランドピアノ一台をつくるのに、二年の月日がかかる。出来上がったスタインウェイは一台一台響きが異なる。それぞれに特徴的な音色があり、強さや繊細さなどのニュアンスが異なっている。スタインウェイのピアノは、それぞれに「個性」を持っているのだ。

したがって、音質を調整するトーン・レギュレーターの役割は非常に重要だ。彼らはピアノ一台一台のニュアンスを生かし、その個性を増幅することによって、その一台から最大のものを引き出す。「よい響きで、美しい音のピアノがあるとする。〈中略〉それをさらにきらめくような音にしようとしたら、それはやりすぎだ」。あるトーン・レギュレーターは、アトランティック・マンスリー誌に語った。「たとえば、写真を撮ろうとして、ものすごく明るい照明が欲しいと思ったとする。でも、そんな明かりはなくて、弱い光しかなかったとしても、被写体の性質は表れ、ミステリアスな感じにもなる。〈中略〉それなのに、強い光を当てすぎて邪魔をしたくはない[5]」。

スタインウェイでは従業員のトレーニングに時間をかける。受け継がれてきた製造プロセスも尊重される。トーン・レギュレーターは、一人前とみなされるまでに、一年から三年の厳しい見習い期間を過ごす[6]。同社工場のツアーガイドとして働くホラス・コムストックは「わたしたちは仲間をとても大切にする」と、ニューヨーク・タイムズ紙に話した。工場見学者は、第一次世界大戦の頃からのスタインウェイの職人の写真を見せられるが、いまとはっきり違うのは服装だけであることに気づかされる。[7]

演奏家の九〇%以上、それもウラジミール・ホロヴィッツ、ヴァン・クライバーン、ラン・ランといった伝説的なピアニストがスタインウェイを選ぶ。二〇世紀最高のピアニストとされることも多いアルトゥール・ルービンシュタインも、「スタインウェイはスタインウェイであり、世界にこれほどのものは他にない」[8]と語っている。スタインウェイのピアノはホワイトハウスにも、スミソニアン博物館にも置かれている。アメリカの演奏会のステージや主要なオーケストラ、レコーディング

スタインウェイ＆サンズはピアノを一度に一台ずつつくる。何世代にもわたって、師匠から弟子へと受け継がれてきた技術を使って製造する。創業から一世紀を経た今日でも、ピアノはニューヨーク市クイーンズで手作りされている。写真：Christopher Payne

スタジオに置かれているのは、たいていスタインウェイだ。

スタインウェイのピアノに使われている木材は腐ることがなく、金属のパーツも錆びることがない。冷蔵庫やコンピュータや携帯電話のように、製品の陳腐化が最初から計画され、それが成長を支えるといった考え方は、ピアノには適用されない。また、自動車のような毎年のモデルチェンジも行われない。元CEOのピーター・ペレスは、最大の競争相手は年代物のスタインウェイで、時にそれはもとの販売価格の四倍にもなると繰り返し語った[9]。

こうした高い評価にもかかわらず、過去五〇年ほどのスタインウェイの業績はまったく輝かしいものではなかった。長期にわたる業績低迷のなかで、経営陣は次々にやってくる危機をしのいできた。一九二六年には、スタインウェイは六二九四台のピアノを販売し、それが同社史上最大の年間販売台数となった。二〇一二年の販売台数はわずか二〇〇〇台あまりだ[10]。

同社の株主は、一九七二年から一九九六年のあいだに三度変わった。CBSから、ジョン・バーミンガム兄弟が代表する個人投資家のグループ、続いてセルマー・インダストリーズだ。セルマーはアメリカトップの管楽器メーカーである。その後、一九九六年にスタインウェイはニューヨーク証券取引所に上場したが、二〇一三年にはヘッジファンドのポールソンが同社を五億一二〇〇万ドルで買収し、再び非上場企業となった。この二〇一三年の買収は、ピアノ愛好者に大きな不安を引き起こした。

彼らはこの買収を、投機的な収奪だと強く非難した。オンライン・フォーラムの「ピアノワールド」では、「またオオカミが勝った」と訴える人がいた[11]。

スタインウェイは、世界最高のピアノメーカーであるのに、業績の低迷を避けられなかった。その理由は何なのだろうか。

危機に直面した名門企業

ニューヨーク市、マンハッタンの西五七通りにあるカーネギーホールのすぐ近くに、かつてスタインウェイの本社ビルだった建物がある。入口の近くには八角形の部屋があり、同社幹部はそこをロタンダ（丸屋根のある広間）と呼んでいた。天井まで約一〇メートル、二階分の高さがある部屋には、N・C・ワイエスとロックウェル・ケントの豪華な絵が飾られていた。明るい空と波打つ雲の下には、ライオンや象、女神、妖精から成る寓話の一場面が描かれており、それは音楽と人間の関わりを表したものだった。その絵の上には、ドーム型の天井があった。[12]

一九六八年二月、四代目の社長で、スタインウェイという姓を持つ最後の社長となったヘンリー・Z・スタインウェイは幹部と議論をしていた。彼らは「今後主な競争相手となるのはヤマハであり、初めて他社から世界規模で挑まれることになる」と認識していた。ヘンリーは身長一八八センチで、ファミリーのなかで最も背が高く、ブルックス・ブラザーズの高級スーツに身を包んでいた。彼は「この競合に対処するために必要なこと」を行うよう幹部に求め、自らアクションプランを書いて、経営チームのメンバーに配った。そこには次のように書かれていた。

1　アメリカでヤマハが成功している一因は、商品がすぐに手に入ることにある。ヤマハのディーラーはすぐに商品を届けるが、当社はそうではない。われわれはより多くのグランドピアノを出荷できるよう、生産を強化しなければならない。

2　価格面でヤマハにかなうことはない。したがって、宣伝や広報で、なぜスタインウェイを買うべきなのかをもっと強く訴えていく必要がある。

3　当社のピアノは細部までもっと見栄えをよくする必要がある。われわれが「重箱の隅をつつくような不満」と言っていたものにも対応する。

4　わたしはヤマハのグランドピアノとヨーロッパ製のスタインウェイを入手できるよう手配をする。それらと当社の製品とを並べて、比較を行う。ディーラーに対して、当社の製品をヤマハの製品と同じフロアで売らないよう求めるという方針は継続する。

5　ヤマハに関してできるだけ多くの情報を集め、わたしがそれをまとめる。諸君もファイルのなかなどを探して、持っている資料はすべてコピーを持ってきてもらいたい。[13]

ヘンリーにとって特に衝撃的だったのは、新興企業であるヤマハが急速に台頭してきたことだ。かつてヤマハは無名のメーカーで、日本人の狭い家にも置けるアップライトピアノにフォーカスしていた。ヤマハの家庭用の小型ピアノは、西五七通りの壮麗なショールームに置かれているコンサート用グランドピアノとは、どこまでも異なるように思われた。しかし、この第二次世界大戦以降一〇年ほどは誰もピアノを弾かなかったような国から来た企業が、卓越したスタインウェイ&サンズの手ごわい競合となっていた。いったい何が起こったのだろうか。

不都合なよそ者

一九六〇年、ヤマハはロサンゼルスに最初のオフィスを開き、日系アメリカ人のジミー・ジングウを雇ってアメリカ市場に売り込みをかけた。しかし、ジングウの努力はほとんど実らなかった。アメリカのディーラーや小売店は、見知らぬ会社から製品を買おうとしなかったのだ。「わるいけど、うちは有名ブランドと大手企業の製品しか扱わないんだ」「日本製は買わないよ」「おたくの会社には力がない」。ジングウはこうした言葉ばかりを聞かされた。

唯一、ピアノ販売業者のサム・ツィマーリングが、ヤマハピアノの品質と価格に感銘を受けた。それでも、ツィマーリングはヤマハのピアノには十分な訴求力がないと思い、他のブランドのピアノを売りたがった。

幸いなことに、ツィマーリングのセールス・マネジャーだったエブ・ローワンが興味を持った。ローワンは、ヤマハは独自ブランドで売るべきだと考え、「ピアノにヤマハの名前を入れなさい。そうしたら、わたしがアメリカ中で売るから」と宣言した。[14] 彼は楽器の小売りと卸で一五年の経験があり、アメリカの市場に関して深い見識があった。そこで、ヤマハはローワンを雇った。彼こそが、ヤマハが必要としていた人物だった。

ぶっきらぼうで気難しく、プライドが高いローワンは、人望はなかったが、意志は強かった。ロサンゼルスのダウンタウンにあった質素なオフィスから、ロサンゼルスの統合学区に数十台のヤマハピアノを売り込むことに成功したのだ。これによってヤマハは、喉から手が出るほど欲しかった信用も手に入れることができた。またローワンは、日本製品は品質がわるいというアメリカ人の一般的な認識を変えるために、調律師を招いて意見を聞いたり、ヤマハピアノのたしかな品質を示すためにワークショップを開いたりした。この他に類のないプログラムは、史上最長の調律師トレーニングコースとなり、愛情を込めて「リトル・レッド・スクール・ハウス」と呼ばれた。

しかし、アメリカにおけるヤマハピアノの台頭は、実はもっと古い時代にその起源があった[15]。一八八七年、寅楠《とらくす》という名前の若い日本人が、浜松でメイソン&ハムリンのオルガンに出会った。当時、日本政府は西洋音楽を日本の学校教育に導入し始めていた。そのため、W・W・キンボールや、ストーリー&クラーク、エスティ・オルガン、そしてメイソン&ハムリンといった多くの海外メーカーが、日本にオルガンを輸出するようになった。

伝えられているところによると、寅楠は舶来のオルガンを見て、自分でも一台つくってみたという。部品が手に入らなかったので、地元で入手できるもので間に合わせて組み立てた。オルガンの鍵盤には象牙ではなく頑丈なカメの甲羅を使い、リードをつくるには炻器《せっき》〔陶磁器の一種〕のノミを使って、真鍮のプレートを手作業で切って使った。送風機には目張り用の黒い紙を用いた[16]。若い寅楠がなぜそれほど器用で、見たことがあるだけのものを複製することができるのか、誰もわからなかった。だが、寅楠がつくったオルガンは優れたものだった。

その後すぐに、寅楠は浜松中を歩き回って投資家を探した。浜松はやがて彼の会社の本社が置かれることになる場所である。そして、新たな投資家を見つけて三万円（現在の価値に直すと一万ドルほど）を調達し、会社を設立して自分の家の名前をつけた。ヤマハである〔設立時の社名は山葉風琴製造所〕。

ヤマハは第一次世界大戦中に、ハーモニカを流行させた。第二次世界大戦では、他の民間企業と同様に戦争への協力に駆り出され、船や機械、プラスチック製品などを製造した。同社は敗戦後も生き残って、すぐに楽器製造を再開した。一九四七年に占領軍が民間企業に貿易を許可すると、ヤマハは再び有名なハーモニカを輸出し始めた。一九五〇年には、川上源一が四代目社長に就任。川上は就任後すぐに、三カ月間の世界視察に出かけた。

川上は、米インディアナ州の管楽器メーカー、C・G・コーンでは工場見学を許されなかった。誰も、見知らぬ日本人をもてなそうとは思わなかったからだ。しかし、シカゴのキンボールのピアノ工場とガルブランセンのピアノ工場、クリーブランドのキングの楽器工場、シンシナティのボールドウィンのピアノ工場は見学することができた。ヨーロッパでは、ハンブルクにあるスタインウェイの工場と、他のドイツのピアノメーカーをいくつも見て回った。

この視察は川上にとって衝撃的なものだった。彼はのちにこう話している。「欧米のメーカーと比べると、我が社はとてもレベルが低い。海外に行くまでは、あれほど学ぶべきことがあるとは知らなかった。我が社の製品は、まだ輸出できるものではない」[17]。その後三〇年、川上は欧米の企業に追いつこうと意を決して取り組み、やがてはそのすべてを追い越した。彼は木材置き場に自動の木工機械を導入して材料を加工し、工場内にはコンベアベルトを設置して、組み立てラインに沿ってピアノを動かせるようにした。

一九五六年には、日本で初めての完全自動乾燥窯を導入した。その設備投資額は、今日に至るまで、同社最大のものとなっている。乾燥窯は、伐採されたばかりの木材の水分を乾燥させるためのもので、その規模は巨大だった。当時ヤマハのピアノ生産台数は年間一万五〇〇〇台だったが、乾燥窯は五万台分のピアノの材料を入れられる大きさだったのだ。このプロジェクトは、過剰でありムダであると厳しく非難された。それでも、川上の決意は揺るがなかった。あらゆる批判に対して、彼は「いまは使われていないスペースも、すぐに新しいピアノで埋まるようになる」と主張した。その言葉は本当だった。

日本人は常に音楽に親しんできた。楽器を演奏し、ピアノを所有することは成功の証しであり、教育であり、国際的であることだった。戦後の経済成長と西洋音楽への強い関心によって、ヤマハには巨大な国内市場が開かれた。ピアノの売上は一九六〇年代に史上最高となり、その頃はピアノを買える収入がある人なら誰もがピアノを買っているかのようだった。ピアノの生産台数は、一九六〇年の二万五〇〇〇台から、一九六六年には四倍の一〇万台となった。これによってヤマハは世界最大のピアノメーカーとなった。生産台数はスタインウェイの実に一七倍だった。
さらに需要を拡大するために、川上は一九六六年に独立の非営利団体として、ヤマハ音楽振興会を設立した。同団体は手頃な価格でピアノのレッスンを提供し、そのフランチャイズ教室は海外にも広がった。一九八〇年までには、日本国内で九〇〇〇教室が展開され、生徒は約六八万人、世界全体での生徒数は一〇〇万人近くに達した。

その一方で、ヤマハの工場の内部では多くの製造プロセスが自動化され、人の手が関わる部分は可能な限り減らされていた。コンピュータ化されたシステムが木板を認識し、頭上のY字型の運搬経路を通じて、七台の外枠用のプレス機に振り分けていく。七台はそれぞれに、ヤマハがつくるグランドピアノの大きさに対応している。木板が正しいプレス機に向かうようにするのに、必要な人員は二人だけだ。板がプレス機に到着したら、油圧シリンダーがシューッという音とともに下りてきて、プレス機に外枠を納めて形をつくる。外枠の接着剤は、特殊な方式を用いることで、一五分で乾く。[18] このプロセスは、製造過程でピアノごとに差異が生じないように設計されており、非常に労働集約的なスタインウェイの手作業とは大きく異なっている。

それでも、アメリカの楽器メーカーは、一九六〇年代中頃までヤマハを競合とは見なしていなかった。一九六四年になって、ストーリー&クラークのバイスプレジデント、ロバート・P・ブルがヤマハを訪問し、なぜアメリカの誰もヤマハの事業規模と領域に気づかなかったのかとがく然とした。ヤマハの製造能力を見て、彼は「度肝を抜かれた」と言った。

一九六六年には、ヤマハは「世界最高レベルのコンサートグランドピアノの試作品を完成させた」と発表した。この試作品は「コンサートグランドピアノCF」で、伝統的な手づくりの手法で製造され、一九六七年にシカゴの展示会で発表された。

ヤマハの技術者たちが何度もスタインウェイのピアノを買っては分解し、その手法をまねようとしていたことはよく知られている。あるスタインウェイの幹部は、「ヤマハの技術者とスタインウェイの技術者に、スタインウェイのピアノについてのテストをしたとしたら、どちらが高得点をとるかわからない」と打ち明けた。ヤマハのCFがスタインウェイの直接の敵になるとはほとんどの人が考えていなかったが、CFはある程度よい評価を得て、ヤマハはさらなる野心を隠そうとしなかった。ヤマハのある幹部は、「スタインウェイを真剣に追いかけており、スタインウェイに追いつきたい」と話した。別の幹部は「ヤマハとスタインウェイを比べるのはトヨタとロールス・ロイスを比べるようなもので、比較できるものではない」としながら、「わたしたちは（競争に）神経をとがらせており、それはスタインウェイも同じに違いない[19]」と言った。

コンサートグランドピアノの宣伝のために、ヤマハは一九八七年に「アーティスト・プログラム」を始めた。それはスタインウェイの「コンサート・アンド・アーティスト・プログラム」とほぼ同様のもので、コンサートで自社のピアノを使ってもらえるよう、有名な演奏家に勧めるものだ。

スタインウェイにとって最大の打撃となったのは、アンドレ・ワッツのカーネギーホールでの初公演だった。ニューヨーク・フィルハーモニックと行ったその公演は、全米でテレビ放送されていた。

ワッツは数百人の「スタインウェイ・アーティスト」の一人で、公の場でスタインウェイのピアノを推奨するのと引き換えに、いつでもスタインウェイのピアノを無料で使えた。アメリカの一六〇の都市にある三〇〇台のピアノを自由に利用できたのだ。ピアニストはその都市でスタインウェイのディーラーを訪れ、そこにあるピアノを試し弾きする（地方では一都市に一台しかないところもあれば、ニューヨークのように四〇台以上ある場所もあった）。そして、選んだピアノを指定した日に配送してくれるよう依頼をする。そうするとスタインウェイは、ピアノをコンサート会場まで運ぶためのわずかな運賃を請求する以外は、無料ですべての手配を行う。

カメラがワッツをアップで撮ったとき、テレビを見ていた視聴者は息を呑んだ。ピアノに大きな金色の文字で、「YAMAHA」と書かれていたからだ。その頃、スタインウェイ・アーティストのなかには、同社のサービスの質に幻滅していたピアニストたちがいて、ワッツもその一人であるとされていた。同社の地方都市のディーラーには、グランドピアノを必要かつ期待通りのレベルに保てるだけの設備を備えていないディーラーがいた。スタインウェイはその点を改善しつつあると主張していたが、進展はあまりなく、その努力も目に見えるものではなかった。

ワッツはスタインウェイからヤマハのプログラムに離反した最初のピアニストとなった。他の新進の演奏家も、スタンフォード大学やミシガン大学といった主要な大学や、音楽学校などの公演でヤマハの誘いを受けた。それらの学校では、一度に何十台もピアノを購入することが多かった。こうしたことが物語るのは、海外のピアノメーカーが、ついにコンサート会場を侵略し始めたということだ。

スタインウェイの幹部の言葉を借りると、コンサート会場は同社の命だった。

ヤマハは世界最大のピアノメーカーとなった。その生産台数は年間二〇万台で、スタインウェイの六〇〇〇台をはるかに上回っていた。

遅く始めるのはよいことだ

エグゼクティブ向けのクラスでピアノの歴史について議論すると、経験豊かな企業幹部たちは、ヤマハの成功要因として次の点を挙げることが多い。

1 起業家的なセールス・マネジャーだったエブ・ローワンが、くじけずにアメリカ市場の開拓を進めた。
2 日本国内でピアノ市場が急成長し、ヤマハは規模の経済を実現することができた。
3 製造プロセスを自動化し、それによってさらに製造コストを引き下げることができた。
4 非常に利益率の高いコンサートグランドピアノ事業に進出するという、強い欲望があった。
5 ビジョンのあるリーダーがいて、三〇年間にわたって拡大戦略を推し進めた。

すべてその通りであるが、これらは根本的な原因を説明してはいない。もっと深く掘り下げて、ここまでに書いたことをヤマハが実現し、スタインウェイに勝利した究極の原因を探る必要がある。

別の言い方をしよう。なぜわたしは水を飲むのか。直接的な答えは「喉が渇いているから」だ。しかし、本当の理由は、水が栄養素やミネラルを分解し、それらを体じゅうに運ぶのを助けるからだ。水は体温を調節し、内臓を守る。水を奪われたら、人間の体はすぐにバラバラになるだろう。人は生存し続けるために水が必要なのだ。これがわたしの言う「究極の原因」だ。因果関係の連鎖をずっとさかのぼって、偶発的な出来事を次々と引き起こした、根本の原因を探るのである。

図1・1はわたしが「ナレッジ・ファネル（知識のじょうご）」と呼んでいるもので、ピアノ製造や繊維業界で見られたプロセスを描いている。[20] まったく同じモデルで他の業界についても説明ができる。

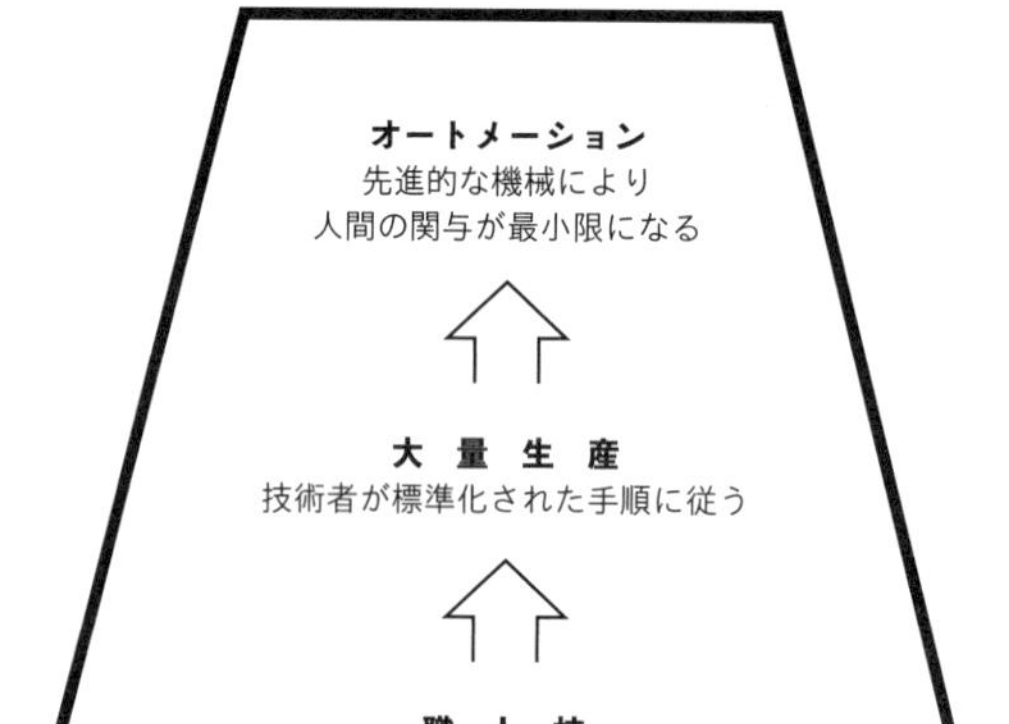

図1.1 ナレッジ・ファネル

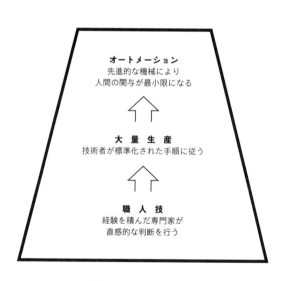

スタインウェイでは、昔ながらの伝統的な製造にこだわっており、演奏家が熱望する優れたハイエンドの楽器を、熟練の職人が深い専門知識と手腕を使ってつくりあげていた。ここには、職人技の段階の特徴が表れていて、人間の直感と専門家による判断が基準になっている。萌芽期の業界では、こうした状況が必ず見られる。この段階では、知識は書面にルールとして書き表されておらず、ノウハウも専門家の小集団だけが持っている。

しかし知識は進化する。経験が積み重なると、人々の理解が向上する。かつては限られた職人の頭のなかにだけあったノウハウが、後世の人たちのためにどんどん文書化されていく。経営学の研究者たちは、これを「知識の成文化」のプロセスと呼び、この間にそれまで言葉にされることのなかったノウハウが明示されていく。

知識の成文化は、自分が知っていることを同僚と共有するために書面化することに過ぎないが、この展開の結果、スキルの劣る労働者が、草分け的な専門家の代わりに仕事を担えるようになる。どんな労働者でも、規則書やガイドラインに従うことはできる。結局のところ、専門家が知っていることをすべて規則書に譲り渡したら、それ以上に専門家が世話を焼く必要はなくなるのだ。規則に則った意思決定が行われるようになるにつれて、人間の直感の重要性は下がっていく。そして恐ろしいことに、成文化された知識は、それを誰かが借用したり、模倣したり、盗んだりすることによって簡単に広まっていく。歴史を見ればわかるように、世界レベルの専門家によるクリエイティブな行為は、最後には機械によるオートメーションに変わっていくのだ。

より速く、よりよく

製造工程の多くのステップを自動化することで、ヤマハは標準化と精密製作（それぞれのパーツを非常に精密につくること）の世界に入っていった。コンベアベルトのシステムと巨大な乾燥窯により、ピアノを生産するのに必要な期間が二年からわずか三カ月に短縮された。オートメーションの導入初期には、標準化された製品は伝統的な手法で手づくりされた製品に比べると、あまり洗練されていないように見える。機械では手づくりの製品に見られるような細かなニュアンスを再現できないからだ。したがって、自動化されたばかりのプロセスでつくられた製品は、ローエンドの市場向けになることが多い。しかし、そのローエンドの市場こそが、足場を固める場所となる。エンジニアはそこで時間と資金（わずかであっても）を稼ぎ、改善を進めることができる。

技術と品質が改善されると、この手頃な価格の製品は新たな顧客を引き付け、それによってさらに需要が刺激される。こうして早期にオートメーションを実現した企業は、成長する業界で優位性を獲得して自然に勝者となっていく。ヤマハの彗星のような台頭もこのようにして始まった。スタインウェイが低迷していったのは、技術の進歩とオートメーションをなおざりにして、近視眼的に職人技にこだわり続けたことが大きく影響している。

ヤマハがコンサートグランドピアノのセグメントに進出する頃には、同社はスタインウェイの手ごわい競合企業となっていた。企業としての規模ははるかに大きく、多様な技術と先進的な製造手法を備えており、マーケティングや流通、採用、生産などで、多くの資源を活用することができた。ローエンドの市場で手にした売上は、ハイエンドの市場に参入するための資金となった。

ここで最も注目すべきは、さまざまな変化が起こっていたなかで、ピアノという製品自体には変化がなかったということだ。だからこそ、スタインウェイの窮状は目に余るものとなった。ごく簡単に言うと、ピアノはハンマーが弦を叩いて音を出す。それは昔から同じだ。最終製品の機能と形、トップの演奏家が求めるものはほとんど変化していない。コダックやポラロイドがデジタル写真に滅ぼされたのとは異なり、スタインウェイは変化のない世界に安住していた。しかし、業界の知識が初期の職人技の段階からオートメーションの段階へと成熟していくと、運命は先行企業よりも後発企業に味方するようになった。

知識のライフサイクルの異なる段階で成功するには、まったく異なる組織能力が必要になる。それは程度が異なるのではなく、種類が異なるものだ。後発企業に目を向けないと、彼らは常に先行企業を押しのけていく。遅れて進出するのはよいことなのだ。

しかし、後発企業だからといって、ヤマハがクリエイティビティを発揮しなかったわけではない。その正反対だ。ヤマハは先進的な製造手法をフル活用しようとするなかで、新たなプロセスやシステムを導入する必要があった。製造プロセスをあと一歩自動化しようとするたびに、イノベーションが必要だった。しかし、そこで求められるクリエイティブな能力は、職人技によって高品質な製品を生み出すことではなく、オートメーションを基盤としてよりよい製造プロセスを生み出し、コストを削減して歩留まりを改善することだった。そうしてヤマハは、ピアノをより効率的かつ安価に生産する方法を見つけ出し、拡大し続ける需要を満たすことができたのだ。

だが、先行企業は特許や商標登録によって、ノウハウを守ることはできないのだろうか。スタインウェイも企業秘密をうまく守ったならば、ヤマハを退けることができたのではないだろうか。

一九世紀前半の繊維業界が、そうではないことを教えてくれる。

まねできないないものは何もない

ハーバード大学の卒業生で、三五歳のフランシス・カボット・ローウェルは、一八一〇年に妻と幼い子どもたちを連れてイギリスを訪れた。その目的は、現代史において最も重大な産業スパイを行うためだったと考えられている。

繊維産業は当時ハイテク業界だった。イギリスは繊維産業の機械化によって世界貿易における覇権を実現しており、自分たちでもそれを十分に理解していた。一八五一年から一八五七年までのあいだに、イギリスからの綿製品輸出は年間六〇〇〇万枚から二七〇〇〇万枚へと四倍に拡大し[21]、一八五〇年代の終わりには、綿製品の輸出はイギリスの全輸出の半分近くを占めるまでになった。イギリスの繊維業界は、ピーク時には世界の綿布の約半分を生産しており、紡績工場の広大なネットワークが、業界の中心地であったミッドランドから、グラスゴー、ランカシャー、マンチェスターまで広がっていた。

この非常に重要な業界を守るため、イギリス政府は繊維機械の輸出を禁止し、工場の見取り図や設計図の持ち出しも禁止した。スキルを持った労働者が海外に知識を持ち出すのを恐れて、イギリスは繊維産業の労働者が国を離れることも禁じた。違反者はその場で逮捕され、一年間の禁固刑と最高二〇〇ポンドの罰金を科せられることもあった。こうした徹底した管理を見ると、現代の特許法や守秘義務契約はきわめておとなしいものに見えてくる。さらに当時のイギリス企業は、情報漏洩を避けるためとても気を使った。部外者は工場に入れず、従業員に秘密を守るよう誓わせ、まるで「中世の城のように」工場を覆い隠し、機械が実際よりも複雑に見えるように装飾した。[22]

ローウェルはボストン出身で、海運業を営む名家の出だったが、自身を「人脈の広い、温厚なアメリカ商人で、療養を兼ねてヨーロッパを旅している」と見せかけていた。[23]彼は商人の友人を通じて、いくつもの大規模な繊維工場に入ることができた。スコットランドとイングランドに二年間滞在するあいだ、ローウェルは無関心を装いながら何十もの工場のなかを歩き、数えきれないほどの企業秘密を集めていったと思われる。[24]ハーバードで数学を専攻したローウェルは、綿製品製造の重要な部分を細かく記憶するのにぴったりの能力を備えていた。そのプロセスや、ギアの詳細、機械式織機の内部構造までをも記憶したのだ。故郷のマサチューセッツに帰る前に、彼は大量の機械のデッサンを密輸出した。そして、このようなことを行ったのは彼一人ではなかった。

他にも数えきれないほどの人々がイギリスの出国管理法をくぐり抜け、技術や業界のノウハウなどを持ち出した。一八一二年には、マサチューセッツ州のほぼすべての紡績工場が、機械化された繊維生産に必要なすべての知識をマスターしていた[25]。

ここで、後発企業の優位性が発揮されることになる。過去には、水力で動く機械は紡績にだけ使われていた。機織りは、独立した作業員が家内工業の形態で、自宅で自分の設備を使って行っていた。それらの設備は、労働者の多い都市周辺に散らばっていた[26]。しかし、ローウェルのボストン製造会社では、製造のプロセスを編成し直し、紡績だけでなく機織りにも水力を活用して、両方のオペレーションを一つの屋根の下で行った。イギリスの企業とは違って、ローウェルの会社には既存のインフラは存在しなかったので、その減価償却について心配する必要がなかったのだ。

ローウェルは巨大な紡績工場の街を立ち上げた。それによって規模の経済のメリットを享受し、また地元の労働力に依存する必要もなくした。農村地域を従業員を住まわせるための住宅地に変えるには、もちろん多額の設備投資が必要だった。しかし、これこそがイギリスの製造業者が及び腰になった投資だった。彼らは利益を生み出すことにしか関心がなかったからだ[27]。

イギリスの小説家、チャールズ・ディケンズは、一八四二年に初めてアメリカを訪れたとき、新しいローウェルの街を訪問した。ディケンズは近代化を厳しく批判する人物として知られていたが、ローウェルの大きな施設で労働者に提供されていた豊かさに深く心を動かされ、次のように記した。


わたしが一番目の工場に着いたのは、ちょうど夕食の時間が終わったときで、若い女性たちが仕事に戻ろうとしていた。階段いっぱいにその女性たちがいた。〈中略〉彼女たちはみなよい服を着ており、非常に清潔だった。

誰もが健康そうに見え、多くの女性たちは驚くほどに体調がよさそうで、若い女性ならではの立ち居振る舞いをしていた。荷役用の動物のような振る舞いではなかった〈中略〉。

彼女たちが仕事をしていた部屋も、その身なりと同じくきちんと整っていた。〈中略〉全体として、新鮮な空気があり、清潔で、この仕事ではあり得ないような快適さがあった〈中略〉。

はっきり言えるのは、その日に見たいくつもの工場で働いていた大勢の人たちのなかで、一人として辛そうな印象を受けた人はいなかったということだ。わたしがその仕事から解放してやりたいと思った若い女性は、一人もいなかった。[28]

ニューイングランド地方のあちこちで、紡績工場の街が次々とつくられた。その最大のものはメリマック川沿いのアモスケイグ・ミルで、六五万個の紡錘を備え、一万七〇〇〇人の従業員がいて、一日に約八〇万メートルもの綿布を生産した。[29] 大きく拡大したニューイングランドの紡績産業は、成長するアメリカの一般向け市場をイギリスの輸出品から奪った。イギリス人に残されたのは、洒落た帽子や小物など、職人技がまだ必要なニッチな市場だけだった。

こうしてイギリスによる国際貿易の支配は終わり、そこからは情け容赦のない衰退が始まった。図1・2にも見られる二〇世紀初めの最も下落が激しい時期には、イギリス北西部のランカシャーでは、一週間に一つの割合で工場が閉鎖されていった。かつてはイギリスの誇りだった産業が残した遺産は、空っぽになったたくさんの工場だけだった。

金持ちほどおカネを使わない

まるで、歴史は繰り返すと言わんばかりに、企業秘密や特許はスタインウェイをも守らなかった。早くも一九六〇年代には、CEOのヘンリー・Z・スタインウェイがヤマハの台頭に気づき、「ヤマハが死ぬほど恐い」と言ったとされている。[30] それ以降、こうした強い恐怖と対抗意識が両社間に存在することになったが、スタインウェイの側では何ら目立った改革が行われなかった。その後五〇年間、スタインウェイは他になす術もなく、かつてはクイーンズのスタインウェイ・ビレッジを構成していた建物を、次から次へと売却していった。もともとは一・六平方キロメートルあった敷地は少しずつ小さくなり、現在ではスタインウェイ通りの端に、赤レンガの工場がいくつか残っているだけになっている。半世紀のあいだにピアノの販売台数は減少し続け、かつての年間六〇〇〇台から、二〇一二年には二〇〇〇台以下になった。

ヘンリー・Z・スタインウェイの後継者となったピーター・ペレスは、(遅すぎる)抗戦を始め、渋々ながらモデルKの発売を承認した。モデルKはアップライトピアノで、少し価格も手頃なもので、ヤマハに対抗するためにつくられた。それにもかかわらず、CEOのペレスは、このプロジェクトに二年近くを費やしたスタッフに次のように言ったという。「我が社の限られた時間と資源を活用するうえで、これが本当に正しい方法なのか、まだ迷っている」。そして彼はこう尋ねた。「我が社の強みであるグランドピアノから、気持ちがそらされているのではないだろうか。この時期に新製品を発売することは、単に遅れや混乱を招くだけなのではないか。もしかしたら、もう一度話し合って、将来計画を考え直したほうがいいかもしれない」。モデルKは社内で長く険しい議論を経て、ようやく発売されたが、予想通りヤマハに影響は与えなかったし、スタインウェイの低迷は止まらなかった[31]。

なぜスタインウェイは、まだ分があるうちにオートメーションに投資したり、拡大戦略をとったりできなかったのだろうか。

日本の経済拡大が頂点に達した一九八〇年代、ハーバード大学教授のロバート・ヘイズ

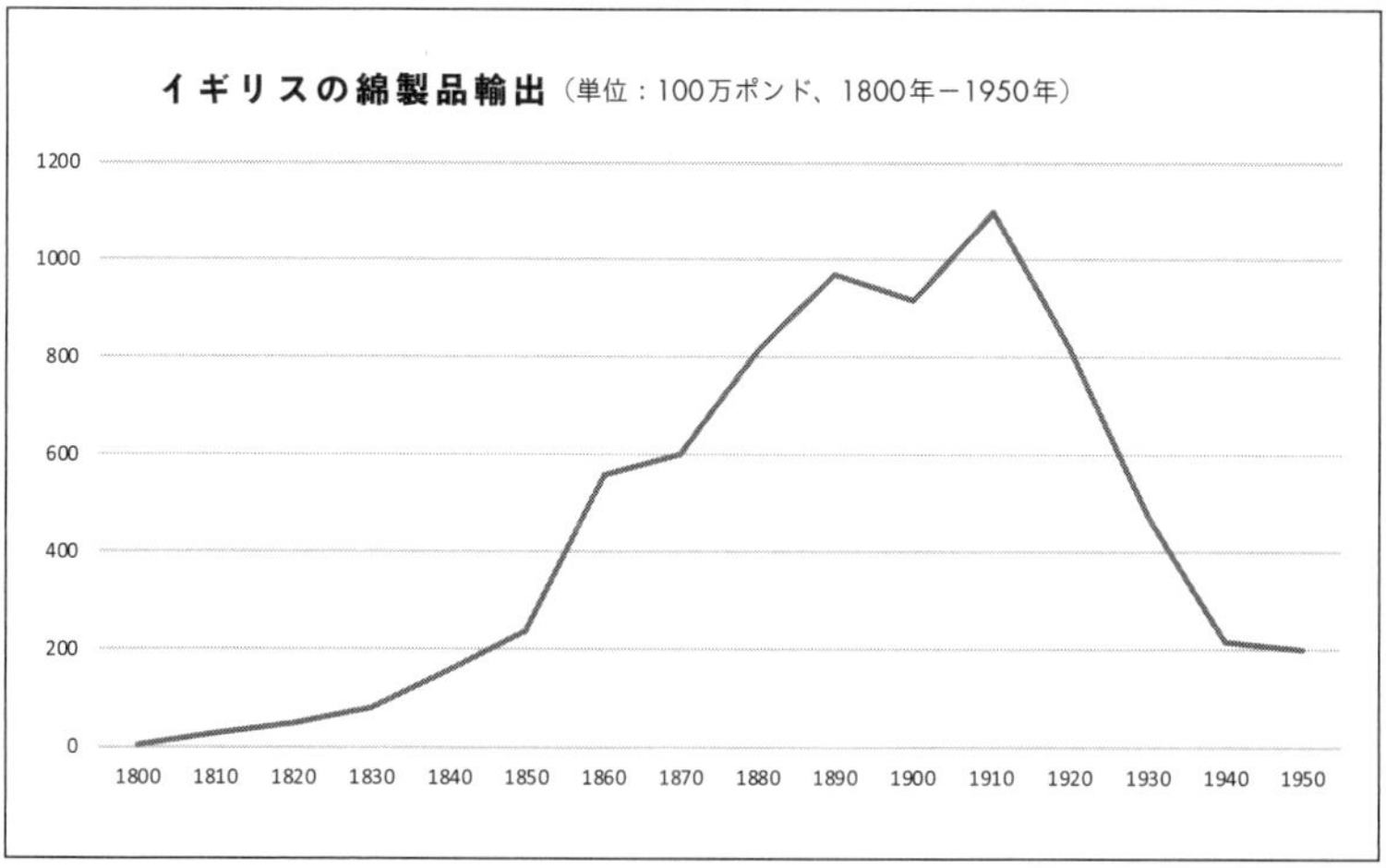

図1.2 出典：R. Robson, The Cotton Industry in Britain (London: Macmillan, 1957), 332–333. 10年ごとに、その最初の年の数字が示されている。Pietra Rivoli著、『The Travels of a T-Shirt in the Global Economy: An Economist Examines the Markets, Power, and Politics of World Trade』（2009）に掲載されていたものから引用。

とウィリアム・アバナシーは、ハーバード・ビジネス・レビューに「景気後退に対抗するマネジメント」と題する論文を発表した。二人は、アメリカの経営者たちが投資の意思決定にあたって、投資収益率（ROI）などの短期的な財務指標に依存しすぎており、製品や技術開発に関して長期的な視点で考えていないと批判した。アメリカの経営者たちはみな「近視眼的」であり、利益は設備投資に使われず、株主のポケットに入っていくと述べた。

ちょうど同じ頃、別のハーバード大学教授のカーリス・ボールドウィンは、元ハーバード・ビジネススクール学長のキム・クラークとともに、アメリカ企業が新たな技術に投資しようとしないのは、自社の既存の製品やプロセスと競合するのを嫌がるからだと指摘した。経営陣が最も恐れていたのは、利益率の低い自社の新製品や新サービスが、最終的には、既存の製品やサービスの売上を切り崩すことだった。[32] ボールドウィンらは、不合理に見える経営陣の行動に関して、シンプルな説明をした。投資機会を評価するためには、その割引キャッシュフローや正味現在価値などが計算される。この手法のポイントは、投資提案のシナリオを、投資しなかった場合と比較することだ。さまざまなシナリオの将来のキャッシュフローや利益を予測するには、これまでのデータを当てはめて計算する必要がある。しかし、これまでのデータを当てはめるということは、既存の生産システムを十分にメンテナンスしさえすれば、会社の現在の経営状態がこれからも永遠に続くと仮定することだ。

これは危険で非現実的な仮定だ。こうした仮定を行うことで、多くの企業が既存製品よりも利益率の低い新製品を出すのをためらうことになる。また、競争圧力に直面すると、よりハイエンドの製品を出して差別化しようという方向に向かうことになる。スタインウェイの場合、すでに最もハイエンドな製品を生産していたので、それより上の市場を狙うこともできなかった。必然的に訪れた結果は、市場シェアの低下である。

さらに状況を複雑にするのは、限界費用〔生産量を一単位増加させたときの、費用全体の増加分〕にとらわれすぎると、見えやすい利点に目が奪われることだ。既存の技術の再利用や、現在の製造設備の拡張であれば、比較的少ない設備投資で生産量を拡大することができる。したがって、財務担当者の目からすると、既存の製造プロセスの改良のほうが、新しいプロセスの導入よりも常に魅力的に見える。たとえば、古い工場でシフトを一回増やしたとしても、減価償却の済んだ設備を使い続けるので、増加するのはわずかな人件費だけだ。それに対して、まったく新しいもの、たとえば完全に自動化された組立ラインなどをつくる場合、最初の投資額を償却するには何年もかかるかもしれず、したがって短期的には、会社の収益にマイナスとなる。

スタインウェイがその時々の需要の増加を満たすには、何百万ドルをもかけてオートメーションの工場を建てる必要はない。短期的には、職人をもう一チーム分雇って、既存の工場でシフトを増やせばよい。これは古典的な「増分思考」だ。新たな設備をつくるか、既存のものを使うかという二つの選択肢を評価するときに、埋没費用（サンクコスト）や固定費を無視して、それぞれのケースで増加する限界費用と収入だけに基づいて判断を下すのである。

この方法で意思決定をすると、将来の成功のために必要な設備の導入ではなく、過去の成功のために設置したものを活用するほうに傾く。学校のファイナンスや経済学の基礎クラスで教えられる通りだ。オートメーションの工場の建設に反対する意見は、特に組み立てラインで生産されるピアノの質がプロの演奏家の期待に満たないと考えられる場合には、さらに説得力を持つ。したがって、合理的な経営幹部の観点からすると、年末のボーナスが次の四半期の業績で決まるのであれば、わざわざ新設備を導入することはないという結論になる。

金の鳥かごから抜け出せない

一方で、ヤマハが行う計算はずっとシンプルだ。同社には、何世紀も前の職人技から生まれた生産システムなどは存在しなかった。したがって、先進的な生産システムに投資した資金は、すべて製品の向上につながり、それがより高いマージンを生み出すことになった。

さらに、ヤマハは多数の企業のなかのいちばん下から出発した。そのため、ヤマハの投資家はスタインウェイよりもずっと低いレベルの利益率に慣れていた。皮肉なことに、ヤマハの先行きが不透明だったことも、新設備への投資や新市場への進出を後押しした。ヤマハでは、投資は選択肢の一つではなく、唯一の選択肢だった。スタインウェイでは、投資は苦痛だった。同じものを見ても、立場によって見え方は変わってくるということだ。

競争が激しくなってくると、どんな会社のリーダーもそうするように、ヘンリー・Z・スタインウェイも政府に助けを求めた。彼はニクソン政権に対して、日本からの輸入品に関税を課すよう働きかけた。[33] 裁判所の巨大な聴聞室では、関税委員会のメンバーが前面に座り、その一方にアメリカのピアノメーカーが、もう一方に日本の代表団が向かい合って座った。室内のざわめきが落ち着くと、スタインウェイが口火を切り、自分の会社は輸入品に影響を受けていないが、他の一七のメーカーのことを心配していると述べた。

日本側の反対尋問者は、スタインウェイが処理しきれないほどの受注を得ているのであれば、なぜより高い関税を求めるのかと追及した。ヘンリー・Z・スタインウェイは、同社だけが世界最高のピアノをつくっているから製品が売り切れるのだと、お決まりの答えをした。そして、品薄になっているのは、優れた職人を育成するために手のかかるトレーニングを行っているからだと述べた。しかし、その部屋にいた全員には、スタインウェイは「金の鳥かごから抜け出せなくなっている」ことがわかっていた。つまり、羽振りがいいように見せかけているが、実際は追い詰められていた。[34]

ヤマハの側では、その後の政治的な争いを避けるという決定をし、そのための戦略を考え出した。アメリカのジョージア州に自社工場を立ち上げて、「アメリカ製」であることを広め始めたのだ。

強みが弱みに変わるとき

スタインウェイが直面した問題は、アメリカ企業だけの問題でもなければ、ピアノ業界だけの問題でもない。この問題は考え方のパターンの問題であり、それが世界のあらゆる企業を困難な状況に陥れてきた。イギリスの綿製品メーカーがなかなか新しい生産方法に投資できなかった一方で、フランシス・ローウェルとニューイングランドの同業者がそれを実行できたのは、イギリス企業が既存製品と新製品を競合させたくないと考え、また、限界費用にこだわったからだった。その二〇年後には、アメリカ南部ピードモントの紡績工場がさらに大規模な設備をつくって、ローウェルらアメリカ北部の企業を打ち負かしたが、そこでも同じ考え方が働いた。さらに、アジアのメーカーが一ドルのブラウスを生産して米南部の企業に勝ったのも、同じ理由によるものだ。

この先に進む前に、前述した「ナレッジ・ファネル」の意味合いについて少し考えてみよう。ナレッジ・ファネルが意味するところは、「どんな競争優位性も一時的なものだ」ということだ。だからこそ、業界の知識が成熟していくなかで、先行企業がトップのポジションを守れず、後発企業が成功していく。スタインウェイは同じ競争優位性に、あまりにも長いあいだ依存しすぎた。やがて、職人技の形で存在していた知識や、経験豊かなスタッフの頭のなかの知識は、逆に力を限定するものとなった。言い換えると、「コア・コンピタンス（中核となる能力）」は「コア・リジディティ（中核となる硬直性）」に変わって、ヤマハが見せたような脅威に適切に対応するのを妨げたのだ。

スタインウェイの苦境を嘆くのは、ピアノ愛好者だけかもしれない。しかし、そこにはわたしたち全員が学べる教訓がある。それは、企業は、自社にとってどんな知識分野が最も重要で基盤となるものかを、自問する必要があるということだ。自社の事業にとって、核となる知識は何だろうか。その知識はどのくらい広く世間に普及しているだろうか。

スタインウェイが直面したような状況は、近年さらに激しさを増している。インターネットや近年のコミュニケーション手法の発展により、世界はどんどんつながっており、競争優位性を維持できる期間は短くなっている。文書やデジタルの記録、人材、資本など、あらゆるものが国境を越えて移動し、そのスピードは一〇年前には想像もできなかったほどだ。知的財産や企業秘密、そして個人が持つ専門性でさえも、後発企業の襲来をわずかに遅らせるだけの力しか持たない。後発企業はすぐに、先行企業と同様の知識を備えるようになり、さらには、先行企業を倒せるだけのより新しく、より強力なアプローチを手に入れる。

この点をしっかりと心に留め、次章では再びバーゼルの医薬品メーカーについて考えてみよう。ライン川の川岸で一世紀半以上前に産声を上げ、その業界のパイオニアとなり、その何十年後にもトップのポジションを維持している企業群だ。これらの医薬品メーカーでは、何が他と違うのだろうか。医薬品と同様にハイテクだと考えられている業界、たとえばPC関連や風力タービンなどの業界で、先行企業の多くが他社によって市場を奪われていく一方で、バーゼルの医薬品業界はどのようにして支配的な地位を保ってきたのだろうか。他の企業を悩ませた問題を、彼らはどのようにして乗り越え、少なくとも現在までは回避してきたのだろうか。

第2章

新たな知識《ナレッジ》分野へ跳躍《リープ》する

準備できている者が生き残る

何かが計画通りにいかないからといって、それがムダだということにはならない。

トーマス・エジソン（一八四七－一九三一）　アメリカの発明家

染料メーカーとしてスタート

製薬会社の前身は染料メーカーだった。今日、先進的で高度な技術を持つ製薬会社も、その発端となった産業は、古くからある繊維産業だ。ターコイズ色のボーデン湖の南にある静かな町、スイスのザンクト・ガレンは、一五世紀にはにぎやかな製造業の中心地だった。そこでつくられていた高品質な繊維製品は、複雑な刺繍と美しいレースで特に有名で、フランスやドイツ、イギリスなどで売られていた。蛇行した河川と壮大な湖は、内陸国であるスイスにとってちょうどよい輸出ルートとなった。
この国の製薬業界の歴史は、科学の歴史であると同時に、改革の歴史でもある。繊維産業と同じ地域に誕生した。最初は有機化学を知識基盤としていたが、他の知識基盤にシフトしたことによって、スタインウェイが抜け出せなかったのと同じ苦境から抜け出して、繁栄することができたのだ。

　かつて、繊維製品に染色を行う職人は植物から染料を抽出していた。[1]染料は非常に高価で、それを使えたのは王や貴族、祭司長などだけだった。たとえば、アカネの根は一八七〇年には一キログラムあたり九〇マルクで、一キロのアカネの根からつくれる赤の染料はわずか一四〇グラムだった。

　バーゼルにあった薬局のガイギーは、「あらゆる種類の素材、化学薬品、染料、医薬品」を一〇〇年以上販売し続けていた。[2]そして一八六八年に、染色関連の事業では、布を染めることよりも、染色材料の製造に大きなチャンスがあると気づいた。[3]ガイギーは工場を改変し、[4]安価で「見事な赤色」[5]の染料、アニリン・フクシンを「大規模に」[6]製造し始めた。ガイギーの化学染料の価格は、一キロあたりわずか八マルクだった。[7]

　ガイギーの新工場から数ブロックのところに、別の化学品メーカーがあった。絹製品の染色を手掛けていた人物が、一八三九年に設立した企業だ。[8]この事業を化学者のロバート・バインドシュドラーが引き継ぎ、製品群に多くの染料を加えて、スイス国外に販売網を築いていった。当初三〇人だった従業員は一年も経たないうちに二倍になり、[9]一八八一年には二五〇人の作業員と二〇人の化学者を抱えるまでになった。バインドシュドラーは一八八四年に社名をＣＩＢＡ《チバ》(Society of Chemical Industry in Basel)

に改めた[10]。

その五年後、チバの幹部だったエドゥアール・サンドが独立し、自らの会社「サンド・コーポレーション」を立ち上げた[11]。一〇人の従業員と一五馬力の蒸気エンジン[12]で、彼が最初につくった染料は「アリザリンブルー」と「オーラミン」だった[13]。一九一三年には、ガイギー、チバ、サンドの三社合計で、年間九〇〇〇トンの染料を世界中に輸出していた。忍耐強い山岳地方の人々が、バーゼルを化学品産業の一大集積地に変え、創業者自身は業界の大物となったのだ。

しかし、商業的には成功したものの、彼らの事業に有害な面があることは明らかだった。染料生産によって、危険な公害が引き起こされたのだ。工場の作業員は換気のわるい施設で、鼻に薄い布を当てただけの状態で働いていた。仕事のあとに手や体を洗うことは義務付けられておらず、夕方には作業員たちが、その腕や首や顔を鮮やかな赤い色に染めたまま歩いて帰宅した[14]。その毒素によって、皮膚の変色や血尿、けいれんなどが起こった。アニリン腫瘍として知られる膀胱がんが非常に多く見られたため、地元の医師はそれを「最も顕著な職業病」と称するほどだった[15]。

研究室の助手の生活もひどいものだった。化学はほとんど理解されておらず、より鮮やかで美しい色の開発は、度胸のある人々が試行錯誤して行っていた。たとえば、尿酸を抽出するために、研究助手たちは大量の動物の脂肪を煮て、大蛇を解剖し、コウモリの糞をすりつぶした[16]。彼らは日々、塩化水素と硫酸の混合物を扱い、苛性アルカリを配合し、ヒ素などの毒物をつくっていた。こうした中世の錬金術師のような職場では、爆発や火事も頻繁に起こっていた。

しかし、このような問題のどれも、バーゼルの産業を妨げることはなかった。このゴールドラッシュともいえる期間に、化学者や経営者、起業家、投資家が押し寄せ、あらゆる機会で利益の獲得を狙った。二〇世紀が始まろうとする頃にも、労働者の健康状態や環境への影響に注目する人はいなかった。皮肉なことに、スイスのパイオニアたちが追い求めた非常に毒性の強い染料が、やがて人命を救う企業を生み出すことになる。

世界初のブロックバスター

一八八三年、ドイツの大学教授で化学を専門とするルートヴィヒ・クノールが、インフルエンザの治療に用いる世界初の解熱鎮痛剤「アンチピリン」の合成に成功した。[17] それまでは、鎮痛剤は植物からつくられていた。コカインはコカの葉から、サリチル酸は柳の樹皮から、そして最も強力な鎮痛剤であったモルヒネはケシが原料だった。当時、医薬品製造の基本となる技術は抽出で、そのために植物の葉を煮たり蒸したりし、その蒸気を液化して有効成分を取り出していた。

裕福な商人の家に生まれたクノールは、染料中間体としてよく用いられていた「フェニルヒドラジン」の実験に関して論文を執筆した。[18] この実験を通じて、クノールはアンチピリンを合成するに至り、これが世界初の合成薬品の一つとなった。教官に勧められて特許を申請すると、フランクフルト郊外の小さな染料企業、ヘキストと組んで医薬品の生産を始めた。[19] アンチピリンは解熱効果が高いことが示され、インフルエンザが欧州で繰り返し猛威を振るっていた時代に、その症状を和らげて、売上は急拡大した。

アメリカでは、アンチピリンが「魔法のように作用し」、最も症状の重かった患者五人を治したと、一八八五年にある医師が報告した。その患者たちは、片頭痛に苦しんでおり、モルヒネさえも効果がなかったという。[20] ロードアイランド州の別の医師は、アンチピリンの効果は「ほぼ即時に表れ、〈中略〉服用後一～二時間のうちには完全に痛みが消えた[21]」と述べた。ニューヨーク・タイムズ紙は一八八六年一月一日の紙面で、「人間の苦しい病を和らげる多くの治療法のなかで、アンチピリンほど重要なものはこれまでになかった[22]」と記した。唯一懸念されたのは、「ドイツの製造会社の供給が、世界の需要に追い付いていないこと[23]」だった。こうして、アンチピリンは世界初のブロックバスター〈画期的な薬効を持ち、圧倒的な売上を創出する医薬品〉となったのだ。[24]

ヘキストにとって無念だったのは、チバが同じ化合物を売り出したことだ。スイスでは化学製品の特許が存在していなかった。〝模倣の国[25]〟と呼ばれたスイスでは、化学会社は自由に海外企業のまねができた。それどころか、模倣が推奨されていた。模倣は大成功し、チバは一九〇〇年にパリで開かれた万国博覧会で大賞を受賞している。[26]

必死になったヘキストは、チバおよびサンドと価格協定を結び、両社が世界市場である一定量を販売できるという保証をした。[27] これは三社のうちの一社が抜け駆けをして、価格を下げるのを防ぐためだった。

しかし、この頃までには、こうした新たな医薬品事業の重要性は明らかになっており、チバはドイツ企業のやり方をまねて研究開発に多額の投資を行うようになった。また、何年もかけて多くの大学や研究機関との関係を深めた。そして、この早期の産学のコラボレーションが膨大な数の技術論文を生み出し、その研究結果はチバの研究開発の指針となって、長期的な業績にも貢献することとなった。

一方でサンドは、一九一五年に初めて社内に医薬品研究所を設立し、やがてスイス人化学者のアルトゥール・ストールを研究所長に任命した。ストールは麦角菌から「エルゴタミン」という名の有効成分を分離した。エルゴタミンは、妊娠中絶や、出産後の止血などのために使われた。一九二一年にこの医薬品は「ギネルゲン」という名前で発売された[28]。

二〇世紀が始まる頃には、チバ、ガイギー、サンドの三社のバーゼル企業は、有機化学で強固な基盤をつくり上げていた。そうすることで、製品のフォーカスを、コモディティ化した染料から、非常に利益率の高い医薬品へとシフトしたのだった。財務的な魅力度は、有毒な化学品よりも、生きるための薬のほうがずっと高かった。

ここで問うべきことがある。医薬品産業がその後何十年も、繊維産業のようにコモディティ化しなかったのはなぜなのだろうか。前章で紹介したナレッジ・ファネルを思い出してみよう。医薬品製造においてブレークスルーとなる発見がこれ以上なかったとしたら、業界がコスト削減に向かうのは避けられなかったはずだ。その世界で勝つには、大量生産や、先進的な機械を使ったオートメーションが必要だっただろう。スタインウェイとヤマハとの戦いが示しているように、このシナリオでは先発企業が後発企業に簡単に打ち負かされる。

しかし幸運なことに、チバ、ガイギー、サンドの三社がいたのはそんな世界ではなかった。医薬品産業は、やがて有機化学からまったく新しい分野にジャンプすることになる。この業界を新しい方向に向かわせたのは、微生物学の数々の新たな発見だった。その後数十年間の成長の伸びしろをつくり出したのは、微生物研究という新しい知識分野だったのだ。

微生物ハンター

一九四一年二月、イギリスのある警官がバラのとげで顔を傷つけ、その後レンサ球菌とブドウ球菌の感染により重篤な病に陥った。[29]感染による症状はひどく、頭皮からは膿が流れ出て、片目を摘出しなければならないほどだった。[30]この一〇年ほど前に、アレクサンダー・フレミングが抗生物質のペニシリンを発見していた。彼はある種のキノコの「カビのジュース」〔カビが産生している物質〕が細菌を死滅させることに気づいたのだ。しかし、まだ誰も治療に必要な分量を完全には解明しておらず、試行錯誤の段階だった。それでも警官に何度か実験的投薬を行うと、病状は徐々に改善していった。

だが、ペニシリンはすぐに足りなくなった。当時は実験室内のシャーレで表面培養するしか製造方法がなく、それではとても十分な量を必要なスピードで製造できなかったのだ。科学者たちはカビが成長するまで待たなければならなかった。より多く製造するために、必死の努力が行われ、患者自身の尿からペニシリンを回収しようとまでした。

十分な分量を投与しなければ、感染症は復活してくる。警官は病気がぶり返して死亡した[31]。製薬業界が抗生物質を大量生産できるようになったのは、第二次世界大戦の開戦後のことである。

第二次世界大戦が進行すると、弾丸や爆弾だけでなく、不衛生な状況も兵士の命を奪うことを連合軍は目の当たりにした。ペニシリンを大量に製造する方法として唯一開発されたのが、醸造所が行うのと同じテクニックを用いたもので、大きなタンクと大型のボイラーを使った水中発酵という方法だった。一九四三年には、アメリカのメルクが、ペニシリウム・クリソゲナム〔ペニシリンの成分を分泌するアオカビ〕とコーンスターチの液体部分を使って、まさにこの方法で製造を開始した。二年も経たないうちに[32]、六兆二〇〇〇億ユニット〔一六〇〇万ユニットが一グラム〕が生産された。実験室のシャーレで表面培養をしていた頃からは想像もできないスピードである。

一九四四年には、アメリカの別の製薬会社、ファイザーが大量生産を始めた。株式上場から二年後のことだった。売上高が七〇〇万ドル程度の頃に[33]大胆にも三〇〇万ドルを投資して、ニューヨークのブルックリンにあった氷工場の用途を転換し、その約四万五〇〇〇リットルのタンクをすべて深水タンク培養に転用したのだ[34]。

ファイザーの投資は「向こう見ず」という表現ではとても足りないものだった。「カビはオペラ歌手のように気まぐれで、歩留まりは低く、分離は困難で、抽出はものすごく厄介で、精製は悲惨な結果になり、分析結果には満足がいかない」。ファイザー社長のジョン・L・スミスはのちに、当時を振り返ってこう語った。[35] しかし、戦時中の多くの試みがそうであるように、ファイザーも製造面での課題を乗り越え、ペニシリンの生産量は上昇し、コストは低下していった。

一九四四年六月には、この魔法の薬はノルマンディー上陸作戦に参加した連合軍すべてに行き渡るようになった。そして、現代レベルの医薬品の大量生産に初めて成功したことが主因となって、メルクとファイザーの市場評価額は跳ね上がった。それ以来両社はダウ工業株平均に含まれている。[36]

この様子を見たスイスの製薬会社も、微生物学が医薬品開発で重要な分野になると感じ、遅れを取るまいと心に決めた。

＊　＊　＊　＊

一九五七年、サンドは土壌スクリーニングのプログラムを正式にスタートした。[37] このプログラムは、細菌と戦う菌は主に土のなかにいるという新たな理論に基づいたものだった。[38] 春に森のなかを歩くと土のよい香りが感じられるが、それは実は腐植質、つまり土のなかで微生物によって分解された有機物のにおいだ。土の上には、枯れた植物や死亡した動物が毎年のように落ちてくる。それでも土はもとの成分に戻っていくことから、土には自浄能力があると考えられる。

腐植質が病気を抑える力があることから、科学者たちは、「微生物によってつくられる抗生物質は作物に利用できるはずで、致命的な病原菌を殺す効果があるかもしれない」という仮説を立てた。[39] アメリカの製薬会社と同様に、サンドも科学者を探検に送り出し、旅行者や伝道者、航空機のパイロット、留学生などのリストをつくって、土壌のサンプルを集める人々を雇った。サンドはたとえば墓地で土を集め、風船を飛ばして空気中の粒子を集めた。土を採取する人たちは、炭鉱の奥深くから山の頂上まで、あらゆるところに赴いた。従業員は冷蔵庫を掃除するときには、可能性のありそうなカビに注意するよう言われた。[40] 次の金脈となるものを見つけるための総攻撃だった。

そして、一九六九年の夏に、微生物学者のジャン＝フランソワ・ボレルがノルウェー南部の荒涼としたハルダンゲル高原から、[41] サンドに土のサンプルを持ち帰った。調査チームはその土のなかに、「トリポクラジウム・インフラタム（Tolypocladium inflatum）」という細菌を発見した。[42] ボレルが持ち帰ったものには抗菌効果はほとんど見られなかったが、他の菌の成長を止めるという、驚くべき能力を備えていた。[43]

医学の研究では、発見はゆっくりと進み、誰も予想しなかった紆余曲折をたどる。ボレルは有効成分の分離に取り組み始めた。すると、この菌の産生物が免疫抑制物質として働くことがわかった。免疫抑制物質は、臓器移植の際に、患者の免疫システムが移植された臓器を攻撃しないようにするうえで不可欠なものだ。さらに重要なことに、ボレルが見つけた免疫抑制物質は、新たな臓器を拒む働きをするある特定の化学反応の連鎖だけを抑制し、[44] 感染と戦うT細胞を破壊することはなかった。それまでの薬にはボレルの発見した物質のような選択性はなく、患者の免疫システム全体を破壊してしまうことも多かった。ボレルの発見は、より繊細で穏やかな治療を可能にするものだった。

しかし、研究を続けるためには、もっと多くの菌が必要だった。最初のストックは、一九七三年までにほとんどなくなってしまった。この間にサンドの幹部らは、その免疫抑制物質の商業的価値を疑い始めていた。[45] ある計算によると、サンドは治験と製造設備に少なくとも二億五〇〇〇万ドルを投資する必要があった。[46] しかし、一九七六年の時点での計算では、一九八九年の売上高見込みが二五〇〇万ドルにも達しなかった。[47] つまり、臓器移植向けの医薬品の市場規模があまりにも小さすぎるのだ。ボレルの画期的な発見もお蔵入りしそうになった。

だが、研究の歴史では、研究者の粘りと機転、そして幸運が味方することがあり、このときもそうだった。ボレルは最後に残っていたストックを使い、関節リウマチや肝臓のネフローゼ症候群など、他の自己免疫疾患の治療にも活用できることを示した。すると、収益予測は一気に好転した。サンドは長年、炎症性の疾患を優先度の高い領域と考えていた〔関節リウマチは炎症を伴う疾患〕。そこには臓器移植よりも、はるかに大きな市場があった。[48] 経営陣はボレルの研究継続を承諾した。

残念ながら、この免疫抑制物質は水にうまく溶けなかった。血液循環のなかで望ましい分量を確保するために、溶解度は医薬品において非常に重要だ。[49] ただ一つ残されていた選択肢は、医学の研究者たちが長年行ってきたやり方に従うことだった。まだ承認されていない物質を、自分の体で試すのである。ボレルは研究中の免疫抑制物質をアルコールで溶き、それを自分で飲んで、血中に現れるかを試した。奇跡的に、それは見事血中に現れた。これによって、商業化の最後のハードルが取り除かれた。[50] 彼はその免疫抑制物質を「シクロスポリン」と名付けた。

一九八三年一一月、米食品医薬品局（FDA）はシクロスポリンを複数の自己免疫疾患の治療と、臓器移植の拒絶反応の予防に用いることを認可した。ボレルが一三年前に構想したことが実現したのだ。[51]一九八六年に、ボレルは権威あるガードナー国際賞を受賞した。[52]ノーベル医学賞の前段階と見なされている賞である。[53]

幸運か自らの意思か

二〇世紀の中頃までには、製薬業界の研究の焦点は有機化学から微生物学へとはっきりと移っていた。それを示すように、一九六七年には、スイスのロシュがアメリカに分子生物学研究所を設立。その直後に、チバがフリードリッヒ・ミーシェル研究所（FMI）を開いた。フリードリッヒ・ミーシェルはバーゼルの医師で生理学者でもあり、細胞の核のなかに核酸を発見した人物だ。[54]

こうして、チバとサンドは医薬品製造において、有機化学から微生物学へとリープした。両社はもはやコストと量だけで競っているのではなく、最初の知識分野、つまり有機化学だけを基盤として競っているのでもなかった。そのような戦略をとっていたら、製品はアンチピリンや他の鎮痛剤など、わずかなものに限られただろう。しかし、図2・1に示すように、製薬業界は科学界の発見に大きく影響された。二つ目の知識分野である微生物学が、古くからのバーゼルの企業に新たな寿命を与えたのである。

こうした知識分野のシフトが起こるたびに、業界の知識はその成熟段階のいちばん下に戻っていく。ファイザーが深水タンク培養の開発によってペニシリンを初めて工業的に生産し始めたとき、製造プロセスは不確実で、多くの難しい変数に左右された。このとき、ファイザーは社内に数名いた食品化学の専門家の力を活用した。彼らは砂糖の蒸留によってクエン酸を大量生産する方法を知っていたからだ。[55] これはナレッジ・ファネルの職人技の段階から大量生産の段階に移行することを意味する。有機化学を基盤としたすべてが標準化され、自動化された一方で、微生物学をベースとしたものはその多くがまだ職人技の段階だったのだ。

その数十年後、微生物学も新しい発見の源泉としては減速していった。そして、新たな知識の波として表れてきたのがDNA組み換え技術だった。

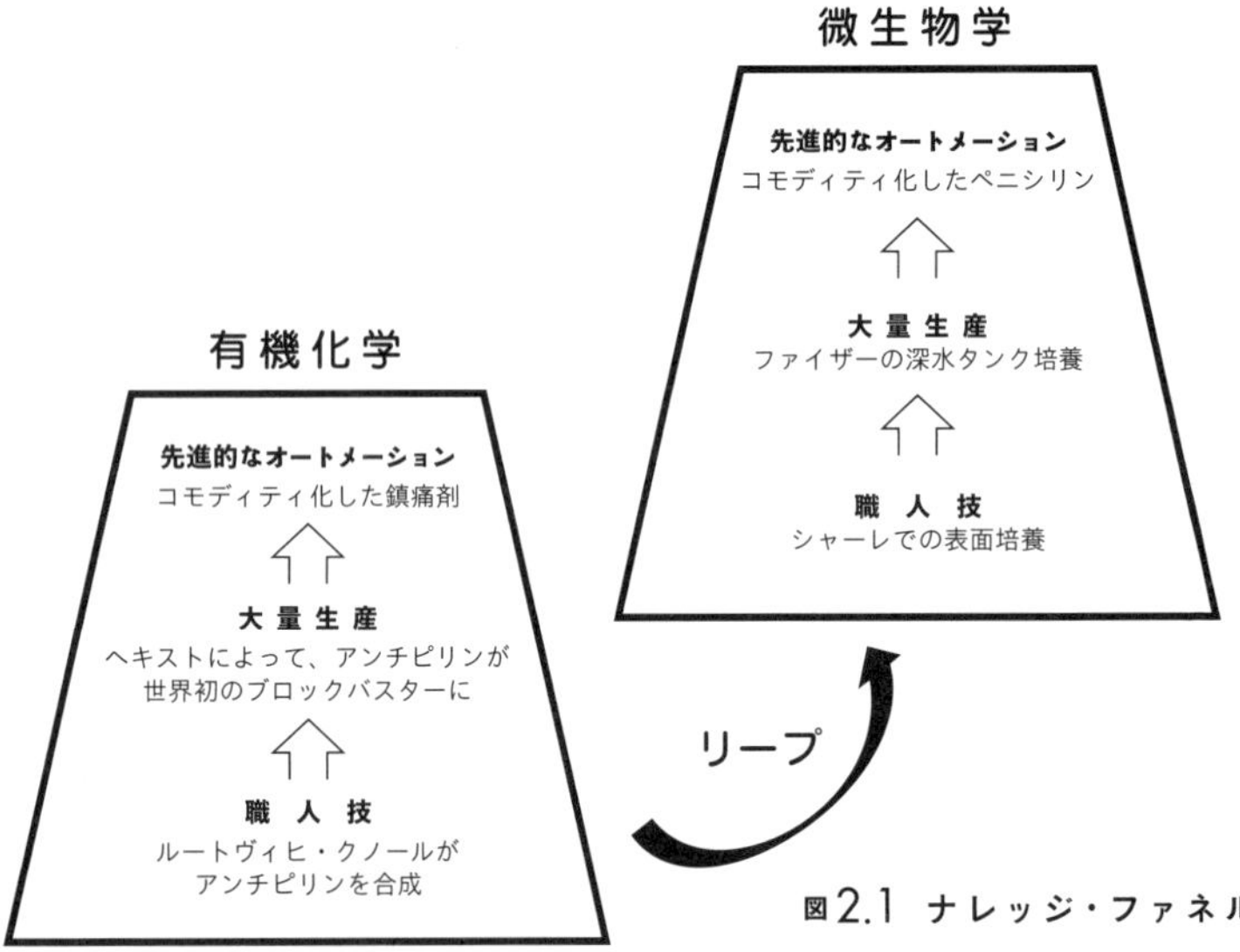

図2.1 ナレッジ・ファネル

こうした新たな波は、それに進んで投資し、活用しようとする企業にチャンスをもたらす。スイスの製薬会社が後発企業を寄せ付けなかったのも、そうして先手を打ってきたからだ。先行企業は過去の技術をマスターしただけでなく、新たな分野でも進歩を遂げていった。一つの科学分野から別の分野へとリープすることで、後発企業寄せ付けなかったのである。

加えて、科学と技術の進歩は常に以前からの知識が基盤となっている。微生物学という新しい分野も、それ以前の有機化学を否定するものではなかった。むしろ、新たな発見が成し遂げられたのは、科学者たちが前提となる知識を持っていたからだ。細菌学者も、豊富な化合物があって、それをさまざまな細菌に注ぐことができたからこそ殺菌剤を開発できた。人間の染色体の発見も、細胞の核を染める適切な染料があって、顕微鏡下でよりよく見えるようになったからこそ実現した。微生物学という新しい分野と、有機化学という古い分野は、足並みを揃えて互いに情報を提供し合いながら着実に進歩を遂げていったのだ。

市場における競争は山登りと似ている。企業はそれぞれに頂上を目指す。知識基盤にまったく変化がないか、ゆっくりとしか変わらない業界では、新規参入企業もやがては既存企業と同じ高さまで到達する。これに対して、知識基盤が進化する業界では、新たな発見は時折起こる地滑りのようなものだ。誰も頂上には到達できず、誰もが下に落とされる。そのような競争環境では、経験と以前から持っていた知識が重要になる。野心は重要だが、準備ができている企業に運命の女神は微笑むのである。

では、ブレークスルーとなる発見があり得ないような業界に、自社が属していた場合はどうなるのだろうか。繊維業界のような残酷な運命をたどらなければならないのだろうか。ほとんど変化のない日用品、たとえば石けんや洗剤などのメーカーは、何世紀にもわたって繁栄し続けることはできるのだろうか。

プロクター・アンド・ギャンブル（P&G）はそれをやってのけた。一見平凡に見える製品をつくりながら、どうにかして競合企業をかわしてきたのだ。いったいどんな方法をとったのだろうか。

豚肉の都のつつましい事業

時は一八五七年。夕方六時になると、疲れ果てたジェームズ・ギャンブルが、よろよろと自分の会社のオフィスの奥にある部屋に入ってくる。オフィスはオハイオ州シンシナティ中心街のメインストリートと六番街の角にあった。そこで、ギャンブルはウィリアム・プロクターと落ち合う。プロクターはその日の帳簿処理を終え、日々の売上と支出を記録したところだ。

ギャンブルはガス灯のあかりを消しながら、「暖炉の火があるから明るいな」とプロクターをからかって言った。ガス灯はその頃プロクターが渋々導入したものだった。[56] プロクターはろうそくを製造しており、ガス器具をあまり好まなかった。ガス灯のせいで夕方のお気に入りの娯楽が奪われたとも言った。見事なろうそくのあかりで、家族に本を読んで聞かせることだ。

ウィリアム・プロクターとジェームズ・ギャンブルは事業のパートナーであるだけでなく、義理の兄弟でもあった。長年、プロクターとギャンブルは自社の石けんとろうそくをブランド化しようなどとは考えていなかった。石けんや衣類、ペンキや香水などの日用品は、各地域でつくられ、販売されるものだった。よろず屋でも小型店でも、行商人であっても、商売といえば対面販売だけの時代だった[57]。P&Gは製品にシンプルな、そのものずばりの名前を付けていた。たとえば、「獣脂ろうそく」「まつやに石けん」「ヤシ石けん」「ラード油」などだ[58]。

石けんをつくるために、ギャンブルは朝四時半に工場に来て釜を火にかける。従業員には、肉のかけらや残り物の脂肪、木の灰などを集めて来させ、まず灰汁《あく》をつくる。その煮えたぎったどろどろした液体を木の型枠に流し込み、固まるまで四日から五日ほど置いておく[59]。

ギャンブルも含めて、従業員の誰一人として、石けんの製造にどんな化学が作用しているのかほとんど理解していなかった。しかし正直なところ、製品の裏にある化学を理解したとしても、それで違いが生じるわけではなかった。何より重要なのは原材料を手に入れることだ。都合がよいことに、シンシナティには優れた食肉加工産業があり、日々一〇万頭以上の豚や牛、羊などが、地域の食肉処理場に運び込まれていた。したがって、P&Gはこの「豚肉の都[60]」と呼ばれる場所で、動物の脂を安く大量に入手することができた。この二人のつつましい創業者は、石けん製造の理屈を理解しようとする代わりに、生産量を増やすための機械の開発にエネルギーを注いだ。

たとえば、大きな石けんの塊をカットするために、ギャンブルは工場の包装ラインに大きな台を設置し、そこに等間隔に張ったピアノ線を据えつけ、一度に石けんを長い板状に裁断できるようにした。続いて、石けんは九〇度向きを変えられ、もう一度ピアノ線で裁断される。四角くなった石けんはフットプレス機に送られ、そこで会社のロゴが刻まれる。一度に六〇個の石けんが箱に入れられ、包装され、倉庫に送られる。

消費者向け製品をこのように工業的な生産方法でつくるのは、当時では珍しかった。二人とも伝統的な職人として訓練され、以前は仕事のほとんどを手作業で行っていた。また、この頃のアメリカの村々では、小規模な生産を行う作業場や工場が主体で、ヘンリー・フォードによる組み立てラインが登場するのはまだ何十年も先のことだった[61]。

そのような環境で、二人の創業者にひらめきを与えたのは、地元の食肉加工業者だったのかもしれない。冷蔵技術がなかったので、食肉加工業者は加工した肉が出荷前に腐らないよう、効率的な処理システムを考え出す必要があった。工場内で肉を運ぶのには滑車やコンベアベルトが使われ、作業員は決まった場所に立って一つの仕事だけを行った。たとえば、手根骨の除去、結合組織の切り離し、作業で出る肉片の清掃などだ[62]。この「解体ライン」は獣脂の取引場所の近くに位置しており、じっくりと観察できたため、P＆Gが生産能力を拡大する際の青写真として活用できたと考えられる。

一八七〇年代には、P＆Gは一六の生産施設を持つまでになり、その敷地面積は約六二〇〇平方メートル、従業員数は三〇〇人以上になっていた。より高度な設備も導入された。高さ約三メートルの釜が七つ設けられ、また、煮えたぎった液体を銅のひしゃくですくう代わりに、鎖を使った装置を天井から吊るし、それを足のペダルで操作できるようにした。縦型自動攪拌機には回転する羽根がついており、煮えている液体をよくかき混ぜて、なめらかなクリーム状にした。そのクリーム状の液体は、車輪がついた長方形の鉄の枠に流し込まれ、それが固まると石けんの塊になる。固まったら、蒸気エンジンを使ったカッターで切断し、大きさと形がすべて揃った石けんが出来上がる。[63]

ここでナレッジ・ファネルのコンセプトが再び登場する（図2・2参照）。いままでにない大規模な設備をつくろうというP&Gの拡大戦略は、明らかに「初期の職人技から大量生産、そしてオートメーションへ」の展開である。こうして、機械工学が頂点まで達した。何百人ものプロセス・エンジニアが日々工場内を行き来し、製品のフローをチェックしていた。当時、最も差し迫った懸念は、製品の品質と生産能力だった。

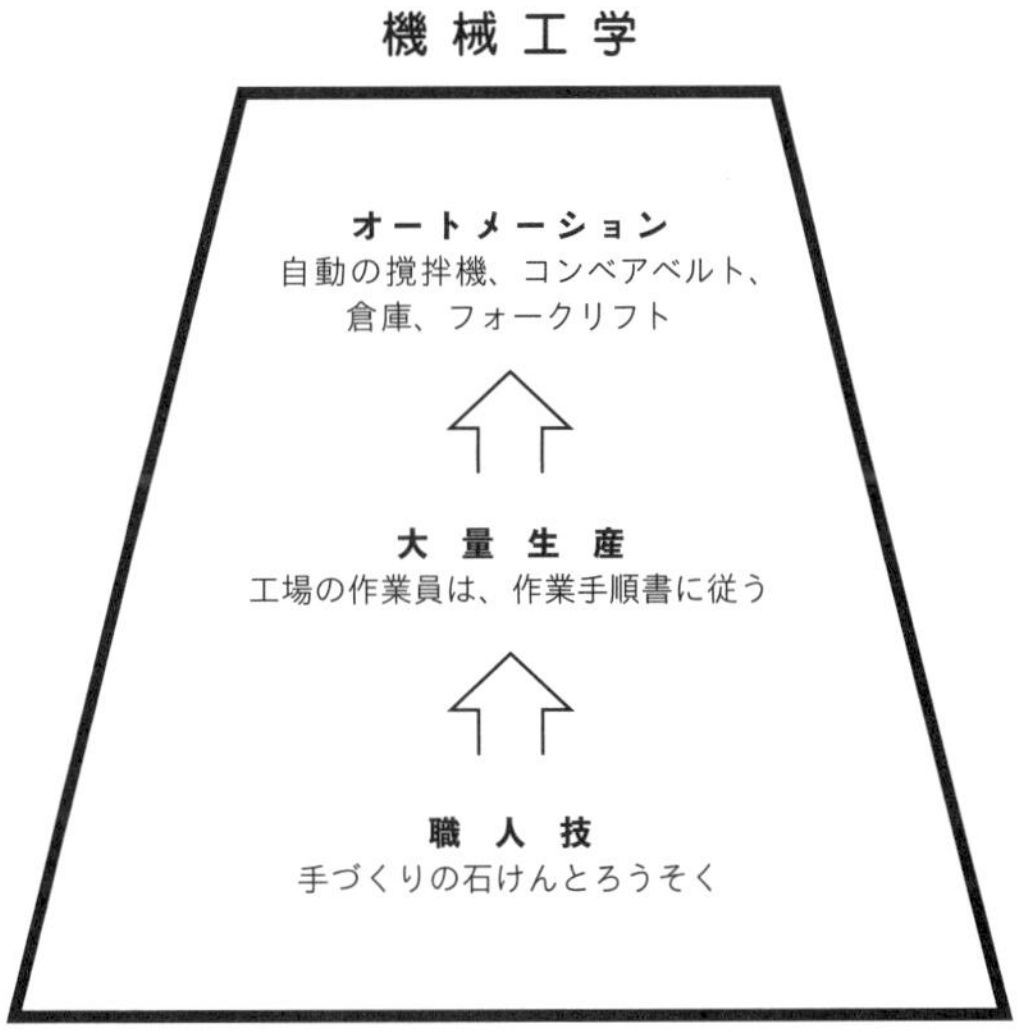

図2.2 ナレッジ・ファネル

よい生活を売る

二代目が事業を引き継ぎ、ハーレー・トーマス・プロクターとジェームズ・ノリス・ギャンブルがトップに立ったとき、同社の主力事業の一つが苦戦していた。P&Gの有名な「スター・キャンドル」が、ガス灯の出現で打撃を受けたうえに、続くトーマス・エジソンによる電球の登場で致命的な痛手を負ったのだ。キャンドル事業による収入減を埋め合わせるため、P&Gは石けん事業により一層力を入れなければならなくなった。

ハーレー・トーマスは何年ものあいだ、業績を回復させるためには優れた宣伝が不可欠だと、親戚や年長者の説得を試みてきた。そうしたなかで、ジェームズ・ギャンブルが改良してつくり上げた最高の石けんを、シンプルに「P&Gホワイトソープ」と名付けるという意思決定が下され、ハーレーは特に腹を立てた。「いくつもの会社が『ホワイトソープ』をつくっている」と彼は非難した。「食品店にはホワイトソープがあふれていて、店側も顧客のほうも、特定のものを選ぶ理由がない」[64]。一八八二年、ハーレーはついにファミリーを説得し、最初の広告キャンペーンに一万一〇〇〇ドル（現在の価値にして約二〇万ドル）の予算を確保した[65]。

ハーレーはすぐにニューヨークの独立コンサルタントと組んで、同社製品の純度を科学的に訴えようとした[66]。石けんの品質に関しては定まった定義がなかったが、コンサルタントは資料を調べて、石けんは脂肪酸とアルカリだけで構成されるべきであり、それ以外は「異質で不要な成分[67]」であることを見出した。このコンサルタントは、P&Gのホワイトソープは他の大手三社の製品と比べると[68]不純物が最も少なく、わずか〇・五六%であることも示した。その構成は、遊離アルカリが〇・一一%、炭酸塩が〇・二八%、鉱物質が〇・一七%だった[69]。

天性のマーケティングの才能を備えていたハーレーは、全体からその不純物の割合を差し引いて、キャッチコピーを編み出した。それは、「石鹸純度九九・四四%」というものだった[70]。一八八二年一二月二一日に掲載された広告には、「洗濯石けんのアイボリーは、化粧石けん〔顔や体を洗うための石けん〕と同じ高い品質をすべて備えており、純度九九・四四%です[71]」と書かれていた〔「ホワイトソープ」は「アイボリー」に改名された〕。宗教雑誌の「インデペンデント」に掲載された広告では、[72]デリケートな女性の手が大きな石けんをくぼみのところで持ち、それを簡単に二つに割ろうとする様子を描写していた。その広告は親しみやすいキャッチフレーズ「水に浮きます！（It floats!）」で締めくくられていた〔石けんが水に浮くと洗濯などの際に見失いにくい〕。

ハーレーのマーケティング活動は、最高のタイミングで行われた。一八四〇年代と一八五〇年代を通じて、新たな印刷方式である多色《クロモ》石版印刷が急速に広まったのだ。これは、水と油は混ざらないという原則を基に、アーティストがワックスクレヨンなどの油を使った画材で、石灰岩上に直接絵を描く手法だ。この新しい印刷方法のおかげで、木版や銅板を彫るという、高価で時間のかかるプロセスが不要になった。その効果は目覚ましく、人目をひく大胆な色の広告を手頃な価格で掲載できるようになった[73]。

クロモ石版はすぐに本のイラストや広告、他の商業印刷に用いられるようになり、映画やテレビ、ラジオもない世界で、その絵は一九世紀のアメリカの大衆を魅了した。メーカーは小売店が自社の商品をたくさん仕入れてくれることを期待して、クロモ石版印刷のポスターやカードを他の宣伝用素材とともに気前よく配布した[74]。一方の消費者は、スクラップブックやアルバムをつくって、それらの絵を熱心に集めた。最大の恩恵を受けたのは印刷出版業界で、巨大な産業に成長し、一八六〇年には六〇社だけだったのが、一八九〇年には七〇〇社にまで拡大した[75]。

ニューヨーク・タイムズ紙はこのアメリカの状況を「クロモ文明」と呼び、一八八二年には次のように報じた。「美しい

右側は最初のアイボリー石けんとそのパッケージ。出荷用の木箱の上に乗っている。2004年6月18日、シンシナティのP＆G本社、アーカイブ・センターにて。左側は現代のアイボリー石けんと緑色のパッケージ。こちらも水に浮く。出典：Associated Press

広告への熱狂は、現代芸術のルネサンスであり、美しいデザインや魅力的なノベルティの創造において、激しい競争を引き起こしている。広告カードのビジネスは猛烈な勢いで伸びており、この国の最高レベルの人材がそれをデザインするために雇われている。〈中略〉カードが美しく、芸術的であればあるほど、それは目立つ場所に飾られ、長いあいだ話題になる[76]」。

このとき、新聞社のビジネスモデルも変化した。以前のように販売収入に頼るのではなく、新聞そのものはできるだけ安く売り、その分を広告収入からの利益で埋めるようになったのだ。発行部数が伸びると、それだけ広告主も多くの広告費を支払った。

ハーレーは積極的に攻め続け、P&Gは一八八六年の広告予算を一八八四年の三倍にあたる一四万六〇〇〇ドルとした[77]。色鮮やかなクロモ石版印刷の広告が雑誌でも広まるなか[78]、P&Gはアメリカ最大級の広告主となった[79]。米医師会誌に出した広告で、P&Gは若い母親に向けてこうアドバイスをした。「子どもの関節周辺で、皮膚が重なっている部分に擦傷ができるのは、アルカリ分が多すぎる石けんを使っているためである場合が多い。アイボリーはアルカリ分が過剰であることはないので、新生児室でも使え、満足のいく結果が得られている[80]」。

一九一九年一〇月には、当時アメリカで最も影響力があり、広く読まれていた雑誌、「サタデー・イブニング・ポスト」に、カラーの全面広告を出した。それは、上層中流階級の家庭で、メイドが女主人に監視されながら、家じゅうを掃除している様子を描いたものだった。絵の下の文章にはこう書かれていた。「粗悪な石けんでは傷ついてしまうような大切な物には、アイボリー石けんを使いましょう。〈中略〉アイボリーはこれまで、東洋の敷物や油絵、マホガニーの家具、エナメル、金の額縁、彫刻、シルクのカーテン、価値のある骨とう品などをきれいにしてきました」[81]。P&Gは広告アイデアのコンテストまで開いた。ハーレーはあるとき、「アイボリーの新しく、奇抜で、よりよい使い方」に一〇〇〇ドルの賞金を支払うというキャンペーンも行った。人々の反応があまりにも熱狂的だったので、P&Gはさまざまな証言を集めた冊子を編集した。そのなかには、筋肉痛を和らげる、宝石を磨くなどがあった[82]。

こうした宣伝の仕方は、現代の識者には、粗野でまとまりのないものに見えるかもしれない。広告のターゲットはあまりにも広すぎ、一貫性のないイメージやメッセージが毎月のように打ち出されていた[83]。しかし、無秩序だった広告も、やがてはターゲットが一つに絞られていった。すなわち、白人で、主にプロテスタントの、郊外に住む人々だ。広告は一九世紀後半のアメリカを理想化するようなものとなり、伝統的な家庭に女性と子どもと赤ちゃんがいて、純粋さと女性らしさ、家庭の尊重が中核的な価値観として据えられた。それは、急速な工業化が進む時代のなかで、安心感を映し出すものだった。

こうしたメッセージによって忠実な顧客基盤が築かれていったが、この計算された展開は、もはや大胆なトップの直感によるものではなかった。むしろ、無数の修正や、地道で手順に従った分析の結果だったのである。それは、ひらめきを形にして、繰り返せるもの、信頼できるものにする努力だった。

史上初のデータの達人

ハーレーは四五歳で引退することを決め、人生を楽しみ、旅行をし、パリやロンドン、エジプトでの暮らしに自分の時間を使うことにした[84]。ハーレーの後任には、シンシナティ出身[85]のヘイスティングス・L・フレンチが昇進し、販売部門全体を見ることになった。広告部門トップのハリー・W・ブラウン[86]とともに、フレンチは山のようなデータを凝視し、どんなマーケティング活動がよい結果を出せるのか、そのパターンを見つけようとした。たとえば、フレンチとブラウンは、バッファローにおける一八九六年のプロモーション活動を検証した。その活動では、三七〇〇ドルの予算をかけてサンプルを配布したにもかかわらず、需要が目に見えて喚起されることはなかった[87]。

二人は、二〇世紀の百貨店王、ジョン・ワナメーカーとは違った。ワナメーカーは次の言葉で有名だ。「広告に使うカネの半分はムダになる。困るのは、どの半分がムダになるかわからないことだ[88]」。P&Gでは、詳細な情報がノートに書き込まれ、キャビネットを次々と埋めていった。マーケティングを厳密でたしかな活動として行おうとするならば、広告の効果も信頼できる方法で測定する必要があると、二人は信じていた。個人の知見は引き出されて、繰り返し実施できる方法に変換されなければならない。データに基づいた意思決定の四つのステップ、すなわち、データ収集、分析、洞察、行動が、P&Gにおける規範となった。そして、データを創出し、集め、パターンを見つけ、原因と結果を探るという広告への科学的なアプローチによって、消費者心理学という急成長中の新分野を活用できるようになった。

一九〇四年一月号のアトランティック・マンスリー誌で、応用心理学者として初めて有名になったウォルター・D・スコットは「広告の心理学」と題する記事で次のように述べた。「広告をうまく行うには、自社の顧客の心の仕組みを知る必要があり、その心にどう効果的に影響を及ぼすかを理解しなければならない。つまり、広告に心理学をどう応用するかを知る必要がある[89]」。広告百科事典の『ファウラーズ・パブリシティ・エンサイクロペディア』は、通信販売のカタログを企画する人に向けて、「カタログの中身を一〇人程度の一般の人たちに見せて、その中身を理解してもらえるかどうか試す」ことを勧めた。これは現代のマーケットリサーチの原始的な形といえる。当時はこうした考え方は革新的で、時代の先を行くものだった。P&Gは熱心にこれらに従った。

注目すべきは、やろうと思えば、P&Gはマーケティング活動のほとんどを外部の広告代理店に外注できたのに、そうしなかったということだ。当時の広告制作には、何人もの専門的なイラストレーターが関わった。製品を可能な限り忠実に描く人、製品が使われる理想的な環境、あるいは夢のような環境を描く人などだ。有名なイラストレーターの名前があると、宣伝されている製品の格も上がった。しかも、J・ウォルター・トンプソンやロード&トーマス（のちのFCB）などの代理店が提供したのは、優れた絵と色使いだけではなかった。広告制作面で専門知識を提供し、メディアバイイング〔新聞や雑誌などの広告枠を買うこと〕でも知見を提供したのだ[90]。また、調査部門や情報部門を持つ代理店もあれば、社会人口学的な市場セグメンテーションを行う企業もあった。さらには、ニューヨークやロンドンにキッチンスタジオを開設し、そこで主婦たちが新製品を試す様子を見られるようにしている代理店もあった。[91]

実際、歴史に残る広告やキャッチコピーは、代理店の広告制作者の力なしではつくり得なかった。たとえば、サンキスト・オレンジ、サンメイドレーズン、グッドイヤータイヤ、マルボロマン、ラッキーストライク、フォルクスワーゲンのビートルなどの広告、そして「Nothing gets between me and my Calvins（カルバンとわたしのあいだを邪魔するものは何もない）」「I'd walk a mile for a Camel（キャメルのためなら一マイルだって歩く）」「Winston tastes good like a cigarette should（ウィンストンはうまい。タバコの味はこうでなきゃ）」などの有名なフレーズが生まれた。[92]

こうした流れに反して、P&Gは消費者心理学を自分たちでマスターしようと決意した。新たな知識分野を他人にアウトソースしようとは思わなかったのだ。

そのなかで、自社で行ったアンケートによって、家事をしている女性はラジオ番組を楽しんでいるということが見えてきた。一九三三年にP&Gは大きく賭けに出て、ラジオドラマを昼間に放送するという実験を行うことにした。放送したのは史上初のホームコメディだ。[93]大恐慌に襲われた一九三〇年代、競合企業が広告費を削減する一方で、P&Gはラジオの予算を増やした。

その効果はすぐに表れた。P&Gは他の石けんメーカーの業績をはるかに上回っただけでなく、その利益は一九三三年の二五〇〇万ドルから、翌一九三四年には四〇〇〇万ドルに跳ね上がったのだ。ラジオによってP&Gのメッセージが多くの家庭に届けられ、幹部は新たなメディアを熟知し、ラジオ放送のまったく新しいジャンル、「ソープ・オペラ〔日中に放送される連続もののメロドラマ〕」を切り開いた。[94]

P&Gが消費者心理を理解していなかったら、これらすべてのことは成し得なかっただろう。消費者心理は同社の基盤となる二番目の知識分野となっていった。この分野へのシフトはゆっくりとしたものだったが、ここに重点が置かれていたことは、同社CEOの専門分野と経歴に最もよく表れていた。アドバタイジング・エイジ誌は一九五六年にこう報じた。「P&Gが新しい社長を探すとき、同社は前社長が在籍していた部門で人材を探す。つまり、宣伝部門だ[95]」。生産部門でも、営業部門でもないということだ。また、P&Gが他の消費財メーカーとはかなり異なる形でイノベーションができたのも、この消費者心理学から得られた知識のおかげだった。同社は何十年にもわたって、新しいメディア、つまりラジオからカラーテレビ、ソーシャルメディアまでを使って広告を行う先駆者となった。

一方で、製造面での進化も続いていた。一八八六年、新たにアイボリーデール工場がオープンすると、あまりの豪華さに呆然とする人もいた。設計はシカゴの建築家、ソロン・スペンサー・ビーマンによるもので、二〇棟の建物が、シンシナティの中心部から一一キロのところにある約二二万三〇〇〇平方メートルの敷地に建っていた。[96] シンシナティの人々にとって、その工場は衝撃的なものだった。道路と工場のあいだには芝生が広がり、木が植えられ、花壇が設けられ、池や噴水もあった。切妻屋根と赤レンガを施したライムストーンの建物は、すべて一階建てに揃えられ、大型の釜を収容している建物だけが二階建てだった。高さ六〇メートルの大きな煙突が町の上にそびえ立ち、排気ガスを空に吐き出していた。

工場の内部では、蒸気エンジンで動くコンベアベルトで、空の箱や石けんが包装担当の従業員のところに運ばれ、見学者はその様子を驚いて見ていた。門のところには、P&Gが所有する鮮やかな赤の蒸気機関車が置かれ、そのボイラーの前部には、P&Gのトレードマークである月と星が刻まれていた。一八八六年の開設後すぐに、アイボリーデールはP&Gが数百万ドルを稼ぐ企業に成長するのに貢献するようになった。[97]

しかし、大規模な生産だけでは、P&Gは自社のビジネスを競合企業から守れなかっただろう。アメリカ南部の繊維会社は、北部の会社を破綻させたものの、その後日本や他のアジア諸国の企業に市場を奪われた。もしP&Gが最初の知識基盤

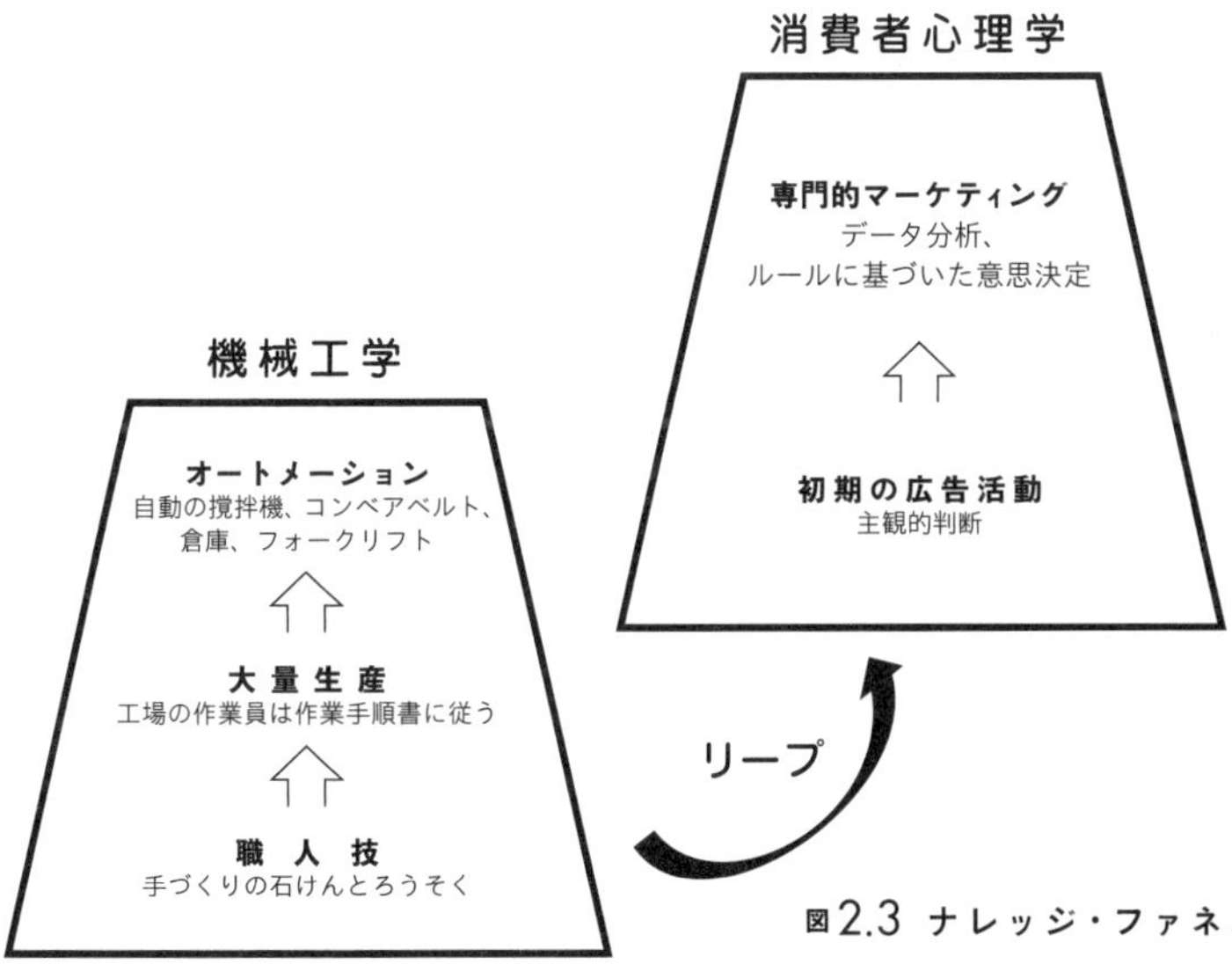

図2.3 ナレッジ・ファネル

である機械工学にしがみついていたら、どれだけ規模を拡張しても、その繁栄は長続きしなかったはずだ。量的拡大という一本の道筋だけでは、価格競争という荒んだ状況に行き着くしかない。

だからこそ、ホワイトソープを「アイボリー」と改名し、黒と白のチェック柄の包装紙で包み、「水に浮きます！」と宣言することで、消費者心理学という生まれたばかりの分野に実質的にリープした。図2・3にまとめたハーレーの初期の広告活動は、直感や主観的な判断によるものが大半で、散発的であったことは否めない。しかし、彼は賢明にも、彼のやり方を専門の責任者に譲ってまとめさせた。P&Gはつつましい職人技の企業としてスタートしたが、二〇世紀の夜明けまでには、機械工学から消費者心理学へとリープしたのだ。

現象から価値のある情報を探る

本章では二つの主要なリープを見てきた。一つはバーゼルの製薬会社で、有機化学から微生物学へのリープだった。もう一つはP&Gで、機械工学から消費者心理学へのリープだった。

経営学の世界では、定量データの分析を重視しすぎる傾向がある。研究者は大量のサンプルを集め、「平均値」の解析を行って、企業が高水準の業績を上げる方法を見つけ出そうとする。その典型例がジム・コリンズの二〇〇一年のベストセラー、『ビジョナリーカンパニー2―飛躍の法則』だ。コリンズのチームは、調査対象企業一四〇〇社のなかから、傑出した業績を上げた企業を一一社選び出し、続いて、それぞれの企業の同業者で、平均的な業績しか上げられなかった企業を選んだ。そして、両方を比較して勝者だけに見られる特徴を探したのである。そして、そのなかで重要とされたものの一つに、CEOの性格があった。同書によると、比較的謙虚で、スポットライトが当たるのを嫌うようなリーダーが、偉大な企業への道のりを導く。一方で、もっと自己中心的で、外から雇われた「スーパースター」のCEOが平均的な企業を率いていたという。

この説は直感的には魅力的だが、同書で挙げられた一一社の傑出した企業の多くが、それ以降つまずいたり、財政的に苦しんだり、破綻に追い込まれたりしている。たとえば、サーキット・シティは二〇〇八年に経営破綻し、ファニーメイは政府によって救済され、ウェルズ・ファーゴは業務上の不祥事を起こし、食品スーパーのクローガーはEコマースの拡大に直面して苦戦している。

企業の経営者は、複雑で変化する環境を相手にしている。数年前にうまくいったことが、永遠にうまくいくとは限らない。だからこそ、調査手法として相関関係に依存しすぎると、間違いにつながることになる。相関関係は不完全な場合が多い。定量的な分析に含めるのが難しい要因が存在するかもしれない。たとえば、CEOが直属の部下とともに下した決断などである。その企業に実際に入り込むことなく遠くから企業を分析すると、どんな学者でも間違った結論を下す可能性がある。謙虚なCEOがいたから高業績が実現できたのか、あるいは、高業績で財務的なプレッシャーの少ない企業だったからCEOが攻撃的にならずに済んだのか。それは単純に知ることができない。

もちろん、本書のような歴史の定性的分析のほうが、定量的な分析よりも常に優れているわけではない。そうではなく、なぜある意思決定がさまざまな状況でさまざまに異なる結果を導き出すのか、その因果関係は、大規模なサンプルを集めた研究を行っても突き止めるのは難しいということだ。企業の長期にわたる歴史の比較を適切に行うと、どの行動が望む結果につながると考えられ、どの行動がつながらないと考えられるか、曖昧ではない見解を自信を持って導き出すことができる。

先に進む前に、これまでに学んだことを振り返っておこう。バーゼルの製薬会社とP&Gの歴史を深く探った結果、学んだことである。

わたしたちは、競争優位性は結局のところそれほどユートピアのようなポジションではないことを見てきた。企業秘密や独自のノウハウはやがて後発企業に移っていく。その証拠をもう少し示そう。新興国が先進国の標準的な技術を使えるようになるまでにかかる時間は、一〇〇年以上（紡錘の場合。一七七九年に発明されて以来）から、一三年（携帯電話の場合）になった。[98] 同様に、一九二二年にはアメリカのタイヤ業界には二七四社が存在したが、一九三六年にはその数が八割減少し、四九社となった。[99] 今日では、競争の激しいグローバル市場で、アメリカのタイヤメーカーはわずか二社しか残っていない。

これまでの例で見たように、先行企業は一つの知識分野からもう一つの分野へとシフトし、その新たな知識基盤の発展についていけるときだけ、先行者利益を実現することができる。

この視点を持ったうえで、次の問いについて考えてみよう。「これまでに、わたしの会社はある知識分野から別の知識分野へとリープしたことがあるだろうか。リープしたことがあるならば、その結果はどうだっただろうか。リープしたことがないならば、何が障害となっていたのか。もっと全般的な話として、長期的に成功するうえで新しい知識分野へのリープがそれほど重要ならば、なぜ、わたしたちはもっと頻繁にリープを目撃しないのだろうか[100]」。

最後の問いに答えるには、複雑な大企業のなかで、経営資源が分配されるプロセスについて探求する必要がある。次章では、スイスの製薬会社とＰ＆Ｇの最後のリープについてさらに掘り下げる。その最後のリープによって、両者は二一世紀になっても繁栄し続けているのである。

　このエピソードを語る目的は二つある。一つは、より最近の歴史を見ることによって、大きな変革や難しいトレードオフの決断をどうやって下したのか、読者に近い視点を提供すること。もう一つは、これらの企業の長い歴史のなかで多くのデータを収集することで、わたしたちが都合のよい部分だけを選んで結論を出したのではないと、自信を持って言えるようにすることである。

　戦略とは、もちろん完璧を実現することではない。最もよい場合でも、成功の確率を高めることである。次章では、有数の大企業がどうやって成功の確率を高めたのかを見ていく。

第3章 セルフ・カニバリゼーションを恐れるな

どうせ滅ぼされるのなら…

何が大切かがわかっていれば、決断を下すのもそれほど難しくない。

ロイ・E・ディズニー（一九三〇―二〇〇九）　ウォルト・ディズニー・カンパニー　元上級幹部

不可能なことをするのは、ちょっと楽しい。

ウォルト・ディズニー（一九〇一―一九六六）　アメリカの起業家

新しいスキル

一九八〇年代まで、製薬会社は自然界の微生物に頼ってさまざまな医薬品を生産していた。ペニシリンはアオカビ、エルゴタミンは麦角菌から生まれた。前章で見たように、ファイザーやサンドが大々的な土壌スクリーニング・プログラムを実施したのもそのためだ。インシュリンや他の成長ホルモンなど、動物の体や、時には遺体からの抽出が唯一の方法だったものもあった。二〇世紀が進むにつれ、医薬品の研究は科学のなかでも最もコストがかかるものになっていった。

医薬品の発見のすべてのプロセスを一語で表すとするならば、それは「消耗」だ。生物医学の研究は、動物実験ではよい結果が出ても、人間では同じ結果がでないケースが後をたたない。[1] 薬になる可能性があったもののうち、おおよそ九五%が、十分な効き目がなかったり、副作用が強すぎたりするため臨床試験（治験）で失敗している。[2] こうした状況により、コストは劇的に増加する。バーゼルの製薬会社が最先端の研究を続けていくためには、経営資源を統合し、共有するしかなかった。

一九九六年三月七日、チバガイギーとサンドは、企業経営史上それまでで最大となる合併を行った〔チバとガイギーは一九七〇年に合併〕。チバとガイギーとサンドは、何十年にもわたって互いに買収や提携を行ってきたが、ついに一つの会社になったのだ。新しい会社の名前はノバルティス。その語源はラテン語の「novae artes」で、「新しい芸術」「新しいスキル」を意味する。[3] ノバルティスが求めていた新しいスキルは、組み換えDNA技術にほかならなかった。組み換えDNA技術は、その二〇年ほど前にバイオテクノロジー革命のきっかけとなった技術だ。

一九七三年に、カリフォルニア州の研究者、スタンリー・コーエンとハーバート・ボイヤーは、自然な進化を迂回して進化を実現できる可能性を示した。二人が出会う前、コーエンはスタンフォード大学で、抗生物質に対する細菌の耐性を研究していた。一方のボイヤーはカリフォルニア大学サンフランシスコ校（UCSF）で、制限酵素の研究をしていた。制限酵素とは、DNAを特定の箇所で切り刻むのに使える分子ツールだ。二人は共同で実験を行い、自然淘汰という進化のプロセスを経ずに、DNAの組み換えによって、二つの抗生物質に対して耐性遺伝子を持つ細菌をつくった。この実験により、DNAは人工的に組み換えられることが証明された。これが現代のバイオテクノロジーの扉を開く、重要なカギとなったのである。

組み換えDNAを用いることで、医薬品をつくるために科学者が特定の細菌細胞を「発注」し、それを使って、複雑なタンパク質を基盤とした分子を成長させ、大量生産することができるようになった。自然界に存在しない分子もつくれるようになったのである。そして、それまでの化学的なプロセスでは複雑で費用がかかり過ぎた医薬品を合成するために、細菌性の生体分子機械〔生体内に存在するタンパク質で、何らかの機能を持つもの〕を使えるようになった。その後ボイヤーは、世界初のバイオテクノロジー企業となるジェネンテックを設立。その名前は「遺伝子工学技術（Genetic Engineering Technology）」を短縮したものだった。こうして、バイオテクノロジーの時代が到来したのである。

一九九六年にノバルティスが設立されると、同社はヨーロッパ第二位の企業となり、また世界第二位の製薬会社となった。その拠点は、世界一四〇カ国以上、三六〇カ所に及んだ。[4] サンドのCEOだったダニエル・バセラがノバルティスのトップに就いた。彼が最も優先したのは、チバガイギーとサンドの両方で研究開発の状況を見直すことだった。次のブロックバスターを探すためである。

　バセラはスイスのドイツ語圏とフランス語圏をまたぐ町、フリブールに生まれ、やがて医師になった。父は歴史学者で、身近に医療関係者はいなかったが、[5] 子ども時代に経験した病により、医療への情熱に火がついた。

　八歳のとき、バセラは結核と髄膜炎の発作に苦しみ、療養所に隔離されて、家族と離れて一年間を過ごさなければならなかった。[6] その一年間、両親はバセラを一度も見舞いに来ず、二人の姉妹が一度来ただけだったと言われている。孤独でホームシックにかかっていたバセラは、脊椎液を採取するために行う脊椎穿刺《せきついせんし》を恐れていた。その間、彼が動かないように、看護師たちは彼が「動物であるかのように」押さえつけていなければならなかった。[7]

　ある日、新任の医師がやって来て、時間をかけてその処置とプロセスについて説明し、また看護師たちに押さえさせるのではなく、バセラに看護師の手を握っていてよいと言った。「不思議なことに、そのときは処置をされても痛みを感じなかった」と、バセラは振り返る。「終わったあとに、医師が『どうだった?』と聞いたので、わたしは彼に手を伸ばしてぎゅっとハグをした。〈中略〉こういう人になりたいと、強く思った」。[8]

　その二年後、一〇歳のときに、バセラは再び悲劇を経験する。姉のウルスラが悪性リンパ腫、別名ホジキン病を患ったのだ。[9] 強い放射線治療により、姉の体じゅうにやけどができていたのをバセラは覚えている。がんが肝臓に転移すると、ウルスラは体が弱ってベッドの上に起き上がることすらできなくなった。それでも彼女は勉強をあきらめず、人生最後の夏が来る前に、高校を卒業した。彼女の最後の言葉は、バセラの心に永遠に刻み込まれた。「ダニエル、学校でしっかり勉強するのよ」。

人生において運命と偶然(よいものも、わるいものも)は紙一重だ。姉の命を奪った病を、そのときのバセラは理解していなかった。彼ががんについて真に理解するようになったのは、スイスのベルン大学の医学大学院で学ぶようになってからだ。大学病院で内科のチーフレジデントを四年間務めたあと、バセラはサンドに入社し、アメリカで三年間働いた。その間に、ハーバード・ビジネススクールにも三カ月間通った。[10]

CEO就任後に研究開発状況を見直していたとき、バセラはのちに「真の知的ブルドーザー」と呼ぶことになるアレックス・マターと出会った。[11] 背が高く、控えめだが辛辣なマターは、チバガイギーで一〇年以上、「医学の停滞地」とされてきたがんの研究をしてきた。[12]

たいていの医師ががんと闘う方法は、外科的に腫瘍を取り除き、その後、化学療法と放射線治療を行うというものだ。これは簡単に言うと、毒物と放射線を体内に注入することだ。もし医師が、健康な細胞よりもがん細胞を先に殺すことができれば、患者は何とか生き延びる。がん治療薬は、悪性の細胞の成長を妨げる効果は持つものの、その効果は無差別に発揮されるので、通常の細胞も破壊されて患者は衰弱してしまう。この過酷な療法を受けた人たちが証言するのは、それはまるで、抗生物質が発明される前の時代に、感染が広がるのを防ぐために脚を切断したような感じだということだ。[13]

アレックス・マターに言わせると、このがん患者への野蛮な攻撃は言語道断だった。彼はがん治療薬の開発が、「たとえば、腫瘍が小さくなるように念じながら、化合物をマウスに注射するように[14]」行われていると考えていた。がんの生態についての理解は進んでおらず、直感をテストする唯一の方法は、化合物を治療に使ってみて、何が起こるかを観察することだけだった。

副作用のない薬を求めて

どの企業においても、企業戦略の立案には二つの異なるアプローチがある。一つは「意図的戦略」、もう一つが「創発的戦略」だ。

意図的戦略は非常に整然としており、また分析的だ。分析できるものはすべて厳密に分析し、企業の上層部が事業に関係のある答えを探し出す。たとえば、市場成長のデータ、セグメントの大きさ、顧客のニーズ、競合の強みと弱み、技術の方向性などだ。意図的戦略の立案は、通常は財務的な確実性を厳密に評価して終わる。正味現在価値や内部収益率が高いと、選択した戦略は実施する価値があると確信できる。

しかし、このトップダウンのやり方で、すべてのチャンスを十分にとらえられるわけではない。元インテル会長のアンディ・グローブは次のように述べた。「わたしの経験ではトップダウンの計画は常にことばだけで、実際の業務に反映されることは稀だ。一方で、戦略的行動こそ、現実に影響を与えるものなのである」[15]。グローブが「戦略的行動」と表現しているものこそ「創発的戦略」だ。

創発的戦略とは、中間管理職やエンジニア、営業担当者、財務スタッフなどが行う日々の意思決定や投資の意思決定が積み重なって生じる効果であり、それらの意思決定が企業の発展において、長期的には非常に大きなインパクトをもたらすことである。そうした意思決定はたいてい戦術的なもので、会社による公式な審査を受けない場合が多い。それでもそれらが一体となって、次の大型製品の最初の種となる。インテルで歴史的に重要な決断となったのは、メモリーチップの生産をやめ、マイクロプロセッサーの生産に集中したことだった。この意思決定は、部門や工場のレベルで行われた多数の分散した意思決定の結果であり、その分散した意思決定を会社のトップが認識し、戦略として発表したものだ。

インテルはウエハーの製造能力という重要な経営資源を、製品ラインごとのウエハーの粗利益率をもとに配分していた。月に一度、工場の製造スケジュール担当者が集まって、製造能力をメモリーチップからマイクロプロセッサーまでの製品間で粗利益を基準として配分したのだ。一九八〇年代に、日本のメーカーがアメリカ市場への攻勢を強めると、メモリーチップの価格は急落した。インテルをメモリーチップの会社からマイクロプロセッサーの会社に変えたのは、この資源配分のプロセスだった。中間管理職が資源配分を日常的に決めていくなかで、戦略的シフトが表れてきたのであって、幹部が意図的に戦略を決めたわけではなかった。そして、いったんこの新しいチャンスが明らかになると、インテルの経営陣は新たな意図的戦略を全力で展開し始めた[16]。

これが戦略立案の最高の形だ。創発的戦略のあとを意図的戦略が引き継いだのである。企業のリジディティ（硬直性）によって創発的戦略が機能していなかったら、インテルには悲惨な結果がもたらされていただろう。比較的安定した環境にある組織は、戦略をある程度細かく計画できる。一方で、予測しにくい環境にある組織は、戦略方針やガイドラインをいくつか決められるが、それ以外の部分は状況が展開するにつれて表れて（創発して）くるのである。裏を返せば、創発的戦略の役割は、事業環境がどんどん予測不可能になっていくなかで、意図的戦略に比して重要性を増していく。

ジャン＝フランソワ・ボレルが情熱に動かされて免疫抑制剤の実験を行ったこともまさに創発的戦略で、それがサンドを新たな道筋に導いた。その数十年後に、アレックス・マターはボレルとまったく同じ道をたどることになる。マターはある自発的な取り組みを続け、それがやがてはノバルティスを大きく変えていったのだ。

＊＊＊＊

一九六〇年代に、慢性骨髄性白血病（CML）の遺伝子的な原因が徐々に明らかになり始めた。CMLは骨髄のなかの血液をつくる細胞に影響を与える、白血病の稀有な形態だ。ついにCMLの遺伝子的な原因が特定され、それは研究的な観点からすると大きなブレークスルーだった。科学者たちが突き止めたのは、細胞核の染色体におけるＤＮＡの位置が入れ替わり、それによって「Bcr-Abl チロシンキナーゼ」という異常な酵素がつくり出されるということだった。[17] キナーゼは、細胞内の多くの活動を調節する酵素だが、Bcr-Abl チロシンキナーゼという異常な酵素は、赤血球と白血球をつくりだす細胞である骨髄細胞を増殖させ、その数の増加が止まらなくなる。まるで、生産のスイッチが最大の目盛で固まってしまったかのようになるのだ。実は、すべてのがんの原因は、細胞の成長を制御できなくなることである。ＣＭＬの場合、病気が進行すると、患者には疲労感や発熱、寒気、出血、骨の痛みなどの症状が表れ、やがては死に至る。[18]

ＣＭＬの基本的な仕組みがわかったので、がん細胞のなかで特定の分子に攻撃をかけることが、少なくとも理論的には可能になった。マターは細胞のなかに無限の宇宙を見た。そこでは細胞を構成する分子たちがパートナーを選んで複雑に結びついており、特別なカギがなければ両者を切り離せない。マターが考えていたのは、Bcr-Abl チロシンキナーゼと化学的に結びつくような分子化合物をつくって Bcr-Abl チロシンキナーゼを阻止し、それによって歯止めの利かない細胞の増殖の連鎖を断つことだった。分子をうまく組み合わせることで、連鎖反応を止めながら、それ以外のものは邪魔をしないような分子化合物が作成できるはずだとマターは考えた。「このコンセプトに基づいて、わたしは小さなチームを組織し、そんな分子を設計できるか、試してみることにした[19]」。

マターと同時代の人たちにとって、Bcr-Abl チロシンキナーゼが存在する細胞核に、細胞膜を越えて到達するような分子化合物をつくることは、まるでＳＦのような夢物語だった。当時は、分子レベルの化学的な複雑さは、とても太刀打ちできないものと思われていた。しかし、マターの尋常でない決意に他の人々も刺激されて、彼とともに不可能なことに取り組んだ。

チームの一員で、当時三二歳だった化学者のユルク・ツィンマーマンは、彼らの取り組みが最初に立ち上がった頃は、それはかなり「原始的」で、「少し恥ずかしいもの」だったと言う。「わたしたちは酵素の構造がよくわからなかったので、多分こんな形をしているだろうと思ったものを紙に描いた。何度も描いて、その形を表現しようとした[20]」。正しくカギ穴に合うカギをつくろうとする職人のように、ツィンマーマンは何千もの化合物をつくり、それをチームの細胞生物学者のエリザベス・ブッフドゥンガーに渡して結果を検証した。ツィンマーマンは少しずつ、分子構造の微妙な変更がその化学的特性にどのような影響を与えるか、また効果や毒性、溶解度にどのような影響を与えるかを理解し始めた。「この間、科学系の学術誌は、選択的な（Bcr-Ablだけを阻害するような）化合物をつくることは不可能だと言っていた。〈中略〉おそらく、わたしたちのチームで最もよかったことは、いつかは成功すると全員が信じており、決してあきらめなかったことだ[21]」。そして、ツィンマーマンとそのチームは、日ごとにこの化学の謎解きの答えに近づいていった。

九年ほどが過ぎた一九九四年二月、チームは白血病細胞の九〇%を阻害する化合物を試験管内で合成できたと確信した。この化合物は、正常な細胞に害を与えることなく、Bcr-Ablチロシンキナーゼと結びついてがん細胞を撃退する効果を持つことが示された。これが製品化されれば、根本にある生物学的な経路を正確に理解したうえでつくられた、最初のがん治療薬となる。この薬が発明されたこと自体もドラマチックだが、その発明の仕方もドラマチックだった。この化合物はSTI571と名付けられて新薬の候補となり、動物実験と患者による臨床試験を待つことになった。[22]

医薬品の世界では、科学者が何とか一つカギを開けると、そのなかにさらにカギのかかった箱が見つかることが多い。生物学分野での発見を行うためには、有機化学に優れていなければならない。遺伝子学を活用するためには、まず微生物学などをマスターする必要がある。このように、長年の間に、基盤となる知識分野をシフトできた能力こそが、スイスの製薬業界が新たな競合企業を寄せ付けなかった究極の理由である。図3・1に、バーゼルの製薬会社が成し遂げてきたリープをまとめた。

しかし、こうしたリープは、たとえ豊かな知識を備えていた場合でも困難が多い。どんな企業でも、いつも適切に行えるわけではない。実行できた企業も、忍耐力や大胆さ、先見性、時には幸運があったからこそ成し遂げられた。異なる知識分野への移行が非常に難しいからこそ、経験豊かな企業ほど、トップに立ち続けられる確率が高くなる。発見や発明は、前任者の実績のうえに実現され、難しい進歩は、経験やそれまでの知識を基に成し遂げられるからだ。

しかし、前述したように、新薬候補となる化合物はほんのわずかだ。また、新薬候補の大半が、臨床試験をクリアできない。マターのチームが合成したSTI571も条件は同じだった。加えて、CML治療という市場の規模も、非常に限られていると考えられた。CMLは稀ながんであり、アメリカの成人の罹患数は年間約八二〇〇人。これに対して、前立腺がんは推定一六万五〇〇〇人、乳がんは二五万人である。したがって、三〇年前にボレルがサンドで経験したのと同じように、ノバルティスの幹部も、STI571では財務的なリターンはほとんどないと考えた。動物実験と臨床試験だけで、一億ドルから二億ドルが必要だ。[23]CEOのバセラは「チームとわたしは考えあぐねて苦しんだ」と後に語っている。[24]

それでも、STI571の最初の臨床試験でよい成果があがったとき、開発を進めることを決めた。「最終的にはわれわれは企業であり、企業の意思決定は統計的な分析や利益創出の可能性に基づいて行われることが多い」とバセラは認める。「しかし、その製品を市場に出したとき、医療に変化をもたらす可能性が十分に存在するなら、われわれ経営陣はその製品を発売する義務がある。〈中略〉わたしはグローバル技術オペレーションの

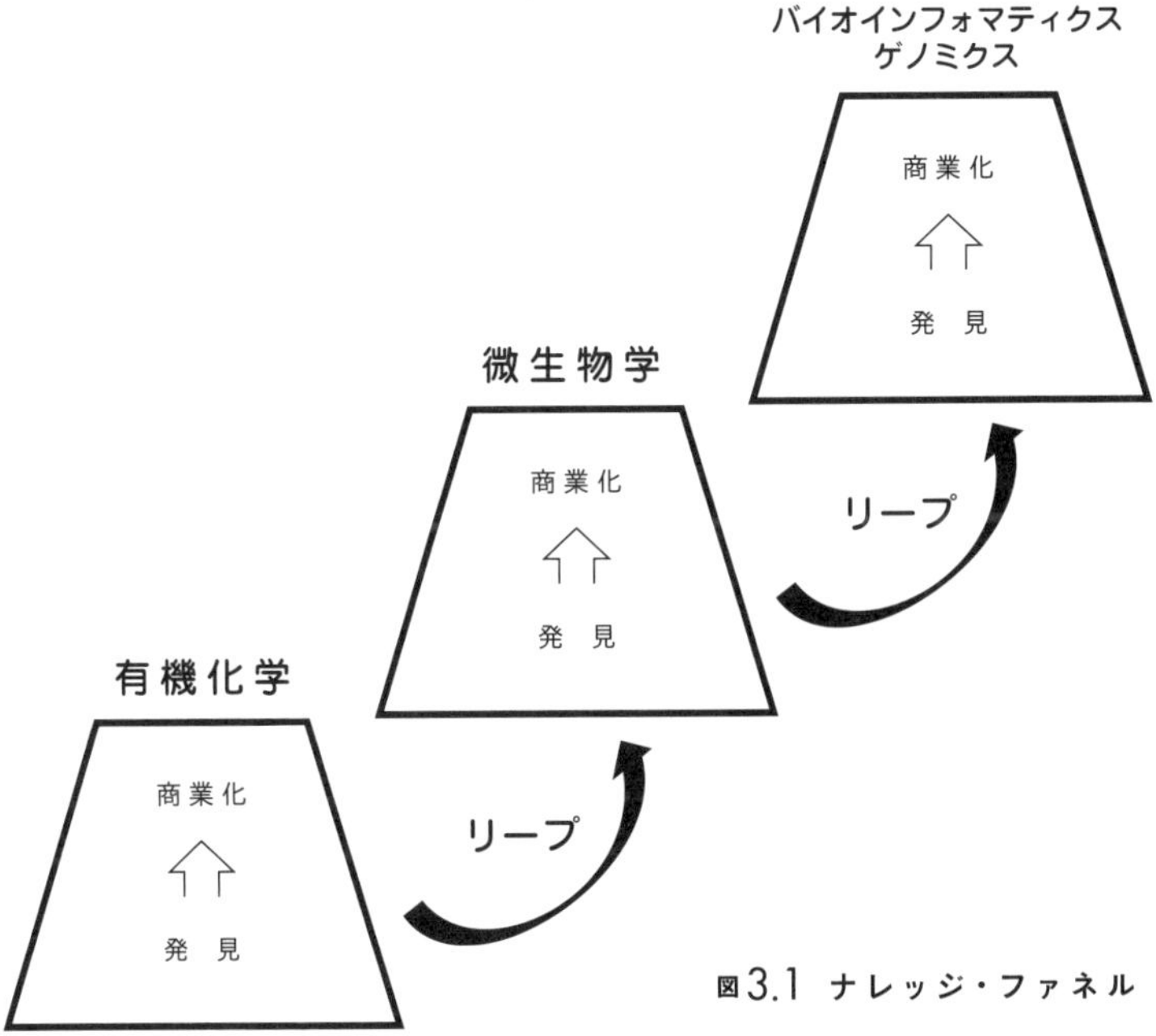

図3.1　ナレッジ・ファネル

責任者に、『カネは関係ない。とにかく進めなさい』と伝えた」。

もちろん、医薬品事業ではカネは非常に重要だ。それでもノバルティスは、結果的に史上最大の臨床試験を行うこととなった。その一因は、CML患者のコミュニティが小さく強固なものだったことだ。彼らは臨床試験をできるだけ速く拡大することを求めた。STI571が最後の望みになっている末期の患者に臨床試験を行うためである。

この分子標的治療は一般的な化学療法と違って、健康な細胞には影響を与えず、がん細胞のみを攻撃する。したがって、多くの副作用を避けることができる。たとえば、脱毛や、皮膚や胃の内壁の剥離、血管の閉塞、吐き気などは起こらない。副作用がほとんどなかったので、多くの患者が疑似薬《プラセボ》を飲まされているのではないかと考えた。ただし、薬の効果は感じられ、寿命は当初の診断よりもはるかに長くなっていった。

一般からの圧力を前に、米食品医薬品局(FDA)は「グリベック」と名付けられたその新薬を、審査期間わずか二カ月半という記録的な速さで承認した。二〇〇一年五月一〇日の記者会見で、米保健社会福祉省長官のトミー・トンプソンは、「こうした標的治療が今後大きなうねりとなると考えている[25]」と述べた。二〇〇九年にはグリベックの開発にあたった三名が、医学界の権威ある賞「ラスカー賞」を受賞した[26]。

新たな知識分野の果敢な探求

グリベックのアプローチは、かつては生存期間が三年から六年だったCMLを、慢性疾患に変えた。薬を毎日飲み続けていれば、多くの患者が最初の診断から平均で三〇年間は生存できると考えられている。[27] CMLは依然として稀な病気ではあるが、患者の寿命が延びたことにより、皮肉なことではあるが、グリベックの販売量も拡大した。二〇三〇年までに、アメリカには毎日薬を飲む必要があるCMLの患者が二五万人になる見込みだ。[28] 二〇一二年の時点で、CMLの治療薬はすでに四七億ドルの事業に成長しており、グリベックはノバルティスにおけるベストセラーとなっている。[29]

しかし、グリベックによる最も大きなインパクトは、業界の研究のフォーカスを変えたことだった。がんは一〇〇種類以上あり、それぞれに遺伝子や分子の構造が異なる。そのため、それぞれの経過や性格も違って、治療方法も大きく変わってくる。細菌の感染とは異なり、がんの原因や仕組みは一つではなく、統一的な対処方法をつくりあげるのは不可能だ。

グリベックの発売から間もなくして、ノバルティス・バイオメディカル研究所（NIBR）が設立された。新薬開発のために化学生物学とコンピュータを活用した手法にフォーカスした研究所だ。スイス国内の最大のライバル企業であるロシュも、遅れをとるまいと、前述した世界初のバイオテク企業、[30]ジェネンテックを二〇〇九年に四六八億ドルで買収した。その結果、ロシュは世界最大のバイオテク企業となった。[31]

こうした、スイスの製薬会社のような新たな知識分野へのリープが、長期的な成功のためにそれほど重要であるならば、なぜそれほど数が少ないのだろうか。わたしが思い至ったその主な理由は、大企業のなかでは経営資源を分配するプロセスがとても複雑であるということだ。

未来が読みにくく、何が正しい戦略かがはっきりしない状況では、創発的なプロセスが用いられるべきだ。アレックス・マターがノバルティスでがん研究の確立というタスクに取り組んだときも、自由度が大きく、官僚主義に妨害されない環境が必要だった。マターはスタッフの業務と予算に関する権限をすべて握り、まるで独立企業のような組織を一定期間運営することができた。

しかし、方向性なくむやみに実験を行っても、市場のトップにはなれない。スカンクワーク〔革新的な研究開発を行う独立したチーム〕や、シリコンバレーから輸入したベンチャーだけを活用しても、市場のリーダーになることは不可能だ。大企業が方向性の定まらない研究開発を行っている場合、その裏にあるのは次のようなぼんやりとした思い込みだ。つまり、自社があまりにも独善的で変われなくなってしまったので、イノベーションを起こすには、頭のよい人たちを数人暗い部屋に閉じ込めて、いくらかの投資を行い、何か素晴らしいことが起きるのを待つしかない、と考えるのである。[32]

ベンチャーキャピタリストであれば、こうしたアプローチをとってもよいのかもしれない。というのも、彼らはベンチャーの株式公開（IPO）か他社への売却によって、株式を手離して利益を得るために投資しているからだ。しかし、古くからの企業は、自社の既存事業を他社よりも先に活性化するために投資をし、イノベーションを起こそうとしているはずだ。古いものと新しいものの統合は避けて通れない。したがって、事業会社の幹部は、いずれは創発的な探求を意図的な事業活動に変えるという決定を下す必要がある。勝利への戦略が明らかになったら、企業はそれを果敢に進めなければならず、リーダーもそれに取り組む必要がある。

ノバルティスだけでなく、最近のP&Gの歴史からも、企業のトップが新たな知識分野へのリープを進めるよう、積極的に介入していく必要があることがわかる。彼らが直接コミットしなければ、一般の従業員の取り組みは、それがどれほど革新的であったとしても失敗する。

ごくわずかの企業しかリープできない理由は理解しやすい。それはリープすることによって、不確実で長期的な繁栄のために、確実で短期的な利益を犠牲にしなければならないからだ。そのような大胆に見える行動が、よく考え抜かれて決められたものなのか、あるいは愚かな思いつきなのか、誰も確実に判断することはできない。最も難しい問題は、企業がリープする必要があるときに、その投資の意思決定をプラスの財務予測として表せないことだ。

こんなときに、「カネは関係ない。とにかく進めなさい」と言えるのは、企業のトップだけである。

今日、製薬業界の最先端にい続けるためには、高価な設備を備えた研究所と、巨額の予算、そして大規模な研究チームが必要だ。ノバルティス一社だけで、二〇一三年の研究開発費は約一〇〇億ドルにのぼった。しかし、設備投資金額だけでは、新規参入企業による競争を防ぐことはできない。南部の繊維工場がイギリスの企業を追い抜いたときに、資金はほとんど問題とはならなかった。根本となる知識分野が変わらないままだと、新参企業に優位性があり、彼らがより先進的な生産設備を開発する。第1章と第2章では、こうした状況から生じた悲惨な結果をいくつも紹介した。たとえば、PCや携帯電話、自動車、太陽光パネル、そしてもちろん繊維製品もその例である。ピアノ製造でヤマハがスタインウェイを負かしたのも、こうしたやり方だった。最初は低賃金で、次にオートメーションで優位に立った。このような「成熟業界」では、基盤となる分野の知識は少しずつ進歩していたとしても、まったく別の分野にリープすることはなかった。

＊＊＊＊

グリベックはがん治療に変革をもたらすような効果を持っていたが、それでもCML患者の二〇％から三〇％は薬に反応しなかった。[33] 悪性腫瘍は恐ろしいほどに巧妙で、高度な治療にも耐性を持つ可能性がある。[34] バセラは言う。「がんとの戦いは続く。〈中略〉新しい、効果的な薬を開発しても、それは大きく継続的な戦いのなかでの小さな勝利でしかない。人間の体について知れば知るほど、どれだけわずかしか解明していないか、思い知らされる」。それを考えると、大手製薬企業がバイオテクノロジー企業の買収を続けるのも不思議はない。遺伝子治療の競争において、最先端を目指して追いかけ合っているのである。

一方の独立系のバイオテクベンチャーは、新薬候補をいくつか有していたとしても、経験豊かな製薬会社に規制や臨床試験などの面で手を貸してもらわなければ、商品化への道は危険が多すぎる。こうした状況では、たとえば中国の新規参入企業が、スイスの経験豊かな先行企業を突然に追い越すのはほぼ不可能だ。

一九七〇年代のバイオテクノロジー革命から、バイオインフォマティクス（生命情報科学）やゲノミクス（ゲノムと遺伝子についての研究）などの新時代が始まった。また、バイオテクノロジー革命は病気の治療方法を根本から変え、分子レベルで化学が介入する可能性を開いた。がんの標的医療からエイズの治療まで、一〇年前には想像もできなかった革新的な治療法が、「忌まわしい病」を「管理できる症状」に変えている。

ここで鋭い読者は、P&Gが平凡でローテクな製品に関わる消費者心理学から、いったいどこにリープするのだろうと疑問に思うのではないだろうか。

二〇一二年の時点では、一九五五年のフォーチュン500の最初のリストに入っていた企業のうち、残っていたのはわずか七一社だった。[35] フォーチュン500の企業の寿命は約三〇年だ。それでもP&Gは、二〇一六年の時点で株式時価総額二〇〇〇億ドル[36]と、五〇〇社中三四位に位置している。このシンシナティの長寿企業は、いったい何が特別なのだろうか。

次の波への手がかり

一九三〇年代には、P&Gは大手メーカーが備えるべき製造プロセスを完成させていた。高速の撹拌や冷却などのプロセスにより、石けんの製造は何日ではなく、何時間の単位でできるようになった。[37]それでも、P&Gは昔ながらの石けんメーカーで、基本的には一八〇〇年代と同じ材料と手法を用いていた。動物や植物の油脂を高温に熱して水やアルカリと混ぜるのだ。

こうした「ナチュラル」な石けんは長鎖脂肪酸でできている。この石けんに共通する問題は、ミネラルを多く含んだ硬水を使うと、石けんとしての効果が出ず、灰汁や凝乳のようなカスが残ってしまうことだ。それは消費者にとって不快で、P&Gの技術者を悩ませていた。

一九三一年四月、P&Gのプロセス・エンジニアのロバート・A・ダンカンが「興味深いプロセスや製品について何でも」学ぶために、ヨーロッパを旅していた。[38]ドイツで、ダンカンはある研究所でつくられた「イゲポン」と呼ばれる合成洗剤のことを知る。[39]それは「硬水に影響されず、酸にも強い、優れた湿潤剤でありよい洗剤」と説明されていた。

化学的に言うと、湿潤剤、つまり界面活性剤は洗剤として効果が高い。しかも、天然の油脂からつくられたものではないため、硬水と結びつく長鎖脂肪酸を含んでいない。ダンカンはこの旅で、もう一つ別の会社を見つけた。それはドイチェ・ハイドリエヴェルケという会社で、繊維製品メーカー向けに同様の製品を発売しようとしていた。彼はその場で一〇〇個のサンプルを購入し、分析のために速達でシンシナティに送った。このドイツ企業は「この洗剤が家庭用洗剤としてどんな価値を持つか、まったく考えていなかった」という。[40]イゲポンのサンプルを手にしたP&Gの技術者は、それと同様の紐状の分子構造を合成する方法を発見した。その一端が油と結びつき、もう一つの端が水と結びつくものだ。したがって、油を分解して水で洗い流すことができる。長鎖脂肪酸が含まれないため、硬水を使ってもカスが出なかった。

一九三三年に、P&Gはアルキル硫酸エステル塩を基盤とした合成洗剤、「ドレフト」を発売した。その一年後には、最初の合成シャンプー「ドレーン」も発売した。しかし、P&G社内ではすぐに懸念が生じてきた。幹部らが恐れたのは、大切に育ててきたアイボリーの市場を新製品が食ってしまうかもしれないということだった。しかし、当時の会長で創業者ファミリーとしては最後のトップとなったウィリアム・クーパー・プロクターが、合成洗剤を強力に後押しした。スタッフへの有名な演説で、彼は次のように言った。「この商品（合成洗剤）が石けん事業を滅ぼすかもしれない。しかし、どうせ滅ぼされるのなら、プロクター・アンド・ギャンブルに滅ぼされるほうがいい[41]」。経営陣はこの投資に懸け、アイボリーデールの技術センターは、実質的に消費者製品分野でほぼ初めての調査研究所となった[42]。

外部の識者から見ると、P&Gの長い歴史を通じて流れている顕著な経営行動は、自社の製品が別の自社製品の売上を食ってしまう「セルフ・カニバリゼーション」を進んで受け入れるということだ。この戦略に対して抵抗が生じるのは自然なことだ。企業幹部は、自社の利益率の低い新製品が、既存製品の売上を減らすことを恐れる。資金を投資すべきは、最も利益率が高く、会社全体の利益率を下げない分野だと考えるのだ。しかし、スティーブ・ジョブズも言ったように、「自社製品が自社製品を食わないなら、誰かに食われる」のである。

結局のところ、ドレフトもドレーンも洗浄力が弱く、他の石けん事業を滅ぼすほどではなかった。そこでP&Gの科学者たちは、ひどい汚れも落とせる強力な洗剤を目指して工夫を重ねていった。化学的な限界に阻まれたドレフトは、デリケートな繊維や乳児の衣服などの軽い汚れを落とすという用途に限定された。なお、同製品は中西部からロッキー山脈までの地域では人気があった。そこでは、硬水のために石けんで汚れが落ちにくかったからだ。[43] それでもドレフトは単なるニッチな製品にとどまった。次のブレークスルーが起きるまでに、一〇年の月日が流れた。

止められない潮流

この間、アイボリーデール技術センターは「ビルダー」を探していた。ビルダーとは、油を乳化して小さな飛沫にする化合物で、[44] 洗剤の性能を一気に高めるものだ。リン酸ナトリウムがまず選ばれたが、このビルダーには残念な性質があった。粒子を堆積させるので、布が紙やすりのように硬く、ザラザラになるのだ。

これぞという製法を見つけ出すために、一〇年のあいだに二〇万時間以上の退屈なテストが繰り返されたが、[45] その後、研究チームは静かに解散させられて、主要なメンバーはほとんど異動していった。マネジャーたちも、この失敗しつつあるベンチャーに関わるのを嫌がった。しかし、一人の一途な科学者が、のちに「プロジェクトX」として知られることになる取り組みを、決してあきらめようとしなかった。その人物は、のちに「タイド」の主要な特許を申請するデービッド・"ディック"・バイアリーだ。

バイアリーは経営陣がプロジェクトの段階的な廃止をはっきりと命じるなかで、自分の研究を続けた。彼の上司のトーマス・ハルバーシュタットはのちにこう話した。「わたしはとてもディックが好きだが、彼がやったことを理解するには、彼という人間を理解しなきゃならない。〈中略〉ディックはある意味で強情なやつだ。極端なまでに粘り強い[46]」。

バイアリーがハルバーシュ

P&Gの研究者、デービッド・バイアリー。タイドなどの合成洗剤の開発を率いた。出典：Procter & Gamble

タットに最初に会ったのは一九三九年のことだった。彼はハルバーシュタットのオフィスに現れ、大きな秘密をおそるおそる打ち明けた。「あなたが上司になったということで、わたしが知りたいのは、わたしがやるべきだと考えていることにわたしは取り組めるのかということです」[47]。バイアリーは混乱している上司を研究室に連れて行き、過去五年間にわたって彼が取り組んできたことを二日間かけて説明した。それに非常に驚いたハルバーシュタットは、化学部門のアソシエート・ディレクターのハーブ・コイスに継続の許可を求めた。すると、いかにもP&Gらしく、バイアリーは研究を続けることを許された。しかし、プロジェクトXについては口外せず、決して「大げさに言い立てることのないように」と釘をさされた。バイアリーは「試験工場でサンプルをつくる」[48]よう依頼することを禁じられた。会社側から不要な注目を浴びないためだ。

第二次世界大戦の勃発で、多くの原材料の不足が深刻になった。ある上級幹部がプロジェクトXのことを聞きつけると、彼は激しく非難した。「お前たちいったい何をこねくり回しているんだ。P&Gはそんな製品をつくるつもりはまったくない。工場には他に未解決の問題が山ほどあるんだ」。戦争のあいだ、より少ない材料で生産を続けられるよう、工場は改革を強いられていた。エンジニアや科学者は日々目先の対応に追われていた。コイスはハルバーシュタットに、プロジェクトXをただちに終了するよう命じた。しかし、バイアリーが激しく落胆し、辞職すると脅すと、ハルバーシュタットは折れた。「報告されなかったたくさんの仕事があった。報告できないことはわかっていた。それだけだ」[49]。

このギャンブルは報われた。バイアリーはトリポリリン酸ナトリウム（STPP）がビルダーとして理想的であることを見出し、同時にある重要な発見を行った。一般的に、最大の洗浄効果をあげるには、洗浄剤の割合を多くしてビルダーはほんの少し加えるのがよいとされていた。しかし、バイアリーは、洗浄剤（アルキル硫酸エステル塩）一に対して、ビルダー（STPP）を三にするのがよいとして、一般的な説を覆した。[50] この調合は効果を発揮して、優れた洗浄効果が得られた。[51]

こうなると、コイスでさえもうわさが広がるのを抑えられず、トップにプレゼンテーションを行うよう求められた。このとき、P&Gは自分たちでは気づかないうちに、三つ目の知識分野にリープしようとしていた。同社の最初のリープは、機械工学によって強化された生産から、消費者心理学を活用した広告へのリープだった。今度はそこから、有機化学を基盤とした研究開発にリープしようとしていた。

製品のデモンストレーションが行われた。出席者のなかには、社長のリチャード・デュプリー、広告担当バイスプレジデントのラルフ・ローガン、生産および技術研究担当のバイスプレジデント、R・K・ブロディがいた。[52] 三人はプロジェクトXの製品としての可能性を確信した。唯一の問題は、発売までのタイムテーブルだった。以下に、そのタイムテーブルを議論した会議を再現する。発言はさまざまな記録に残っているものを、そのまま引用している。

マーケティングの専門家であるローガンは、新製品の発売には少なくとも二年かけるのが普通だと考えた。製品のサンプルを準備するのに数カ月、いくつかの都市でブラインドテストを行うのにさらに六カ月、そして新たな発見を基に製品の調整を行うのにも時間が必要だ。それから広告戦略を練り、消費者にアンケートを取り、全国展開への準備を行う。[53] 社長のデュプリーはローガンの見込みについて考え、ブロディに向かって言った。「このスケジュールでやれそうかね」。

ブロディはためらいながら、「できると思います」と言い、続けて「しかし我が社がブラインドテストをしたら、リーバとコルゲートがすぐにサンプルを入手するでしょう。そして、何らかの製品をつくりあげる。〈中略〉もちろん、彼らの製品は我が社のほどよくはないでしょうが、似たような広告をたくさん出すでしょうね。〈中略〉競争相手ができるのです」。ブロディは対案を出した。もしP&Gが、いつも行うブラインドテストと出荷・広告のテストをやめたら、「リーバとコルゲートに二年先行することができるはずです」。

ローガンはこのアイデアにすぐに反対した。「君も知っている通り、そんな前例はない」。ローガンは、もしそうするならば、一五〇〇万ドルから二五〇〇万ドルの投資を成功の確証がないまま行うことになるのだと言った。同社の売上高が五億ドルだった一九四五年の時点では、かなりの金額だ。

しかし、ブロディは意見を変えなかった。「この製品には非常に多くの強みがある。これまでに発売してきた新製品とはレベルが違う。もちろんリスクもありますが、可能性は非常に大きい。そのリスクを取るべきだと思います」。デュプリーはブロディを見て、続いてローガンを見、そして若い宣伝マネジャーで、その後社長になったニール・マッケルロイのほうを向いた。「マック、君はどう思う」。

マッケルロイは言った。「たしかに、厳しいやり方ではあります。しかし、今日聞いたことから考えると、この新製品はわたしがこれまでP&Gで見てきたなかで最高のものだと思います。もし自分で資金を出すのだとしたら、わたしは思い切って、ブロディさんの提案でやってみると思います。製品が期待通りに市場で評価されたら、二年分のリードは、まるで盗塁してよいと許可をもらったようなものです」。

デュプリーはうなずいた。そして、ブロディにこう宣言した。「よし、生産開始。全速力だ[54]」。

翌一九四六年に「タイド」が売り出された。それは汚れをよく落とす最初の合成洗剤となった。泥や草、カラシなどのシミを「服の色褪せやくすみを起こさずに[55]」落とせたのだ。「白い服をより白く」できるメリットは明らかで、タイドは市場のすべてのブランドを凌駕し、一九四九年には売上第一位の洗剤となった。P&Gの他の洗剤、オキシドール、ダズ、ドレフトをも押しのけた。

P&Gの他の製品の売上が急落したのを前に、社長となったマッケルロイはシンプルにこう言った。「もし我が社がやらない（この技術を用いない）なら、他社がやるだろう[56]」。マーケティング・チームは、「現代の洗濯日の奇跡」を広める任務を負い〔この頃、洗濯は曜日を決めて行われることが多かった〕、タイドをアメリカの数百万世帯の「洗濯日の重労働」を軽くする製品として宣伝した。需要は急拡大し、社内の生産能力が唯一、成長を阻む原因となった。一九五五年までに、アメリカでは年間に約一一三万四〇〇〇トンの合成洗剤が使われるようになった。洗剤が一〇種類あると、そのうち合成洗剤が八つを占めた[57]。水に浮くアイボリーは、上昇する潮流〔タイドは英語で潮流の意〕に押し流された[58]。

P&Gのパラドックス

ノバルティスとP&Gは非常に異なる企業だ。ノバルティスは恐ろしいほどの資金を使って、病気を治療するための薬を開発し、試験し、規制という非常に高いハードルを越える。P&Gは一般的な家庭用品をつくる。一方は人命を救う企業で、もう一方は生活の質を上げる企業だ。

しかし、両社ともに一世紀以上繁栄し続けてきた。また、両社ともに一度ならず何度も、自らを変革してきた。最も重要な点は、新たな知識が入ってきたときに、両社ともに既存の知識が不要になるのではなく、補完的な知識として不可欠だったということだ。

ノバルティスの場合、社外のトレンド、つまり大学や科学界の研究の焦点の変化が、知識分野のシフトを進めた。一方でP&Gは、さまざまな環境から表れてきたものを活用して、真面目にその知識を吸収した。別の言い方をすれば、方向性の変化は主に社内から生じて決定されていった。すでに見てきたように、たとえ先行企業であっても、最終的な成功につながるような大きな優位性が得られるわけではない。もし、P&Gが一つの分野（たとえば機械工学）だけに依存し、アイボリー石けんだけを製造し続けていたとしたら、コモディティ化した製品の低コストのサプライヤーになるのが関の山のようなグローバル企業にはなっていなかったはずだ。

ハルバーシュタットはタイドのインパクトを評価して、P&Gは「もう石けんのメーカーではなく、技術を基盤として進んでいく工業会社となるだろう」[59]と述べている。この時点で、P&Gは技術系大学の卒業生を一五〇〇人雇っており、技術系のスタッフの数は一九四五年のタイド以前の時代の三倍になっていた[60]。創業者が手作業で釜のなかをかき回していたファミリー企業は、いまや機械工学、消費者心理学、有機化学の三つの知識分野に立脚する大企業となった。そして、この三つの知識基盤の組み合わせにより、止まることのない潮流がつくられているのである。

もちろん、タイド発売の時代から世界は劇的に変化している。P&Gといえども、この先の一〇年成功し続けるためには、新たな知識が必要になるだろう。それでも、P&Gやノバルティスの歴史は、セルフ・カニバリゼーションを受け入れることの重要性を教えてくれる。セルフ・カニバリゼーションは企業が自ら進んで、より価値が低いと思われる自社製品やプロセスを、別の製品やプロセスに置き換えることだ。こうすることが重要なのは、先進企業の構造的な優位性、たとえば生産能力やブランド認知、企業秘密などが、よくても一時的なものであるからだ。

新たな知識分野にリープすることとは、古いものに重点を置かなくなることであり、また、新たに立ち上がった製品やサービスが古い製品やサービスに非常に大きなプレッシャーをかけることである。だからこそ、既存の大企業が前に向かってリープすることは難しい。それでも、ウィリアム・プロクターはこう論じた。「この商品（合成洗剤）が石けん事業を滅ぼすかもしれない。しかし、どうせ滅ぼされるのなら、プロクター・アンド・ギャンブルに滅ぼされるほうがいい」。

自社の既存製品が衰退する前にカニバリゼーションを起こそうという意欲は、スティーブ・ジョブズがトップだった頃のアップルに似ている。二〇〇五年、まだｉＰｏｄｍｉｎｉ（アイポッド・ミニ）に莫大な需要があった頃、ｉＰｏｄｎａｎｏ（アイポッド・ナノ）が発売され、実質的にミニの売上を崩壊させた。そして、ｉＰｏｄの売上が天井知らずだった頃、ジョブズはｉＰｈｏｎｅ（アイフォーン）を発売した。ｉＰｈｏｎｅはｉＰｏｄと携帯電話、インターネットへのアクセスを一つの機器に収めた

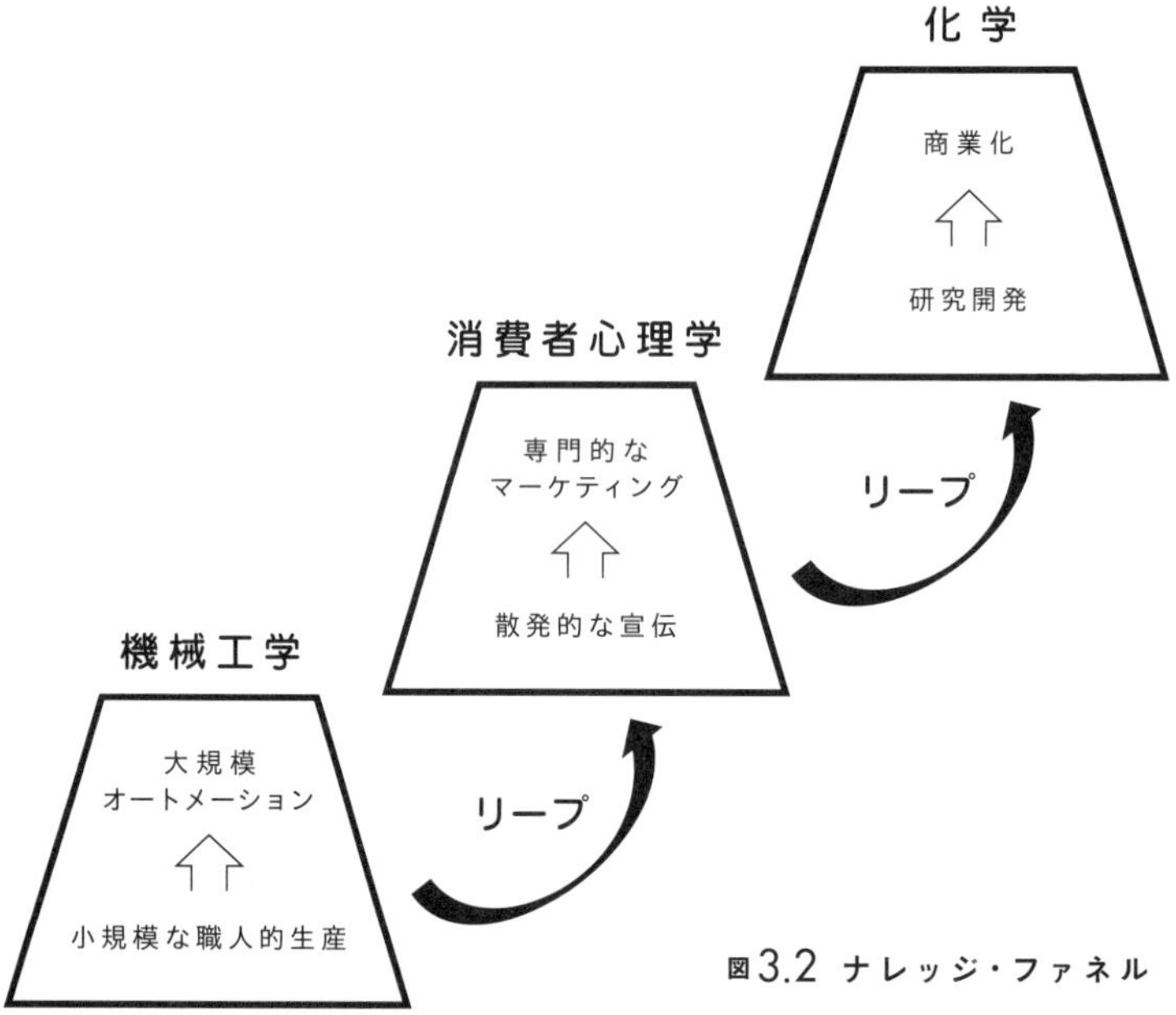

図3.2 ナレッジ・ファネル

ような商品だ。そして、ｉＰｈｏｎｅの発売開始から三年後、今度はｉＰａｄが発売された。ｉＰａｄは、デスクトップ・コンピュータのマッキントッシュの売上をいずれ侵食する可能性があった[61]。

もちろん、向こう見ずな行動を奨励しているわけではない。しかし、戦略立案におけるＣＥＯの役割が、社内ベンチャーの成功が確実になったときに新たな方向性を宣言することだけだとしたら、付加価値は小さい。企業が未来を志向するのであれば、継続的に新たな分野に手を伸ばす必要があることを認識し、新しい事業に既存の事業を追い越させる心構えを持たなければならない。そのチャンスを後発企業のために残しておけば、やがて彼らによるディスラプションにやられてしまう。

ここまでで、なぜ企業にとってリープすることが大切で、大きく成功した企業がどのようにリープしてきたかを見てきた。そこで続く第２部では、今後どの方向にリープするべきかを検証する。台頭してきているトレンドは何か、今後企業が生き残るうえで重要となる知識分野は何か。次の最先端は何なのか。

相互のつながりがますます強まるこの世界では、人材や知識や資本が国境を越えて絶え間なく動いていく。未来は常に予想よりも早く表れる。そして、開発のスピードが速まっていると思われるからこそ、その推進力は何なのかを見極めなければならない。最も強力なレバレッジ・ポイントはどこなのだろうか。どこに飛ぶべきなのだろうか。

第2部に進む前に、第1部で学んだことを振り返っておこう。

競争優位性は一時的なもの

業界の知識が成熟していくと、後発企業が追いついてくる。後発企業は古くからの資産を抱えていないため、もともと先行企業より低コスト構造である。そのため、後発企業から先行企業に競争圧力がかかる。スタインウェイが常に世界最高のピアノをつくってきたにもかかわらずヤマハに勝てなかったのは、まさにこのためだ[62]。

競争優位性を維持することは可能である

この流れを回避するためには、幹部が自社の基盤となる知識、核となっている知識を再評価する必要がある。一見逃れられない状況を回避するには、まず自社がどこにいるのかを認識することから始める。自社にとって、どの知識分野が最も重要なのかを自問するのである。事業の核となっている知識は何だろうか。その知識はどの程度の成熟段階にあり、どの程度手に入れやすいものだろうか。

後発企業から競争圧力を受ける状況は、ＩＭＤを含めたビジネススクールでも見られる。これまでビジネススクールの法人顧客にとって魅力となっていたのは、ビジネススクールの授業で特別な経験が提供できることで、だからこそ企業は有望なマネジャーらをエグゼクティブ教育プログラムに送り込んでいた。授業を行うノウハウは、教授の頭のなかにあった。しかし、そうしたスター教授の職人技はオンライン教育に乗っ取られつつある。オンライン教育では、教室での経験を自動化して、インターネット経由でコストをかけずに提供する。オンライン教育が学術界に不吉な予感を強く感じさせているのはそのためだ。オンライン教育は教授のコンピタンスの価値を下げているのだ。

あなたの事業のコア・コンピタンスの価値が下がる可能性はどのくらいあるだろうか。それはいつ頃起こりそうだろうか。

リープするべきタイミングはいつなのか

業績的な危機が訪れると、それが実際のものでも単なる予想でも、トップが突然の方向転換を行う場合がある。また、既存の組織を手放すと同時に、経営陣が新たな戦略を発表することもある。新たな分野への大型投資を行うために、経営資源の配分を中央集権化する、あるいは望みのないプロジェクトを売却することもある。

しかし、こうした広い範囲におよぶ突然の変更は、失敗した場合の挽回の余地が残されておらず、大きなリスクを伴う。

したがって、まだ時間に余裕があるうちに、小さな賭けを少しずつ試してみるほうがよい。実際、天才的予言者でなくてもどこにリープすべきかはわかる。将来的に必ずやって来る状況は、はっきり見えている場合が多い。だから、企業はまだ時間があるうちにリープすればよいのである[63]。

スティーブ・ジョブズはこのことを理解していた。「ものごとは非常にゆっくりと起こる。技術の波も、それが生じるずっと前から見ることができる。だから、どの波に乗るのかをよく考えて選ぶことだ。選択を間違ったら、多くのエネルギーをムダにすることになる。賢明な選択をしたら、その波は、かなりゆっくりと生じる。実際、何年もかかる[64]」。ジョブズはここで、ブロードバンドの到来を二年間待ったことについて話している。ブロードバンドがついに実現したときには、ジョブズはｉＰｏｄを投入してそのチャンスに飛び付いた。一方で、数えきれないほどの競合企業がＭＰ３プレーヤーを開発してアップルよりも早く飛び出し、無惨に敗退していった。二〇〇〇年代以前は、ナップスターを利用した音楽ファイルの共有がほとんど違法行為で、またアルバムをダウンロードするのに何時間もかかった。それほど接続が弱く、優れたハードウェアを用いてものろのろとしたダウンロードしかできない状況だった。そうしたなかで、ジョブズはブロードバンドの実現という必ずやって来る改革を待っていたのである。

ここには重要な教訓が含まれている。成功してきた企業幹部は行動を好む。しかし、それよりも重要なのは、ゆっくりとした動きを知らせるシグナルを、騒音と区別することだ。正しいシグナルに耳を傾けるためには、忍耐力と規律が必要だ。チャンスをつかむためには、必ずしも最初に動くのではなく、最初に正しく理解することが求められる。そのためには勇気と決断力が必要だ。リープを成功させることとは、一見矛盾するこの二つの能力をマスターすることである。この待つための鍛錬と、飛び込むための決断力をバランスよく組み合わせることができれば、その見返りは大きい。こうした矛盾する能力を個人のレベルと組織のレベルの両方で育てることが、この本の第2部以降の大きなテーマである。では、次の章に進んで、必ずやって来る大きな波に備えよう。

LEAP

第2部

未来を見据える

第4章

ユビキタスな環境を味方につける

一人の天才から集団の知恵へ

蒸気エンジンの発明以来、「社会は新しい技術に適応しなければならない」という前提のもとに西側の文明は進展してきた。この前提が、わたしたちが工業的な革新について語るときの一つの核となっている。つまり、社会が変化することを考えているのであり、ただ新しい技術が導入されるだけではないのである。

アミタイ・エツィオーニ、リチャード・レンプ

「Technological Shortcuts to Social Change（一九七三年）」

何百人もの著者がいる本

ガリレオ・ガリレイからアルバート・アインシュタインまで、またアイザック・ニュートンからスティーブン・ホーキングまで、そしてノバルティスのアレックス・マターからP&Gのデービッド・バイアリーまで、わたしたちは、人間のクリエイティビティというものは限られた人たちの頭のなかにだけあり、そのような人たちがいま現在の世界の形をつくっていると考えがちだ。

フリードリヒ・ニーチェはこう言った。「巨人は不毛なほどの時間を経て別の巨人に呼びかける。巨人の下に群がる小人たちに邪魔されることはない」。しかし、わたしたちの世界がより一層つながるようになると、ニーチェの言葉はもはや真実ではないかもしれない。実際、小人たちのあいだのお喋りのほうが、知的な巨人たちより上手《うわて》である可能性もある。

『ビジネスモデル・ジェネレーション』の著者、アレックス・オスターワルダーは、まだこのベストセラーが世に出るずっと以前に、ある一つの疑問にとりつかれていた。「起業家はどのようにして、新しいやり方でサービスや製品を提供するのだろうか」という疑問だ。

彼はこの疑問から離れられず、スイスのローザンヌにあるHEC経営大学院の博士課程に入学した。そして、「ビジネスモデル形而上学―デザインサイエンスのアプローチによる提案」[1]という漠然としたタイトルの論文を書いて卒業した。その後一年間、アレックスはブログを書き続け、企業のマネジャーたちと交流し、学者や研究者たちにも自分の考えを伝えた。自分の論文はオンライン上に掲載して、関心のある人がダウンロードできるようにした。さらには、自分の講演をユーチューブで公開し、直接に話を聞きたいという企業があれば無料で講演を行った。こうするうちに、フォロワーの数は徐々に増えていった。

数年後、アレックスは大学院時代の論文のアドバイザーであるイヴ・ピニュールと会って、論文に事例や新たな洞察などを追加して出版することを話し合った。アレックスの「本を出版したい」という思いはあまりにも強く、著者として成功する可能性がほんのわずかであるという事実には思い至らなかった。アレックスは振り返る。「英語で出版される書籍は年間一〇〇万冊で、そのうち一万一〇〇〇冊がビジネス書だ。それ以前に出版された書籍も二五万冊残っている。そんな大海のなかで目立つのはとても難しい。〈中略〉誰も新しい本を待っていないし、僕たちの本も待っていない。[2] ただ当時は、詳しいことは知らずに、決めた通りにしようとだけ思っていた」。

アレックスがわかっていたのは、競争から抜け出すためには、自分の本をハンドブックと位置づけ、イラストや図で表現してオンラインでも補足的なコンテンツを提供し、普通とは違う形でパッケージ化するべきだということだった。問題は資金を欠いていたことと、どの出版社も著者としての彼に懸けてみようと思わなかったことだ。アレックスはわたしが教えているIMDにも姿を見せ、わたしの同僚と話をしたが、「時間をムダにしないほうがいい」と一蹴された。

幸いなことに、アレックスはそのアドバイスを無視した。まったく動じないアレックスは、彼のオンラインのコミュニティに助けを求めた。「これから書かれる国際的ベストセラー」があるので、お金を払ってその共著者にならないかと持ちかけたのだ。二五ドルの購読料を支払えば、フォロワーは本の章ごとのドラフトを受け取って、フィードバックを提供することができる。

ふたを開けてみると、多くの人が進んで購読料を支払い、二五ドル以上を支払った。アレックスは二週間ごとに価格を五〇％引き上げた。本をまとめ終える頃には、四五カ国、四七〇人の共著者が、本の特別前売り分も含めて二五万ドルを出資していた。彼はその資金を使ってグラフィックデザイナーと編集者、印刷業者を雇った。驚くべきことに、このすべてがクラウドファンディングが一般的になる前の二〇〇八年に行われた。アレックスは面白がって、「これは（クラウドファンディング・サイトの）キックスターターができる前のキックスターター・プロジェクトだ」と話す。

この本の人気は、共著者それぞれが内容を精査し、コメントを寄せるにつれて高まっていった。[3]『ビジネスモデル・ジェネレーション』という書名で自費出版される頃には、ファスト・カンパニー誌が同書を「企業のオーナーにとって、二〇一〇年におけるベストの書籍」であると評し、「事業の組み立て方を考えるうえで、最もイノベーティブな本」であると紹介した。成功は成功を呼び、間もなくして学術書に特化した大手出版社、ワイリーが世界での販売権を獲得し、アレックスの本をアマゾンやバーンズ&ノーブルなどの書店で販売するようになった。すると四七〇人の共著者も、業界ではかつてなかったような長期的かつ統一的なプロモーションを展開し始めた。彼らは完成した書籍を、フェイスブックやリンクトイン、ツイッターなどの個人のネットワークで、飽きることなく宣伝したのだ。

販売部数はやがて一〇〇万部を超え、四〇以上の言語に翻訳された。[4] 大手出版社が販売するビジネス書の平均の販売部数は二万部だが、それをはるかに上回る数となったのだ。インデペンデント・ブックパブリシャーズ・アソシエーションによると、すべての書籍のうちの九二％は、わずか七〇部程度しか売れないという。二〇一五年には、「マネジメント思想のアカデミー賞」とも言われるシンカーズ50のランキングで、アレックスとイヴは一五位に入った。[5]

今日、アレックスはスタンフォード大学とカリフォルニア大学バークレー校で定期的に講義を行い、世界の主要企業でも講演を行っている。大勢の人々（クラウド）の知恵のおかげで、初めて本を執筆した著者が突然に国際的なスターになったのだ。デザイン会社ＩＤＥＯのパートナーで、スタンフォード大学教授でもあるトム・ケリーが言う「賢明な試行錯誤は、一人の天才による計画に勝る」を地で行ったケースとも言える。

皮肉なことに、アレックスが再び出版社のワイリーを訪れ、もう一度最初から同じことをやるのを認めてくれるかと尋ねたところ、ワイリーは不可能だと言って譲らなかった。いまや有名人になったアレックスは言う。「出版社には『それは無理だ。あなたは書籍出版のルールをあらん限りぶち壊したのだから』と言われた。当時は知らなかったけれど、あれがあのような本をつくる唯一の方法だった[6]」。

本当に重要なルール

クラウドソーシングの実現が可能であることは、ウィキペディアが始まった頃から見えていた。しかし、今日ほどの規模で人々がつながりあうことは、一〇年前にはほぼ予想できなかった。「つながり」の加速と向上により、クリエーター同士がいままでにない高度なプロジェクトでコラボレーションできるようになった。すると今度は、それがほぼすべての事業の今後に影響するようになった。以前は個人が一人で行っていたことに、コミュニティ全体が参加できる。そして、この「つながり」の進展を支えている技術の成長に、ある企業が最初に気づいた。

一九六五年、インテルの共同創業者であるゴードン・ムーアは、コンピュータの能力が指数関数的に成長するという大胆な予測を行った。[7]コンピュータのハードウェアは、真空管からディスクリート半導体、そして集積回路へと急速に小型化した。このトレンドを見てムーアは、コンピュータのマイクロプロセッサの一定の面積に集積できるトランジスタ素子の数が、二年ごとに倍になると予測した。トランジスタの集積度はコンピュータの能力と相関するので、コンピュータの能力も二年ごとに二倍になる。いわゆる「ムーアの法則」だ。

したがって、仮にインテルの最新プロセッサ「インテルＣｏｒｅ ｉ７」の能力が実験用のマウスくらいだとすると、世界で初めて大量生産されたコンピュータ「ＩＢＭ ６５０」は、細菌一つ程度の処理しかできなかったことになる。[8]また、今日のｉＰｈｏｎｅが発揮できる能力は、一九六九年のアポロの月面着陸に使われた宇宙船全体よりも大きいという計算になる。[9]そして、もしムーアの法則が自動車業界に当てはまるとしたら、今日の車はガソリン一ガロン（約三・八リットル）で約八〇万キロメートルを走り、時速四八万キロのスピードを出せることになる。そのうえ価格も非常に安いので、ロールス・ロイスでも乗り捨てるだろう。[10]

それでも、もし指数関数的な伸びを見せたのがコンピュータの能力だけだったとしたら、今日の「つながり」は実現していなかっただろう。もう一つ重要なのはネットワークのスピードだ。それを実現するために、ファイバーケーブルを敷設したり、電波塔を建てたりするのは簡単だが、難しいのはその地域の政府と「敷設権」について交渉することだ。それが終わって初めて、ブロードバンドのインフラを公的な資産や民間の資産の上空や地中に設置することができる。[11]言い換えると、携帯電話やＷｉ－Ｆｉ、イーサネットにかかわるコミュニケーション・ネットワークのスピードは、技術だけでなく、政府の規制にも左右されるということだ。

注目すべきは、こうした市場の不確実性にもかかわらず、ネットワークのスピードがコンピュータの能力と同じくらいの速度で向上していることだ。[12]二一世紀になる頃には、無線では一秒あたり五キロビットから一〇キロビットの通信速度だったが、二〇〇〇年代中頃には、一〇〇キロビットを無線のセルラーネットワークで通信できるようになり、いまでは五メガビットから一〇メガビットを通信できる。

こうした接続性の指数関数的な拡大を、専門家は「通信帯域に関するエドホルムの法則」と呼んでいる。これによって、わたしたちがコンテンツを消費する方法や、情報の送り方が激変している。二〇〇〇年代の初めには、自宅のデスクトップ・パソコンで映画をリアルタイムのストリーミングで見ることは現実的ではなかった。インターネットの帯域が十分ではなかったために、映画一本をダウンロードするのに一晩かかることも多かった。今日、わたしたちは高画質の映像を、4Gを使って一時間の通勤の間にスマートフォンで見ることができる。こうした行動の変化は、接続環境の容量が拡大し、ユビキタスな状態、つまり、いつでも、どこでも接続できるようになったためだ。

人間の行動が変化したことによって、他の技術も進んだ。GPSやジャイロセンサー、加速度計などが、わたしたちが持つあらゆるウェアラブル機器やスマートフォンに備わっている。一九九〇年代に角速度〔一秒間に傾いた角度〕を測っていたジャイロセンサーは、直径が二・五センチ、長さが七・五センチほどの筒状で、価格は約一万ドル、一つの動きに対して測定できるのは一つの軸だけだった。これがいまでは小さなチップとなり、価格は平均で三ドルだ。自律型のドローンには、通常二十数個のジャイロセンサーがついている。[13] こうした技術的収束〔複数の技術が一つのシステムとして効率的に働くこと〕により、自動走行車や協働ロボットも実現した。

これらの技術が整ったことによって働き方が変わった。個人や組織のイノベーションの仕方も大きく変わった。企業はもはや、すべてを自社で開発する必要がない。適切にインターネットにつながっていれば、社外の初心者も社内の専門家と同等の力を発揮できる可能性がある。したがって、かつては外部に分散していた知識を活用して、製品の販売や設計さえもできるのである。このような分散した知識の活用を最も執拗に行っているインターネット企業がある。その会社はシリコンバレーではなく、太平洋を越えたところに存在する。

ツイートし、ググり、微信する

中国南部の広州市、ビジネス街の中心部から珠江を渡ったところに広州タワーが立っている。二〇〇五年に建設されたこの超高層ビルは、DNAの二重らせんのように、二列の楕円形の連なりが四五度の角度で互いに絡まり合っているデザインだ。広州市でひときわ目立つこの特徴的な建物は、二〇一三年に上海で新しいビルが建つまでのあいだ、中国で最も高いタワーだった。

その広州タワーの陰に、T・I・T創意園がある。古い工場を再開発した建物が集まっている地域だ。八四番ビルの赤レンガの壁にかかっているプレートには、その建物が一九五〇年代には繊維工場で、六〇年代と七〇年代には軍事施設となり、七〇年代半ばに民間に転用されたと書かれている。現在の前のテナントは金属加工業者で、地元の自動車産業に部品を供給していた。

なかに入ると、そこがかつては裸電球の灯る薄暗い作業場で、騒音が響き渡っていたとはまったく想像できない。金属製品を製造するような機械はなく、かつての階層構造は取り除かれて、オープンなレイアウトの現代的なオフィスになっている。白い家具が置かれ、吹き抜けになっているため内部まで太陽光が降り注ぐ。ラウンジには、観葉植物やおもちゃ、ぬいぐるみ、おてだまなどが散らばっている。フードのついた服やデザイナーブランドのスニーカー、角張ったメガネなどを身に着けた若い男女が、人間工学に基づいた机や椅子を使い、キャスターであちこち移動している。オフィス家具は、一見ハーマンミラー製のように見えるが、もちろん、中国メーカーがコピーしてつくったものだ。

会社のカフェやレストランでは、社員がスマートフォンをタップして支払いをしている。クレジットカードや現金は、ここではすでに過去の時代のものだ。現金もカードも使わない支払いは、微信《ウエイシン》（ウィーチャット）がEコマースに進出したことで広まった。八四番ビルとその近くの三つの建物は、微信の本社ビルだ。微信は中国最大のメッセージアプリを提供している企業である。

フェイスブックがワッツアップを二〇一四年に一九〇億ドルで買収したとき、クレディ・リヨネ証券アジア（CLSA）は「ワッツアップに一九〇億ドルの価値があるなら、微信には少なくとも六〇〇億ドルの価値がある」と書いた[14]。微信は非上場企業なので、その本当の価値はわからない。しかし、親会社のテンセント（騰訊控股）の株式時価総額は、二〇一七年に三〇〇〇億ドルを超え、アリババを追い抜いて中国およびアジアでトップとなった[15]。テンセントはいまやゼネラル・エレクトリック（二六〇〇億ドル）、IBM（一六五〇億ドル）、インテル（一七〇〇億ドル）といったアメリカの優良企業と肩を並べる。テンセントはスナップチャットに早いうちから投資し、二〇一七年四月には、シリコンバレーの電気自動車メーカー、テスラの株式を五％購入した[16]。

微信に関して最も驚かされるのは、中国のあらゆることがそうであるように、その急速な成長だ。

微信は中国版のワッツアップに過ぎないと一蹴する人もいるし、中国人でなければ、そのサービスの名前を聞いたことがない人が多いかもしれない。それでも、月間のアクティブユーザー数は九億三八〇〇万人で、アメリカはもとより、ヨーロッパの全人口をも上回る。[17]

さらにわたしが驚かされたのは、微信のマーケティング責任者であるジュリエット・ジュウが、ユーザー数だけでは「全体を理解できない。エンゲージメントも考慮する必要がある」と指摘したときだ。たとえば、ワッツアップは世界に一二億人以上のユーザーがいる。[18]フェイスブックのユーザー数は二〇億人以上だ。[19]しかし、微信のユーザーの三分の一は一日あたり四時間以上を微信に費やしており、[20]ジュリエットはその点にこそ注目してほしいという。これに対して、フェイスブックにユーザーが費やす時間は一日平均三五分、スナップチャットでは二五分、インスタグラムでは一五分、ツイッターでは一分だ。[21]

微信はどのようにしてそれほど多くのユーザーを獲得し、それほど長い時間アプリに引き付けていられるのだろうか。

ビジネスモデルの本を書いたアレックスと同様に、微信はエンドユーザーが創造力を発揮できるようにした。しかし、アレックスとは異なり、微信はそれをきわめて中国的な方法で行った。すなわち、同社はユーザーの体験に力を入れただけでなく、サードパーティが新たな機能をつくれるように、新たなツールの開発にも力を注いだのだ。

国によって異なるインターネットの進化

二〇〇七年に出版された『フラット化する世界』のなかで、トーマス・フリードマンは、インターネットがいかに国と国との国境を乗り越え、何十億人をオンラインで結ぶことによってイデオロギーを弱めるかを書いた。実際は、インターネットによって世界はフラットになどなっていない。オンラインの世界はいまだにデコボコした世界で、閉鎖的なコミュニティや閉じられた空間がある。たとえば、中国政府は長年、疑わしいと思われる海外のウェブサイトを追い払ってきた。「グレート・ファイアウォール」として知られる、インターネットに関する取り締まりや、謎めいた検閲などが広く行われているため、中国ではグーグルやツイッター、ユーチューブ、フェイスブックをインターネット上で見つけることはできない[22]。

中国では、多数のアプリが最初はどこか西側のアプリに似ているが、やがてまったく違うものに進化していく。

西側の企業はモバイル広告に慣れ親しんでいる。フェイスブックやグーグル、ツイッター、スナップチャットなどは、大量のユーザーのデータを集めて、強力なアルゴリズムをさらに磨き上げ、広告主がよりターゲットを絞って広告を打てるようにしている。しかし中国では、ユーザーのデータを蓄積することには大きな政治的なリスクが伴う。したがって、インターネット企業は広告主経由ではなくユーザーに直接おカネを払ってもらうことを選んだ。取引手数料を課すか、アプリ内で何かを購入してもらうのである。顧客がサービスに対して直接おカネを払ってくれるのであれば、データマイニングをする必要はない。

世界の消費者は、たとえ同じようなテクノロジーを使っていたとしても、慣習はそれぞれに大きく異なる。したがって大手テクノロジー企業も、各地の環境に高度に適合した生物のようになっていく。企業は市場シェアを勝ち取り、それを守るために、特殊化しなければならない。

例として、スマートフォン決済を見てみよう。微信は二〇一三年に、最初の決済システム「微信支付（ウィーチャットペイ）」を立ち上げた。そのなかでも絶大な人気を誇る機能が「紅包《ホンパオ》」だ。これは、デジタルマネーの入ったバーチャルな封筒を、ユーザーが春節（旧正月）などに家族や友人に送れる機能だ。微信はこの伝統的な習慣に少しひねりを加えた。送る総額と送る人数をユーザーが決めれば、あとはアプリが各人に送る金額をランダムに設定する。たとえば、三〇〇〇人民元を三〇人の友人に送るとする。すると、なかには他の人たちよりも多くもらえる人が出てきて、あちこちでニヤリとした顔やがっかりした顔が見られる。これはある意味で社交であり、ゲームであり、ちょっとしたギャンブルでもある。二〇一六年二月七日から一二日までのあいだには、三二〇億通の紅包が送られた。その前年の同期間は三二億通だったので、大幅な拡大である。[23]

お互いにおカネを送り合うことのほかに、微信では公共料金の支払いやファンドへの投資も行える。さらに、微信の親会社のテンセントは、中国版ウーバーとも言える滴滴出行《ディディチューシン》と、中国版グルーポンとも言える美団点評《メイトゥアンディエンピン》に何十億ドルもの投資を行い、微信のユーザーがアプリから離れることなく車を呼んだり、グループ割引を受けたりできるようにした[24]。

微信のサービスは近年さらに拡大し、いまでは地域の小売店だけでなく、マクドナルドやKFC、セブン-イレブン、スターバックス、ユニクロといった錚々たる大手小売業も、微信支付による支払いを受け付けるようになった。ニューヨーク・タイムズ紙は中国におけるこの社会・経済的現象について、「現金は急速に過去のものになりつつある」と書いた[25]。

今日では、スマートフォンを振って新しい友人を見つける機能が人気になっている。また、テレビの前でスマートフォンを振るとそのスマートフォンが放送中の番組を認識し、視聴者がそれに参加できる。

微信は実質的に、フェイスブックとインスタグラム、ツイッター、ジンガ（ソーシャルゲーム）を一つにまとめたものとなった。単なるメッセージアプリとして存在するのではなく、なくてはならないモバイルツールとなったのだ。診察の予約、病院の支払い、警察調書の記入、レストランの予約、銀行サービスの利用、テレビ会議の開催、ゲームなど、多くのことに欠かせない。この怪物級のアプリの成長は、自力だけでは実現できない。微信はグーグルやフェイスブック以上に自社のユーザーにクリエイティブになることを求める。微信のプラットフォーム上の新たなサービスを彼らに開発してもらう必要があるからだ。

意思決定の大量生産

二〇一二年に、微信の一七人の社員が、企業をターゲットとした「オフィシャル・アカウント」という新たなコンセプトの実験を行った。その時点で、微信はすでに消費者からは強い支持を得ていた。しかし、チームはオープンなアプリケーション・プログラミング・インターフェイス（API）を使って、微信を外部企業の製品やサービスのための、コミュニケーションの経路にしたいと考えていた。

単純化して言えば、APIとは二つのソフトウェア間での情報交換を可能にするための規則やガイドラインだ。ソフトウェアのプログラムやプロトコル、ツールによって、サードパーティは微信の巨大なユーザーベースを活用することができる。微信のオープン・プラットフォーム部門のバイス・ゼネラルマネジャーであるレイク・ヴァンは次のように説明した。「これまで、微信は人々をつなげるのに成功してきた。しかし、企業が微信を使ってどのように顧客とコミュニケーションをとれるかについては、よく見えていなかった。この目標を達成するための手段として、『オフィシャル・アカウント』がうってつけだと考えた」。

もっともなことではあるが、最初のうちは誰もどんなサービスを提供するべきか自信がなかった。エンジニアたちが有望なアイデアを探していると、招商銀行がそこに加わった。レイク・ヴァンによると、招商銀行とのプロジェクトの目標はシンプルだった。それは、顧客が望むことなら何でもするということだ。

当時、オフィシャル・アカウントについてのアイデアは非常に初期的なもので、デモも数えるほどしかなかった。わたしたちが考えていたのは、企業は顧客にメッセージやクーポンを送り、宣伝をするだろうということだった。初期のアイデアはすべて「同報通信」の機能を中心に考えられていた。しかし、招商銀行が加わったことで、わたしたちの考え方は変わった。

銀行はデータセキュリティに厳しい基準を設けており、データを自社のサーバーに保存しておかなければならない。その状況では、わたしたちはオープンな接続を提供する必要があった。そのときから、わたしたちは微信を「連結器」や「パイプ」の役割に転換させた。企業が微信上で、自社のサーバーから情報を消費者に送れるようにしたのだ。

このオープンな接続が、企業を引きつけるうえで重要であることがわかった。やがて、中国最大の機体数を持つ中国南方航空が微信のオフィシャル・アカウントを開設した。あるユーザーが「明日、北京から上海まで」と書き込むと、微信はその条件に当てはまるフライトの情報をすべて表示する。フライトを選んでクリックすると、ユーザーは中国南方航空のサーバーに移動し、そこで予約や支払いを行うことができる。データのやり取りはすべて航空会社のサーバー上で行われるのだが、ユーザーはすべてを微信上で行っているような印象を受ける。これがユーザーの手間を劇的に減らした。ユーザーはもはや新しいアプリをダウンロードしたり、スマートフォンの小さな画面の上で、あちこちのウィンドウを行き来したりしなくて済む。これは新たな価値提案だった。すなわち、企業は望むならば自社で新しい機能をいくつでもつくることが可能で、すべてのデータを保持することができる。そうでありながら、ユーザーインターフェイスは何億人もの中国人が慣れ親しんだ微信のものを使うことができるのだ。

ある社員がわたしに、微信はユーザーのデータを平均で五日間しか保持しないと言ったとき、わたしはそれを疑わしく思った。顧客情報を手放したい企業などないだろうと考えたからだ。わたしの共同研究者も同様に感じて、微信のサーバールームの大きさを尋ねた。するとその面積は小さく、そこから判断するとストレージも微々たるものと考えられた。先の社員が言ったように、リアルタイムでのモニタリングと機能の利用分析以外では、データマイニングはまったく不可能なのだ。しかし、微信が顧客データを保存できないというまさにその点が、西側の企業にとっては魅力となる。そうでなければ、彼らは微信と強い協力関係を結びたがらないだろ

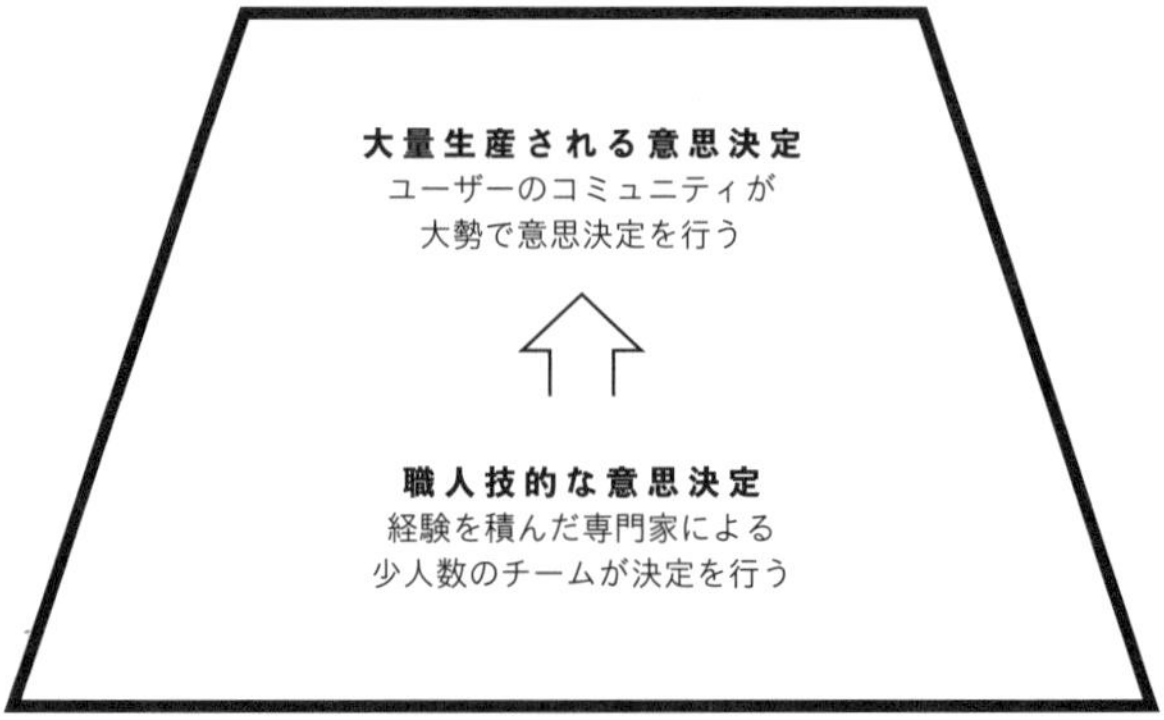

図4.1 無形資産のナレッジ・ファネル

う。大手企業は情報のコントロールを失うことを好まないからだ。

微信の大きなブレークスルーは、製品の優れた機能は社内では決して開発できないと認識したことだ。キラーアプリは、ユーザーが開発すべきなのである。スティーブ・ジョブズのような鋭い人物でも、iPhoneの非常に優れた機能が、たとえばタクシーを呼ぶこと（ウーバー）や、自動的に消える写真を撮ること（スナップチャット）などになることは予想しなかった。どんな企業も、ウーバーとスナップチャットを両方思いつくことはできない。たいていの場合、意思決定の質が向上するのは、多様で独立したインプットがあるときだ。[26] そして、本書の第1部のナレッジ・ファネルのコンセプトを活用するなら、『ビジネスモデル・ジェネレーション』のアレックスも微信も、意思決定そのものを分散し、アウトプットを「大量生産」したことがわかる。ちょうどヤマハがスタインウェイ&サンズとの競争で、ピアノを大量生産したように。

しかし、ここで疑問も生じてくる。書籍の執筆やスマートフォンアプリの開発は、ロケットやジェットエンジンの開発などと比べると、ずっと技術的な難度が低そうだ。もし、技術的に複雑なものや自社に特有なものをつくろうとした場合、重要な意思決定は大量生産できるのだろうか。どんな意思決定でも大量生産をすることは可能なのだろうか。

この問題に直面したのがDARPAだった。

本当に複雑な課題の場合

国防高等研究計画局（DARPA）は、米国防総省の頭脳とも言われる研究機関である。一九五八年にアイゼンハワー大統領が設立したもので、リスクの高い問題の解決策を見出すことがその役割だ。四〇年ほど前、DARPAは今日のインターネットの起源であるアーパネットを開発した。そのDARPAが、二〇一二年に、クラウドソーシングで次世代型の戦闘用車両をつくることを決めた。浅瀬を航行して、そのまま上陸できる水陸両用の車両だ。

水陸両用の歩兵隊戦闘車両のコンセプトは、新しいものではない。海岸からの上陸が必要な戦闘では、従来は船からボートを降ろして兵士を海岸に運び、ボートに乗った兵士を守るために、軍艦が地上や空中の敵を狙っていた。しかし、上陸地点で無防備になるこの作戦はリスクが非常に高く、敵地の海岸への上陸は朝鮮戦争以来行われていない。[27]

そこで求められるのが、水上を航行できて、歩兵を海岸で降ろすことなく陸まで運べる水陸両用の戦闘車両だ。この車両の開発は一九八〇年代のスタート以来、軍事専門家の夢だった。[28] 軍事車両の開発も乗用車の開発と同じように、コンポーネント（構成部分）ごとに組織されたチームによって行われる。現代の自動車の複雑さを考えると、こうした作業分担は自然で、効果的だ。たとえばトヨタでは、コンポーネントは「ブラックボックス」と呼ばれるモジュール（細かな部品が集まったひとかたまりのユニット）として設計され、それを集めて最終製品が組み立てられる。

このようなモジュール化により、トラブルが起こってもより速く、より正確に対応ができる。第二次世界大戦で、米軍兵士がジャングルのなかでジープを修理しようとして、すべてを分解している画像がよく知られているが、そこにはモジュール化されていない設計の問題点が表れている。戦地では時間が限られていて間違いが許されない。モジュール化して、より実用的な設計を行えば、欠陥のあるコンポーネントを丸ごと捨てて新しいモジュールに変えれば済むようになる。[29]

現代の製造業で、最もモジュール化が進んでいるのはパーソナル・コンピュータ（PC）だ。ハードドライブからマイクロプロセッサへと流れていくデータは、業界全体で統一されたプロトコルに正確に従っている。液晶画面にも統一された設計ルールがあり、記憶装置やキーボード、マウス、ブルートゥースのスピーカーなどの周辺機器の設計ルールも統一されている。モジュール化のおかげで、ハードディスクがシーゲイト製であろうと東芝製であろうと、インテルのCPUと問題なく組み合わせられる。コンポーネント間でインターフェイスが標準化されているので、相互に交換が可能となる。逆に、インターフェイスを変えない限り、そのなかの部分に関してはクリエイティブに設計が行える。また、すべてのコンポーネントでイノベーションが起これば、全体のパフォーマンスは劇的に向上する。

しかし、モジュール化には限界もある。標準化されたインターフェイスに従う必要があるため、革新的なイノベーションが必要になったときに重大な問題が起こる可能性があるのだ。DARPAの場合、陸地を走る戦車を水上でも動かそうとしていた。このような新たな性能が求められると、新たなコンポーネントを加える必要が生じ、既存のインターフェイスは変更しなければならず、システムの設計を見直す必要が出てくる。また、すべてのものが他のすべてのものと相互に関連しあっているので、小さな問題もたちまちのうちに増幅されて、対処が難しい問題になる。

こうした「対処の難しさ」が、DARPAが直面している問題の中心にあった。モジュール化によって、いくつかの重要部分についての深い理解は進んだ。しかし、そうした枠組みを超えたところでの協働が難しくなった。最も不都合だったのは、専門家たちがそれぞれのモジュールに特化するために、長いあいだ切り離されていたことだ。[30] それぞれのコンポーネントの性能が向上し続けるにつれ、分断による不確実性は高まり、最も優れたエンジニアでさえも、全体としての複雑さに圧倒されるようになってきた。

「動力の専門家は動力に取り組み、データの専門家はデータ管理に取り組む」[31]。陸軍中佐で、DARPAのプログラム・マネジャーであるネイサン・ウィーデンマンは、ワイアード誌に語った。「単なるデータマネジメント・システムや、電気システム、熱システムなどは存在しない。すべてのコンポーネントには、電気やデータ、熱、電磁気、力学などが関係し、それがさらにコンポーネントの周囲の下位システムに影響する」。

新たなシステムが設計され、つくられ、テストされ、そして再度設計され、つくられ、テストされ、また何度もテストされると、開発期間は長くなり、コストは上昇する。[32]

二〇一一年、債務上限問題の真っただなかで、国防長官のロバート・ゲーツは議会からの圧力を受けて、その後五年間で予算を一〇〇〇億ドル削減すると約束した。そのプロセスで、水陸両用車のプロジェクトは中止せざるを得なかった。このプロジェクトには、二〇年間で一三〇億ドルの費用がかけられていた[33]。「数百億ドルの試作品をつくれるくらいの経営資源を持った企業でなければ、この重要な車両の設計に貢献できない。その条件に当てはまるのは数社だけで、そこには数百人の頭脳しかない」とウィーデンマンは言う。実際、DARPAの歴史を通じて、イノベーションはロッキード・マーチンやボーイングといった軍事関連企業で行われてきた。「国には三億人がいるのだから、もっとうまくできるはずだ[34]」。

クラウドソーシングの採用

二〇一二年一〇月、DARPAは新しい水陸両用の戦闘車両を設計するために、あらゆるイノベーターに門戸を開いた。このプロジェクトは、「Fast, Adaptable, Next-Generation Ground Vehicle（速く、適応性のある、次世代型戦闘車両）」の頭文字をとって、FANGと呼ばれた。FANGでは三つのコンテストが行われる。一つ目は動力伝達装置に関するもので、二つ目は車体、三つ目は戦車全体についてのコンテストだ。勝者に与えられる賞金は、はじめの二つのコンテストではそれぞれ一〇〇万ドルずつ、三つ目のコンテストでは二〇〇万ドルだ[35]。

バンダービルト大学の協力を得て、DARPAはオンラインのポータルサイトを立ち上げた。それは技術者が欲しいものを自由に手に入れられる環境で、考えつく限りのあらゆる工学ツールが揃っていた。たとえば、定性推論、静的制約解析、計算流体力学、製造可能性分析など、数多くのツールがあった。[36]

ロッキード・マーチンでさえも、DARPAのポータルには感銘を受けた。同社のカリフォルニア州パロアルトにある先進技術センターでプログラム・ディレクターを務めるマーク・ガーシュは言う。「このポータルは人と人とをつなぐだけではない。ポータルのツールやモデルやシミュレーションを使って、チームが分析能力を活かせる」。[37] ユーザーはツールをダウンロードして、コンポーネントのモデルライブラリを見て回り、何千もの可能性がある動力伝達装置のサブシステムについて、シミュレーションを行って設計をまとめる。[38] プロジェクトの目標は、海岸から少なくとも一九キロメートルの沖合の母船から、一七人の海兵隊員を乗せて自己展開できる車両を設計することだ。[39] インターネットを発明してから四〇年後、DARPAはその発明を活用する新しい方法を見つけたのだ。

二〇一三年四月、一つ目のプロジェクトで優勝したのは、オハイオ州、テキサス州、カリフォルニア州に住む三人で構成されたチームだった。[40] チーム名は「チーム・グラウンド・システムズ」で、メンバーはエリック・ネースとその父のジェームズ・ネース、そして二人の長年の友人であるブライアン・エカリーだ。三人とも工学のバックグラウンドがあり、エリックはカリフォルニア州の軍事関連企業で働いて、一般的な戦闘車両のプロジェクトを経験していた。父のジェームズは、二〇年以上空軍でリサーチ・エンジニアとして働いたのちに、オハイオ州の空軍研究所でプロジェクト・マネジャーとして仕事をした。そして、テキサス州に住むブライアンは、エリックの高校の同級生で、オハイオ州立大学を卒業し、電子工学とコンピュータ工学の学位を持っていた。

「わたしたちは多くのコンポーネントをライブラリから選んだが、そのたびにDARPAのサイトで、それが少なくとも互換性があるという状態に近いかどうかをリサーチした」とジェームズは言う。チーム・グラウンド・システムズによる設計は、ほとんどすべてがライブラリにある既存のコンポーネントを使ったものだが、非常に手間がかかったのは「これ」という適切なものを見つけることだったという。「レゴのブロックを持ってきてそれをつなぎ合わせるようなものだと言えればいいのだが、実際はよく似ているものでも異なっていて、残りのシステム全体とうまく協働しないことがある」[41]。

チームリーダーであるエリックは、彼の戦闘車両に関する経験がとても重要だったと強調する。「自動車のシステムに詳しくない人にとってはわかりにくい業界用語がある」[42]。ブライアンは大手銀行二社で働いた経験があったので、自然に数字の計算でチームに貢献することになった。彼は銀行業界を「大半がデータ分析」だと表現する。「わたしは異なる組み合わせをいくつも試して、データを集め、何がうまくいき、何がうまくいかなかったか、結果をチームメイトに報告するのが得意だった」[43]。

こうした異なる専門性の組み合わせが、DARPAがまさに求めていたものだった。ロッキード・マーチンには優秀なエンジニアがいるだろうが、彼らは一つの組織に属しており、すでにこの分野に精通している。一つの組織の狭い知見やスキルを反映した判断は、さまざまな参加者の集合的な知と比べると色褪せて見える。

NASA（米航空宇宙局）が二〇〇九年に太陽フレアの予測アルゴリズムを新たに開発しようとしたときに、クラウドソーシングを用いたのもそのためだった。NASAの以前のモデルでは予測の確度は五五％以上にはならず、宇宙空間にいる宇宙飛行士や設備を守るために、もっと確度を向上させる必要があった。クラウドソーシングでこの課題を提示し、何百もの提案を受け取ったあと、NASAは三カ月経たないうちに答えを見つけた。それは、ニューハンプシャー州に住む、引退した無線通信エンジニアから寄せられたものだった。その男性のアルゴリズムは地上の設備だけを使って、八五％にも達する正確性を実現していた。NASAはこれまで軌道を回る宇宙船を使っていたが、それは使用していなかった。[44] 型にはまらない彼の考え方と新たな視点が、NASAが誇る世界クラスの天体物理学者のすべての経験値を上回ったのだ。

FANGプロジェクトが終わる頃までに、DARPAは二〇〇チーム、一〇〇〇人以上の参加者を集めていた。最終選考に残った一五チームは、平均でこのプロジェクトに一二〇〇時間を費やしていた。仮に、管理費を含めた時間あたりの賃金を二〇〇ドルとすると、全体としての設計のコストは三六〇万ドルとなり、賞金額が一〇〇万ドルでも割安だ。[45]

「これまでとは異なる人たちが参加する場所を本当につくりたかった。スキルはあるのに、軍事車両の開発に参加する方法がなかった人たちだ」と、ウィーデンマンは言う。「今回の仕組みであれば、意味のある形で参加することができる」。[46]

最終的には、チーム・グラウンド・システムズは、自動車としての性能よりも製造面でのリードタイムを優先させる設計を選んだ。なぜなら、全体としての目標が、設計と製造のスピードを大幅に上げることだったからだ。チーム・グラウンド・システムズは、製造スピードを次点のチームよりも二倍速くすることができた。メインエンジンをすぐに手に入れやすいものにするなど、コンポーネントの選択を工夫したのだ。[47]賞金をどのように分けるのかと聞かれると、エリックは笑って、公平なやり方は一つしかないと言った。シンプルな三等分だ。

適切な課題の設定

大勢の人々（クラウド）の知恵を効果的に活用するには、ただ課題を示して、仕事にかかるように言うだけでは不十分だ。たとえば、有名なビル＆メリンダ・ゲイツ財団は「グランド・チャレンジ」を展開して、医療の問題を前進させようとしてきた。この活動は、まだ解決されていない困難な問題、たとえば農村部でのマラリア予防などを対象としている。グランド・チャレンジのウェブサイトでは、解決策が中途半端であったり、あまり進展が見られない問題に科学者が誰でもアクセスできるようになっており、それらの問題に関して科学者が集まってコラボレーションするよう促す。[48]

一〇年が経っても、ほとんど成果は上がらなかった。シアトル・タイムズによると、資金を得たプロジェクトのどれもが、あまり進展を見せていないという。ビル・ゲイツ自身も読みを誤っていたと認める。きれいな水や医療などの基本的なサービスを何百万人もが受けられないような国々では、新しい技術を導入することがどれほど大変か、見えていなかったのだ。言い換えると、問題は提示された解決策ではなく、それが実行できない状況のほうにあった。ゲイツは言う。「どのくらい長いプロセスになるか、見通しが甘かった」[49]。外部の人々は、結局のところ、内部の視点を持っていないのだ。

したがって、企業が従業員や顧客に対してアイデアを求めるならば、企業と協働する仕組みが必要になり、また、答えを求めるならば、解決する価値のある課題を定義する必要があるということだ。破壊的なアイデアを求めるのなら、そのための資金を提供する必要がある。さらに、DARPAの例を見ると、それ以上のことが必要だとわかる。

DARPAのクラウドソーシングで重要だったのは、設計プロセス全体をカバーしたオンラインのプラットフォームだった。コンテストへの参加者は、コンポーネントを集めたライブラリの隅々までアクセスでき、オンラインのツールも使えて、自分たちの設計をバーチャル環境でシミュレーションし、評価することができた[50]。このシステムを通じて、参加チームはリアルタイムでフィードバックを受け、それを反映させてからデザインを再提出できた[51]。DARPAのオンライン・プラットフォームは、課題を軍に固有の文脈から切り離し、一般的な技術の課題に変えた[52]。

参加者は軍事行動について、すべてを知る必要はない。たとえば、戦車の用途が偵察なのか、歩兵や軽装甲車両に対峙することなのか、掩蔽壕《えんぺいごう》や要塞を攻撃することなのかは知らなくても支障はない。軍事行動に関して求められることは、オンラインのシミュレーションに組み込まれている。ストレスや負荷、温度やアクセル、ブレーキなどが、基準としてシステムに組まれているのだ。参加者が集中すべきはコンポーネントの取捨選択で、これまでに考えられたことがないアイデアを出し、コンポーネントの組み合わせによって最適化を目指す。勝者は、システムの性能と製造のしやすさを基準に、最終得点によって選ばれる。

＊　＊　＊　＊

図4・2に示したような縦横二マスずつのマトリックスを考えてみよう。横軸は課題がどの程度分解されているか、縦軸は課題がどの程度文脈から切り離されているかを表す。このマトリックスで世界のあらゆる解決可能な課題が表現できると仮定すると、左下の象限に入るのは「単純な課題」だ。解決策を細かな部分に分解する必要がなく、新たな観点から見る必要がない課題である。例として挙げられるのは、純粋な数学の課題だ。単純な課題は必ずしも答えを出すのが簡単である必要はない。難しい課題もここに含められるが、複数の分野の視点から見る必要がないものが

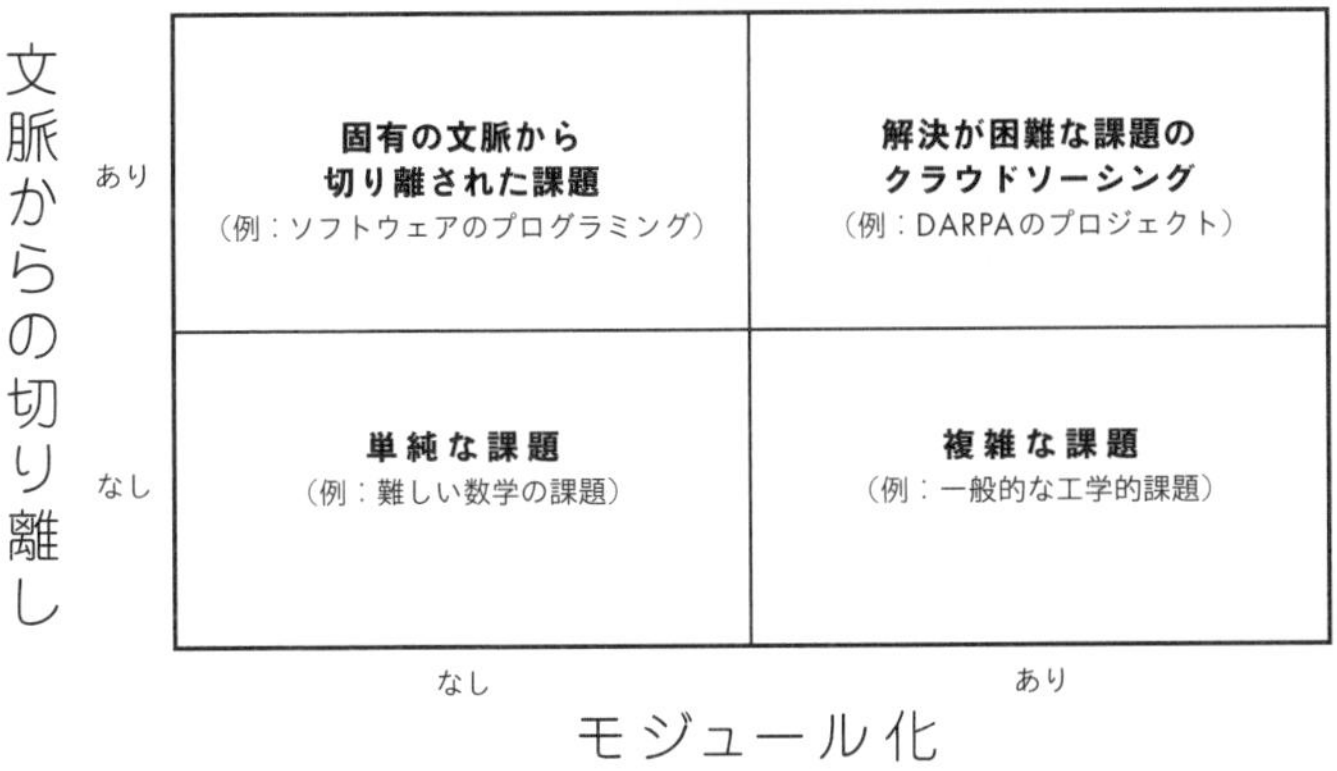

	なし	あり
あり	固有の文脈から 切り離された課題 （例：ソフトウェアのプログラミング）	解決が困難な課題の クラウドソーシング （例：DARPAのプロジェクト）
なし	単純な課題 （例：難しい数学の課題）	複雑な課題 （例：一般的な工学的課題）

モジュール化

図4.2 課題の分類

ここに該当する。

複数の専門性が必要な工学的課題は、だいたい右下の象限に入る。自動車の製造、高層ビルの建設、新薬の開発などは、「複雑な課題」だ。複雑な課題は、異なる知識分野ごとに、タスクやモジュールに分解する必要がある。この課題に取り組むさまざまな分野の従業員には、組織における課題の意味と、業界のノウハウを伝える必要がある。全員がそれを理解していなければ、すべてが混乱に陥るだろう[53]。

より興味深いのは左上の象限で、ここには「固有の文脈から切り離された課題」が入る。この課題は、たとえ非常に難しいものであったとしても、組織的な意味を理解する必要はない。その仕事、たとえばソフトウェアのコードを書くことが得意であれば、その課題を解決することができる。この種の課題は、一般的で抽象的な性質のものが多い。そして誰もが参加できるので、公開トーナメントを開く対象として最も適している。そして、最も頭のよい人が勝つのである。

グーグル・コード・ジャムは国際的なプログラミングの競技会だ。決められた時間内に、複数のアルゴリズムの課題を解く。この競技会が始まったのは二〇〇三年で、その目的は、才能ある人物なのに通常のリクルーティングでは見逃されてしまう人を見つけることだ。たとえば、二〇一四年の優勝者はベラルーシに住む一八歳の青年で、彼は世界中から参加した他の二六人を打ち負かし、さらに、その後四年連続で優勝した[54]。こうした公開のトーナメントによって、課題を解決する人々のグループは最大限にまで拡大できる。誰も、業界や企業に固有の文脈を理解する必要がない。知的な馬力を持つ人が最高の地位を得るのだ。

しかし、こうした外部の専門家を探そうとする場合に最大の問題となるのは、組織の課題やその分野に特有な課題を、外部の大勢の人々が参加できるような、十分に一般的な課題に変えることだ。有名な発明家でゼネラル・モーターズの研究責任者だったチャールズ・ケタリングは、「よく説明されている問題は、半分解決されている」と言った。

組織に固有の文脈をはずして課題について十分に説明することは、企業がクラウドソーシングを行おうとするときには特に重要だ。スイスのアグリビジネス企業、シンジェンタはこの点をよく理解していた。第1部で述べたように、製薬業界における研究は、微生物学と化学の分野から、組み換えDNAとバイオインフォマティックスの分野にリープした。アグリビジネスも同じだ。さまざまな除草剤や害虫に強い作物などができたのは、種苗会社がバイオテクノロジーを活用して遺伝子操作を行った結果だ。

年間売上高一三〇億ドルのシンジェンタは、二〇〇〇年にノバルティスからスピンオフした会社だ。同社は、種の改良や農産物の生産量拡大にはデータ分析が重要だと十分に認識していた。しかし、シンジェンタには重要な経営資源が一つ欠けていた。同社のあるマネジャーは言った。「当社には優れた生物学者や化学者が大勢いて、彼らはこれまでのような実験室での仕事はできる。しかし、データ・サイエンティストやソフトウェアのプログラマーは世界的に不足している。この種の人材を獲得しようと思っても、グーグルやフェイスブックにはまず勝てない」。そこで、シンジェンタはクラウドソーシングのプロジェクトを試してみることにした。

シンジェンタの幹部で、研究開発と戦略的マーケティングを担当するジョセフ・バイラムは次のように記した。「わたしたちは（研究室での試行錯誤による）直感を、データと統計に置き換えたかった。だが、そのためにはかつて農業分野では扱ったことがない数学的な問題を深く掘り下げなければならなかった[55]」。

DARPAと同様にバイラムも、クラウドソーシングを活用するには単なるオンラインのキャンペーンでは不十分だと気づいていた。「マネジャーがオンラインで課題を投稿し、そのまま何もせずにいて、数日後か数週間後にメールの受信ボックスに解決策が届いていることを期待しても、ただがっかりするだけだ[56]」。なぜなら、ソフトウェアのプログラマーが植物生物学や農業に馴染みがないからだ。農学者にとって馴染み深いことも、統計学者にとっては無縁な問題だ。問題の翻訳ができなければ、クラウドソーシングもできない。「担当者全員が同じ認識を持つように一人ひとりと話し合ったが、それを行っただけのことはあった」。

二〇一四年に、シンジェンタはオンラインでトーナメントを開催し、コンピュータ・サイエンティストに、アッセイを自動化するアルゴリズムの考案を競わせた。アッセイとは、ターゲットとする分子の存在や量や活動を生物化学者が測定する、労働集約的なプロセスだ。一五四人以上の参加者と、五〇〇以上の提案のなかで勝利したアルゴリズムは、スクリーニングで九八％の正確さを実現し、その結果、実験室での作業が少なくとも六人分削減できた。しかし、このときシンジェンタが最も驚かされたのは、提案の質におけるバラつき具合だった[57]。

偉大なプログラマーはわずかなのだ。受け取った提案からわかったのは、優れた開発者の生産性は平均的な開発者の少なくとも三倍で、低レベルの開発者の一〇倍だということだ[58]。これが経験的に正しいかは別として、提出されたアルゴリズムの正確さにも同様のバラつきが見られた。結果を上から順にグラフにすると、その曲線は険しい崖のようになった。優れた提案をしたのは数人のプログラマーだけだったのだ。

これらのトップのプログラマーのうち数人は、グーグルのコード・ジャムの勝者であることがわかった。彼らはグーグルには断固として入社せず、フリーランスとしての生き方を選んでいた。それはシンジェンタにとっては好都合だった。同社は結局、上位三名に賞金を支払ったが、グーグルでさえ雇えなかったトップの才能に巡り合うことができたからだ。

図4・2のマトリックスを使って考えると、FANGプロジェクトは特に興味深く思える。DARPAはこれ以前も、戦車の開発をコンポーネントごとに、標準的なインターフェイスを備えたモジュールに分割して行ってきた。しかし、オンライン・シミュレーションではさらに設計の課題を軍特有の文脈から切り離した。

内部のエンジニアが把握していた制約は、オンラインのツールセットに盛り込まれた。その結果、外部からの参加者は難解な最適化の課題に集中できたのだ。もし、DARPAがモジュール化も文脈からの切り離しも行わなかったら、課題は永遠に複雑さのなかに埋もれたままだっただろう。ある参加者は、DARPAのアプローチをまねて自社の事業に取り入れることを考えながら、次のように述べた。「設計に複数の分野が関わる場合は常にそうだが、このプロジェクトも大変よい経験になった。当社のチームも日々の仕事で使うツールを見直している」。オンラインでのコラボレーションによって、軍のエンジニアではないエリックが、ロッキード・マーチンの専門家と張り合えるようになったのだ。

報酬がなくても成果は出せるのか

誰もが、報酬だけではモチベーションを十分に高められないことを知っている。DARPAやシンジェンタのコンテストに参加した人たちは、勝てる見込みはわずかだとわかっていた。アレックスの共著者たちも、自分たちの自費出版のプロジェクトが国際的なベストセラーになるとはほとんど考えていなかったはずだ。警察官や消防士、そして兵士は、毎週の給与のためだけに命を危険にさらしているわけではない。報酬にかかわらず、彼らは駆り立てられる。[58]

ケース・ウェスタン・リザーブ大学の大学院で心理学を研究していたマーク・マラバンは、人間の意思の力の作用を理解するために実験を行った。のちにこの実験は、作家のチャールズ・デュヒッグによって読み物として面白くまとめられた。それは、「なぜ、退屈な課題を前にしてもやり続ける人と、簡単にあきらめてしまう人がいるのか。『やりぬく力』は能力なのか、あるいは環境によって大きく左右されるのか」という内容だ。

マラバンと共同研究者たちは、七七人の学部生をクッキーで誘って、研究室での実験に招いた（クッキーと学部生は、心理学の実験につきものだ）。彼らは昼食を抜くように言われた。学生たちが空腹を抱えたまま研究室に到着すると、彼らは二種類の食べ物が入ったボウルを見せられた。一つには焼き立ての温かいクッキーがたくさん入っていた。さわるとやわらかく、甘い香りがしていた。もう一つには、しなびた冷たいラディッシュが山のように盛られていた。実験の真の意図が明かされないまま、白衣を着た研究者たちが入ってきて、参加者の半分にラディッシュのことは気にせずクッキーを食べるように言った。クッキーを与えられた学生たちはクッキーに集中し、それが実験であるような気持ちはまったくしなかった。彼らはじっくりとクッキーを味わった。続いて、残りの半分の学生が、クッキーのことは忘れてラディッシュを食べるように言われた。

五分後に研究者たちが戻ってきて、二つのグループの学生たちにパズルを解くように言った。そのパズルは一見簡単そうだが、解くことはできないパズルだった。それは、幾何学的な模様を一筆書きでなぞるというもので、ペンを紙から持ち上げることなく、また同じ箇所を二回通ることなく、完成させる必要があった。マラバンが見出そうとしていたのは、意思の力が性格に近いものなのか、あるいはエネルギーが入ったため池のようなものなのか、そして意思の力にはどのくらい外部から影響を及ぼせるのか、ということだった。たとえば、ラディッシュを食べたチームは、甘いクッキーからの誘惑に抵抗するために意思の力を多く使ったので、意思の力が枯渇して、解けないパズルに集中するスタミナが残っていない、ということになるだろうか。

クッキーを食べたチームは、表情もリラックスし、歌を口ずさむ人もいて、パズルに繰り返し挑戦した。彼らは、平均で一九分挑戦したのちに解くのをあきらめた。しかし、ラディッシュを食べたチームは落ち着きがなく、明らかに苛立っていて、椅子の上でもぞもぞし、実験の設定について文句を言っていた。彼らはわずか八分でパズルをあきらめた。クッキーのチームの四割程度の時間しか続かなかったのだ。研究者を侮辱した者さえいた。

実験の結果、意志の力は他のエネルギーと同様に枯渇することが示された。意思の力がなくなると、困難なタスクには集中できない。忍耐力をなくし、あらゆる誘惑に屈してしまう。仕事で長時間、帳簿の集計を行い、ややこしい経費報告書を延々と書き続けたあとでは、だいたいの人はテレビの前でゴロゴロし、アイスクリームを平らげるだろう。ジムに行くのは明日でいい。今夜はリラックスしよう、となる。[60]

マラバンがニューヨーク州立大学オルバニー校の教授となったとき、彼は少し手を加えて同じ実験を行った。純真な学部生のグループは昼食を抜くように言われ、マラバンは最初のグループに、温かく甘いクッキーのことは忘れて、しなびた冷たいラディッシュを食べるように言った。しかし、今回は優しそうな研究者がこの実験の目的を説明するためにやって来て、研究チームは誘惑に打ち勝つ人間の能力について理解しようとしていると話した。彼女は生徒たちに感じよく質問をし、学生たちが時間を割いてくれたこと、現代心理学の発展に協力してくれたことに感謝した。また、実験の設定について、学生たちが研究チームにフィードバックを提供する機会があることも伝えた。

学生たちがラディッシュをたくさん食べたあと、研究者たちが戻ってきて、コンピュータ画面の前に座るように言った。画面にはランダムな数字が〇・五秒ずつ表示される。6のあとに4が表示されるたびに、参加者はスペースキーを押すことになっている。人間の集中力を測るための、典型的な退屈なタスクのテストである。コンピュータのプログラムは一二分間続いた。

誰もが驚いたことに、このグループの学生は、意思の力が枯渇しているはずなのに、実験のあいだ集中力を維持することができた。

次の学生のグループは同じ条件で実験を受けたが、一つ違う点があった。それは、このグループは実験のプロセスを伝えられなかったということだ。研究者たちは忙しそうで無関心に見え、紙をパラパラとめくりながら、厳しい顔で、命令するような声で指示を出した。「クッキーには絶対に手を触れないように」。学生たちはコンピュータの前に座ったが、その結果はひどいものだった。はっきりとした指示を受けていたのにスペースキーを押しそこない、数字が速く消えすぎる、疲れたと文句を言った。彼らは疲弊していた。

マラバンはのちにこう説明した。「もし、自分に選択の権利があるか、あるいは、誰かの力になれて楽しめるなら、そんなに骨が折れることはない。しかし、自分たちに選ぶ権利がなく、ただ命令に従っているだけだと感じたら、意志の力はずっと早く萎えてしまう[61]」。

選択と楽しみは、ウィキペディア現象の説明ともなる。コンピュータ・サイエンティストのマーティン・ワッテンバーグは二〇〇八年に、世界中の人々がおおよそ一億時間をこのプロジェクトに費やしたと推計した。本書の執筆時点では、約三万一〇〇〇人の「ウィキペディアン」、つまりウィキペディアを実際に編集している人がいて、平均で一日一時間、週七日をウィキペディアの編集に費やしている。そのうち上位二〇%は、昼間どんな仕事をしていようとも、一日三時間以上ウィキペディアの編集を行っている。

最近まで世界ナンバーワンだったウィキペディアンは、インディアナ州に住むジャスティン・ナップで、哲学と政治学の学位を持つ人物だ。ナップは何カ月も匿名で編集し続けたあと、二〇〇五年に利用者名をつけてウィキペディアに加わり、その後も編集を続けて、世界で初めて一〇〇万項目の編集を行った。彼が関わった項目は、今日では一三〇万超という驚異的な数字になっている。ナップは明らかに桁外れだが、彼や他の熱心なウィキペディアンのモチベーションは、わたしたちのモチベーションとそれほどかけ離れたものではない。

ウィキペディアの目的である「世界に無料の教育コンテンツを提供する」ことに人々は価値を感じる。もちろん、すべての人が目的意識だけで十分なモチベーションを得られるわけではないがウィキペディアンのなかには、ウィキペディアという人間の知識のカタログの拡大に貢献することや、他者に貢献することだけが動機となって、数えきれないほどの時間をウィキペディアに捧げる人もいる。

一方で、ウィキペディアの編集や執筆を行うと、それが自慢できることが動機となる人もいる。人は誰もがほかの人たちによく見られたいし、自分をよく思いたいものだ。その点において、他の人が知らない情報を教えることほど強力なものはない。だからこそ、人々は給湯室で秘密を交換し合い、うわさを広げる。ある意味で、人間は仲間からの称賛を得られるだけでインサイダー情報を教えてしまうよう、最初から配線が組まれているのかもしれない。社会に認められステータスを得るために、人は情報を伝える。

ウィキペディアの非凡さは、事実を説明する原稿を書き編集するという退屈な仕事を、どんな人でも、何に関してでも全世界に発表できるという千載一遇のチャンスに変えたことだ。上位のウィキペディアンはその純粋な努力を認められる。ウィキペディアには公開されている順位表があり、自分の記事が読まれた回数や、自分が編集した記事の数とその順位が示されている。熱心なウィキペディアンにとって、こうして認められることは大変重要だ。[62]

だからこそ、大勢の人々に向けて課題を投げかける前に、次の三点について自問することが非常に重要だ。

・なぜこの課題が重要なのか

人はなぜ自分がその課題に注目し、関わるべきなのかを知る必要がある。ウィキペディアがブリタニカの百科事典に勝ったのは、執筆者や編集者に高い報酬を払ったからではない。ウィキペディアは一銭も払っていないが、代わりにその事業の目的を執筆者らに約束し、ウェブサイトではっきりと公表している。その目的とは「世界に無料の教育コンテンツを提供すること」だ。同様に、DARPAのプロジェクトの参加者にとっては、英雄的な行為を行って国をつくるという意識が、偉大なものに感じられる。人が行動を起こすためには、何かに動かされる必要があるのだ。

・どんなアイデアがよいのか

最初に、実行までの時間や実現の可能性など、客観的な評価基準を決めておこう。そうすると、真に実行できるアイデアが出やすくなる。どんなタイプの解決策を求めているか、またどんな評価指標を使うかを提示しよう。数字を使って課題を説明しよう。DARPA、NASA、シンジェンタが成功した大きな要因は、彼らの課題の説明の仕方にあった。何が問われ、何が問われないかを示したのだ。

・課題は分解する必要があるか

もし課題が非常に大きなものである場合、それを小さな部分に分けるとよい。また、何か制約があるならば、人々がそれに気づくようにする。さらによいのは、コラボレーションのツールのなかにあらかじめその制約を組み込んでおくことだ。こうした気配りが参加へのハードルを下げる。

主催者である企業がプラットフォームをつくる必要はなく、スピギット（Spigit）やイノセンティブ（InnoCentive）など、既存のイノベーション向けのプラットフォームを活用できる場合が多い。あるいは、そのためのツールをシェアしてくれるところから借りてくることも考えられる。

微信はどうやってインターネットの常識を変えたのか

二〇一七年、微信は「小程序《シャオチェンシュ》（ミニプログラム）」の提供を始め、再び人々を驚かせた。小程序は、さまざまなモバイルアプリをダウンロードしたりインストールしたりすることなく、微信のユーザーが使えるようにするものだ。小程序が発表されてから二四時間も経たないうちに、「海外のアプリストアを閉め出す微信のスーパーアプリ」「微信がグーグルの機先を制す」「テンセントが〔アップルの〕アップストアと戦う」などの記事の見出しがウェブを騒がせ始めた。[63]

スマートフォン・ユーザーなら誰でも証明できるように、わたしたちが毎日使うアプリは限られているが、スマートフォンのなかにはほかに何十ものアプリがインストールされている。調査会社のローカリティクスによると、ユーザーの四人に一人は、新しいアプリを一回使ったあとは使わなくなるという。[64]

こうした状況で微信が考えたのは、消費者がアプリをダウンロードする手間を減らしたいということと、アプリ開発者のメンテナンス費用を減らしたいということだ。微信のマーケティング責任者のジュリエット・ジュウは次のように説明する。「アプリを一から立ち上げようとする場合、バックグラウンドのプログラムをまとめるのに七〇％以上の時間を使うことになる。その部分はユーザーには見えもせず、気づかれもしない。微信が考えたのは、開発者は顧客に提供しようとするコンテンツやサービスの開発に注力すべきではないかということだ。一般的なiOSやアンドロイドのアプリの試作品をつくるのには、一〇万ドルものコストがかかる。もっとよい方法がなくてはならない」。

多くの発明がそうであるように、市場からのフィードバックも小程序の開発を促した。微信をビジネスに利用している企業ユーザーが最もよく使っているのは、公式アカウントのうちの購読アカウントだ。企業は購読アカウントを自社メディアのように活用し、プロモーションや割引クーポンなどのコンテンツを消費者に配信する。一方で消費者が企業と直接取引できるサービスアカウントは勢いがない。小程序チーム・オープン・プラットフォームの製品マネジャーであるカイル・チェンは、わたしに次のように語った。「微信の以前の公式アカウントの設定では、一般的なHTML5でシステムを組んでいた。基本的には、当社のAPIがデータを出し入れしていた。しかし、中国では接続が不安定になることがあり、時間がかかったり待ちが生じたりすることがよくある。オンラインの取引が途中でタイムアウトして、消えてしまうこともあり、これはユーザーの使い勝手の点で大きな問題となっている」。

そこで、十数名のプログラマーのチームが、公式アカウントをどう再設計できるかを考え始めた。そのうちに、小程序のコンセプトが出てきた。これはアップルのiOSのエコシステムに似たアプローチで、独自の言語を使って、スワイプやドロップダウン・メニューなど、一般的なユーザーインターフェイスを、標準的なモジュールに収めて提供するものだ。[65] モジュール方式の設定にすることで、データの使用量は劇的に削減され、iOSやアンドロイドで行うよりもプログラミングはずっと簡単になる。一言で言うと、開発者はコンテンツに集中できるようになるのだ。

もちろん、技術力のある一部の開発者は、これによって制約が生じると指摘した。彼らは、使いやすく標準化された手法によって逆に創造力が制限されることになると言い、新しいアプリがどれも同じような面白みのないフォーマットになると不満を述べた。しかし、それこそがこのサービスのポイントだった。小規模な事業がデジタル化戦略を始めるうえでのハードルを下げるのだ。カイルは言う。

「あるFM放送局のエンジニアが、小程序を使ってみようと決めた。彼はある週末にコーディングの仕方を学び、翌月曜日には新しいアプリケーションを立ち上げた。これこそ、わたしたちが実行しようとしていることだ。起業家が自身のアプリを立ち上げるうえでの、あらゆる障害を取り除くのだ」

どんな小程序でも承認されるというわけではない。微信は開発者が提出するアプリを丁寧に調べる。微信の評価基準はアップルが定めている基準よりも厳しいほどで、広告とゲームは禁止に等しい。開発者はたとえばホテル予約などのサービスを提供でき、利用料金の請求もできる。しかし、バーチャルの製品、たとえばスクリーンセーバーや絵文字、ゲームなどは販売できない。そして、小程序はすべて無料でなければならない。ジュリエットは次のように言う。

小程序はマネタイズのために存在するのではない。そうではなく、サービス提供者が自社の顧客に効果的にサービスを提供できるようにするのが狙いだ。

だから、小程序の機能は、それが一度使われるまでは微信のインターフェイス上には表れてこない。友人を通じて手に入れるか、リアルの世界でQRコードをスキャンする必要がある。もしユーザーが小程序を使わないのであれば、そのボタンは表示されない。ユーザーインターフェイスは常にすっきりとしているべきだ。微信の新たな展開で、ユーザーを混乱させたくはない。

厳しい制約にもかかわらず、小程序実施の前日までには、微信は一〇〇〇ものアプリを集めた。その数はさらに増えつつある。間違いなく、微信の偉大さは、そのビジネスモデルを外部にどんどんオープンにしていく能力にある。DARPAとシンジェンタは、クラウドソーシングによって外部の知恵を活用して複雑な課題を解決した。一方で微信は、ビジネスユーザーがこれまでになかった機能を開発できるよう、そのための力を提供したのだ。

二〇一七年五月には、二〇万以上の外部の開発業者が、微信のプラットフォーム用の仕事をしていた。[66] ユビキタスな接続は、同社の成長にとってレバレッジ・ポイントとなった。インスタント・メッセンジャー「ICQ」の断片的なものまねから始まった微信が、Eコマースを民主化するようなソーシャルメディアのプラットフォームに成長し、それによって世界最大のスーパーアプリとなった。

しかし、もしクラウドソーシングが解決策を大量生産し、複雑な課題の答えを出す手法であるとするならば、次のレバレッジ・ポイントはその解決策が生み出されるプロセスを自動化することになるはずだ。どうすれば、企業は重要な意思決定をクラウドソーシングするだけでなく、その意思決定を自動化できるのか。それが続く第5章のテーマである。

第5章

人工知能を味方につける

直感からアルゴリズムへ

数えられるものを数え、測れるものは測り、測れないものは測れるようにしなさい。

ガリレオ・ガリレイ（一五六四―一六四二）　天文学者

数えられるものがすべて重要なのではなく、重要なことすべてが数えられるわけではない。

ウィリアム・ブルース・キャメロン　「Informal Sociology（一九六三）」

コンピュータが君臨する世界

データサイエンティストと機械学習の専門家にとって、二〇一六年三月はきわめて重要な月となった。グーグルが開発したコンピュータ・プログラムのアルファ碁が、囲碁世界チャンピオンの李世ドル（イ・セドル）を四勝一敗で破ったのだ。[1]

チェスでは、棋士は六四マスのチェス盤の上で、約四〇手の試合をする。一九九七年にはＩＢＭのコンピュータ、ディープ・ブルーが、当時の世界チャンピオンのガルリ・カスパロフを破った。そのときの手法は、すべての最終局面を計算し、一秒あたり一〇〇万のシナリオを探り、勝てる手を決めるという力ずくのアプローチだった。

この力ずくのやり方は囲碁には使えない。なぜなら碁盤には縦一九、横一九の格子（目）があり、一回の対局は二〇〇手にもなるからだ。[2] その結果、恐ろしいほどの対局パターン、正確には10の761乗のパターンが生じる。この数は観測可能な宇宙の中に存在する原子の数を上回る。[3] このため、コンピュータが囲碁で人間を負かすには、少なくともあと一〇年はかかると言われていた。しかし、グーグルは人間の性質に似たアルゴリズムを創造した。つまり、直感的に対局を行うのである。アルファ碁は人間のプロ棋士の直感を技術的にまねられるだけでなく、それを超えることができるのだ。

さらに、最も注目に値するのは、アルファ碁が人間のプログラマーの指示なしに、自分自身で毎日、その成績を向上できるようになったことだ。こうした知的なマシンの止めようのない進歩は、すべての企業にすでに何らかの影響を及ぼしている。どのようにして、ここまで到達したのだろうか。

つい最近まで、コンピュータにはプログラマーが指示を書く必要があった。一般的にコンピュータは自律的には学ばず、ルールに従う。いわゆる機械学習も、初期の頃にはコンピュータ・サイエンティストか統計の専門家が手厚くサポートし、頻繁にモニタリングしていなければならなかった。また、人間がデータを分類し、目標を明示する必要があった。この機械学習の初期の頃にビッグデータの統計的な分析が始まり、それによって、以前は見えてこなかったパターンが発見されるようになった。このデータ・アナリティクスのアプローチは労働集約的ではあったものの、消費者の行動、つまりどうクリックし、モノを買い、ウソをつくかなどを予測するうえで非常に強力であることが示された。

人工知能（AI）は企業のメールや電話、セール販売、製品の推薦、広告の表示、欠陥の発見、ローン審査などのやり方を向上させた。クレジットカード会社はリアルタイムで、どの取引が不正の可能性があるかを察知し、保険会社はどの顧客が支払いを請求しそうか、あるいは亡くなりそうかを認識する。このマイナス面はというと、アルゴリズムが個別の文脈に依存するということ、つまり一つの目的のためにだけつくられているということだ。チェスで力を発揮したディープ・ブルーも、他の目的ではほとんど役に立たない。

アマゾンのごく初期の頃、ある編集グループは生身のライターがウイットに富んだ表現で製品を売り、何を宣伝するかを決めていた。やがて、別の編集グループが「アマボット」と呼ばれる機械学習のアルゴリズムを使い始め、顧客のウェブ検索や以前の購入履歴などから「おすすめ」を行うようになった。いかにもアマゾンらしいことに、CEOのジェフ・ベゾスは二つのグループを競わせ、親しみのある手づくりのメッセージと、標準的で自動的な「おすすめ」を戦わせた。じきに、人間は売上向上の面でコンピュータに勝てないことがわかった。アマボットは何度ものテストで簡単に勝利し、人間の編集者と同じくらい商品を売れることを示し、追加コストなしで販売量を拡大できることも示した。人間のチームの場合、拡大する需要に応えるためには、当然のことながら新たに人員を雇わなければならない。[4]

二〇〇二年のバレンタインデーには、ある従業員が地元シアトルの新聞、ストレンジャー紙に、アマボットに宛てた三行広告を匿名で出した。[5]

アマボットへ。君がわたしたちの憎しみを受け止める心を持っていたらいいのに。
本当にありがた迷惑だ。急ごしらえのポンコツめ。
血と肉の通った素晴らしく不完全な人間様が、いつか勝利するからな。[6]

人間の編集グループはほどなくして解散させられた。[7]

アマボットは強力だったが、ほか他の場面で利用することはできなかった。また、自然な人間の言語で表現された、構造化されていないデータには、そのアルゴリズムを適用することができなかった。

マシンにデータを与える前に、そのデータはエクセルのスプレッドシートのような、きちんと数字や言葉が並べられたリレーショナル・データベースのフォーマットに整理する必要があった。こうしたデータに関する制約が解消されるまでに、それから一〇年がかかった。

高性能な検索エンジンを超える

二〇一一年二月、ＩＢＭはアメリカの人々に強烈な印象を与えた。人気クイズ番組「ジェパディ!」で、スーパーコンピュータのワトソンが人間に勝ったのだ。ワトソンが前チャンピオンのケン・ジェニングスとブラッド・ラターを負かすのを、おおよそ一五〇〇万人が生放送で見ていた。この出来事は、機械学習が単なる数字の計算を超えたところまで進んでいることを、人々にはっきりと示すことになった。ジェパディ!は他のクイズ番組と同様に、幅広いトピックに関して細かな知識を問う。さらに、この番組には独特の「答えと質問」の形がある。最初に、「答え」の形でヒントが示され、参加者はそれに対して「質問」の形で返さなければならない。たとえば、クラシック音楽のトピックだと、ヒントは「モーツァルトの生涯最後の交響曲で、おそらく最も力強い作品が、この惑星と同じ名前である」となる。すると正しい答えは「木星とは何か[8]」となる。ジェパディ!に参加することは、ある単語を求めて辞書を徹底的に調べ、続いてその言葉が当てはまるクロスワードパズルを探すことに似ている。

解答者席のうしろでは、ワトソンのコンピュータが山ほどのマイクロプロセッサを使って0と1の計算をし、それをファンが音を立てて冷却していた。[9] 番組の間じゅう、ワトソンは一秒あたり六五〇〇万ページの文章を検索していた。[10]

自然言語で表現された文章は、その前に何が語られたかによって意味が変わり、トピックそのものや、どのように議論されているかによっても意味が変わってくる。日常的に使われる言葉の正確な意味を完全に、または厳密に説明することはできない。新聞記事を適切に読むには、「parking in driveways（私道に駐車する）」と、「driving on parkways（大通りを走行する）」の違いを認識する必要がある。また、「鼻水が出る」や「足が臭う」とはどういうことなのかを理解する必要もある。

ジェパディ！で勝つにも、微妙なニュアンスや皮肉、なぞなぞ、俗語、比喩、ジョークや駄じゃれを理解できなければならない。したがって、ワトソンが単なる高性能な検索エンジンを超えたものになり、正しい答えを数秒で出せるように、IBMのエンジニアのチームは三つの能力を植えつけた。(1) 自然言語の処理、(2) 仮説の創造、(3) 証拠に基づいた学習の三つである。[11]「ジェパディ！では、自信の概念がクイズに組み込まれている。つまり、答えに自信がないのであれば、答えるには値しないということだ。現実世界にも、このような問題はたくさんある」。こう話すのは、IBM基礎研究所で業界ソリューション・新興ビジネス担当バイスプレジデントを務めるキャサリーン・フレイスだ。「たとえば、医師には直感を使ってほしくない。答えに自信を持ってから治療をしてもらいたいと思うだろう[12]」。

二日間のジェパディ！のトーナメントが終わった時点で、ワトソンには七万七四一七ドルの賞金が積み上がっていた。その金額は人間の対戦者の三倍以上だった。それまで五〇回以上連続でジェパディ！に勝利していたケン・ジェニングスが第二位、次点が僅差でブラッド・ラターだった。ジェニングスは、ワトソンに負けたことを受けてこう話した。「二〇世紀に組み立てラインで働くロボットができて、工場での仕事がなくなった。それと同じように、新世代の『考える』マシンの登場で、初めて仕事を失った知識労働者がブラッドとわたしだ[13]」。

意外と思われるかもしれないが、実は「コンピュータ」は、昔は人間を指していた。「コンピュータ」という言葉がデジタル処理を行う機器を指すようになる前の一八世紀中盤以降、「コンピュータ」は企業や大学などで計算や数値分析を行って賃金を得る人たちを指し、その多くが女性だった[14]。ハーバード大学の天文台にも、当時では最大規模のコンピュータたちがいた。ディレクターのエドワード・ピッカリングは自身の天文学のデータをまとめるのに長年苦労しており、ついに男性アシスタントの一人を解雇して、初期の優れた天文学者であったウィリアミナ・フレミングを雇った。フレミング女史は計算と分析に非常に優れており、やがて天文台全体で多くの女性科学者が働くようになった。おかげで、「ピッカリングのハーレム」などという、あまり上品とは言えない呼び名もついた[15]。

この状況は男女平等からはほど遠かった。コンピュータという名前は、知的ながら退屈な重労働を単にぼかしただけの言い方だった。考えるマシンをつくろうという動きは、現在のコンピューティングの夜明けとなる一九四〇年代頃までは起こらなかった。アラン・チューリングとジョン・フォン・

ノイマンは機械のコンピュータが人間の知性をまねるときが来るだろうと予測した。二人は、文章をベースとした対話で人間と区別がつかなくなれば、そのマシンは「考えている」と言えるかもしれないと述べた[16]。

「その回のジェパディ!を実際に見てみると、画面の下のほうにワトソンが思いついた別の答えが表示されている」。医療保険会社ウェルポイントのバイスプレジデントで医師のオマール・ラティフは言う。「ワトソンは答えを一つだけ思い付くのではない。複数の答えを思い付いて、答えによって自信のレベルが異なっているのだ。これは医師の思考方法と同じだ。わたしが患者を診察するとき、たいてい答えは一つではなく、四つか五つの答えがある。だが、患者に伝えるのは、最も自信がある答えだ[17]」。

ケン・ジェニングスの純真な顔立ちとぎこちない微笑みによって、人間の敗北が一層痛切なものに感じられた。彼自身がソフトウェア・プログラマーであることが、そんな印象を強めた[18]。ジェニングスはのちに、「わたしは個人的には、コンピュータの君臨を歓迎する」と書いた。一〇年前のアマボットとは違って、ワトソンはただ指示に従うだけではない。人間の言語という構造化されていないデータを消化し、続いて独自に判断を下すことができる。このことが、専門性についての企業の見方を大きく変えた。ある金融サービス会社の幹部が最も簡潔に言い表した。「ある人物が大量の財務文書を読んで理解することができ、その文書の中の情報をすべて記憶にとどめるとする。そして、その人物にこう質問できるとする。『今後三カ月のうちに最も買収されそうな企業はどれか』。ワトソンなら自信をもって答えてくれるだろう」[19]。

人間の直感が不利に働くとき

わたしたちが生きている世界は、特定分野の専門家を崇拝するナレッジ・エコノミーが存在する世界だ。たとえば、現代の医療は、医師がその生涯の経験に基づいて下す判断に完全に依存している。医師の主要な責任は、患者が症状を訴えたときに診断を行うことだ。たとえ不確定要素があり、情報が不完全でも、医師は通常その場で患者の病気を診断し、それにあった治療を正しく処方しなければならない。そして、多くの医師にとって患者の診断を行うのは、終わることのない訓練が求められる芸術のようなものだ。医師のディーパック・チョプラとサンジブ・チョプラは著書の *Brotherhood*（兄弟）で、伝説的臨床医でボストンの退役軍人病院の消化器病部門の責任者であるエリフ・シンメルに出会ったときのことを次のように説明している。

私はX線写真を見る装置のスイッチを入れた。すると、〈中略〉文字通り数秒で、シンメル先生に「待て」と言われた。わたしは待った。彼はX線写真を三〇秒ほど見つめた。「サンジブ、この患者は常習的な喫煙者で、アルコール依存症だ。糖尿病も患っている。子どものときにポリオにかかったな。胆のうを摘出する必要がある」。わたしは呆気にとられた。

「エリ」と、わたしはようやく口を開いた。「いったいどうやって、一枚のX線写真からそれだけのことがわかるのですか」。彼は説明してくれた。「横隔膜が平らになっていて、肺が非常に膨らんでいる。これは彼がタバコを吸い、肺気腫であるサインだ。膵臓の石灰化が見られるのは、アルコールで慢性膵炎になっているからだ。大腿骨頭無腐性壊死と側弯症があるが、これは子どもの頃にポリオにかかったからだろう」。

その部屋にはわたしを含めて六人がいて、彼の説明を聞いていた。皆心を奪われ、誰も一言も話さなかった。わたしたちは皆、同じことを考えていたのだと思う。「名人芸を目撃しているのだ」と。[20]

経験豊かな人と素人《しろうと》を分けるのが、こうした名人芸だ。経験豊かな人は、素早く判断を下しても、それが慎重かつ意識的に行った判断と同じくらいに優れている。[21] 名高い臨床医は、難しく、時に曖昧な病状について、瞬時に診断する能力に大きな誇りを持っている。

ノーベル賞受賞者のダニエル・カーネマンも、著書の『ファスト&スロー』で、経験豊かな消防士について同様の説明をしている。「そのチームの指揮官が家に入ると、キッチンが燃えていた。彼はホースを持ってリビングルームに立ち、煙と炎に水を浴びせかけた。だが、火の勢いは衰えない。指揮官は突然、自分がこう叫んでいるのに気づいた。『ここから逃げろ！』。だが、なぜそう言ったのかは自分でもわからなかった。チームの消防士たちが道路にたどり着いた瞬間、リビングルームの床が崩れ落ちた。あとでわかったことだが、この火事は地下室から出火していた。もし消防士たちが室内にとどまっていたら、燃え盛る炎の中に落ちていたことだろう」[22]。

カーネマンに言わせると、これぞ神がかりといえるような人間の直感の力である。熱い炎は大きな音がする。だが、この火事では不気味なほど静かだった。地下室で荒れ狂っていた炎の音が、床で消されていたのだ。「指揮官は炎の音が異常に小さいことと、自分の耳が異常に熱いことに気づいた。その二つの印象が合わさって、指揮官が言うところの『危険の第六感』が呼び覚まされたのだ」と、カーネマンは記す。

この逸話の驚くべきところは、指揮官が自分でも十分に意識しないうちに、数秒で状況を判断したことだ。彼は何が問題なのかをはっきりとは説明できなかった。ただ、原始的な不安感にとらわれたことを覚えている。それでも、カギのかかった彼の意識の扉の向こうで慎重に判断が行われた。彼のチームの安全は、すべてそこにかかっていたのである。

しかし、専門家の直感について難しい点は、それをまねるのが困難で、獲得するコストも高いことだ。ビジネス環境においては、これが究極的に成長を妨げる。

例として、ショッピングモールを建設し、運営する事業について考えてみよう。建設場所の選択以外で重要なのは、テナントの構成だ。より多くの店舗が入ったほうがよい。したがって、モールのオーナーはただ座って小売業者が来るのを待つのではなく、入居するテナントを自ら探しに行かなければならない。早めに動いて、テナントが前もって計画を立て、資金を準備し、経営資源を配分するための時間を確保しておく。建築家に対しては、モールのテーマや設備、特徴などを詳しく伝え、また、法や安全基準をすべて満たす必要がある。その一方で、これらすべてを適切な予算の範囲内で行い、また現実的なスケジュールで進めて、プロジェクトから利益を生み出さなければならない。加えて、町の象徴となるモールは小さな町の誇りとなるので、機能が不十分で、テナントも十分に入っていなければ、オープンの日に住民に歓迎されないだろう。

こうした商業的、技術的な複雑さを考えると、モールのディベロッパーが地元の企業であることが多いのもうなずける。よく知っている地元のマーケットに特化しているのである。彼らは家電製品のようなグローバルな企業ではなく、同じ商品を別の大陸でも展開できるということはない。過去の経験に基づくべき日々の意思決定が、単純に多すぎるのだ。このため、ディベロッパーの規模は他の業界と比べると、驚くほどつつましい。ショッピングモールの開発・運営を行う企業で全米最大のサイモン・プロパティ・グループは、二〇一五年の売上高が五三億ドルだった。[23]二〇一六年には、新しいモールを三つ開いた。二つがアウトレットモールで、もう一つが正規の値段のモールだ。[24]これと対照的に、アメリカ最大の家電メーカー、ワールプールは、同年の売上高が二〇〇億ドルだった。

しかし地球の反対側では、中国の急速な都市化によって、同国最大の不動産会社、ワンダグループがユニークな解決方法を取ることとなった。同社はその方法によって、アメリカの同業者がぶつかった障壁を越えた。

ワンダグループは、二〇一五年に新たに二六のショッピングモールをオープンしたと言われており、[25]

二〇一六年以降は毎年少なくとも五〇のモールを新規オープンするという目標を掲げている。[26] 二〇一五年の売上高は二八〇億ドルだった。[27] CEOの王健林は中国の大富豪の一人で、資産の合計は三〇〇億ドル近くになると言われている[28]（アメリカ初の億万長者の大統領、ドナルド・トランプの総資産は約三五億ドル[29]）。このような急速な拡大を行うためには、ワンダグループは経験豊かなスタッフだけに頼るわけにはいかなかった。成長を続けるために、十分な人数のプロジェクトマネジャーを育成する時間もなかった。同社の企業文化センターのゼネラルマネジャーであるリュウ・ミンシェンと話をしたときに驚いたのは、彼は企業文化についてはほとんど話さず、ワンダグループの情報システムについて詳しく話したことだ。

> 一〇年ほど前、ワンダグループはオフィス・オートメーションを導入し、すべての不動産プロジェクトを情報で動かすことにした。ショッピングモールの開発期間は通常二年くらいだ。当社の情報システムは、建設からオープンまでのサイクル全体を三〇〇の主要な段階に区切り、それぞれの段階をさらに一〇〇くらいのタスクに分ける。
>
> システム上で緑色のライトが灯っていれば、それは計画がうまく完了したということを意味し、黄色のランプが灯っていれば、それはその計画が予定通りに完了していないということを意味する。黄色のランプがついたら、担当のバイスプレジデントは、その遅れを取り戻すアイデアを出さなければならない。黄色のライトが点灯したまま一週間が過ぎると、ライトは赤色

に変わり、責任者は罰せられるか交代させられる。

同様に、不動産の管理も一カ所に集中したシステムで行われており、一つの巨大なスクリーンに、防火や温水、空調、エネルギーの節約、安全情報が表示されている。


その日の午後、北京にあるワンダショッピングセンターを訪問すると、施設のマネジャーがスマートフォンを使って重要な統計をリアルタイムでチェックしていると教えてくれた。たとえば、顧客の流れを可視化できるヒートマップなどを使うという。「買物客の流入状況によって売上を予測すると、どのテナントが財務的なトラブルに陥るか、前もって予測することができる。このデータを使って、売掛金の回収率を上げられる」。オフィスでは、彼は多数のメンテナンスの要請を見直していた。要請はオンラインで届き、写真かビデオが添付されている。すべての情報と承認は、自動的に担当する従業員に届けられる。メールやスプレッドシート上に放っておかれることはない。

「過去には、プロジェクトを計画通りに完了させるために、多くの専門家が必要だった。しかし、ITシステムを導入することで、ゼネラルマネジャーをいつでも交代させられるようになった。実際、誰であっても、明日にでもショッピングセンターの建設を始めることができる」とリュウは言い切る。

「専門家である必要はない。必要なのは、自分が担当する計画に集中することだけだ。もし何かに行き詰まったら、コンピュータを見て答えを探せばよい。そのようにして、わたしたちは規模を拡大してきた」

ワンダグループの例からわかるのは、企業が経験豊かなスタッフに頼ったときに生じる根本的な限界だ。人間の脳はコピーできず、トレーニングには時間がかかる。専門家の判断に依存している事業は、小規模なままとどまることになる。ナレッジ・エコノミーで事業を拡大するには、ワークフローを自動化し、経験豊かなマネジャーの直感を自動化する必要がある。

人間の専門家に依存することをやめると、もう一つ利点が生じる。人間の直感は、それを用いる分野によってはまったくの誤解が生じる。通常は判断を行う機会がほとんどなく、フィードバックも得にくい分野だ。そのような状況では評価の高い専門家も達人ではない。

わたしがＩＭＤで教えているエグゼクティブ・プログラムでは、認知心理学者のダニエル・レビティンが作成したクイズをよく解いてもらう。それは次のようなクイズだ。

「あなたがレストランに食事に行き、翌朝目覚めたら顔が青くなっていた。食中毒の病気には二種類あり、一つは顔が青くなり、一つは顔が緑色になる。どちらの病気も、それを治す薬はある。それを健康なときに飲んでも何の作用も起こらないが、二つの病気のどちらかにかかっているときに、間違った薬を飲むと死んでしまう。変化した顔の色は、病気そのものと七五％一致している。緑色の病気は、青色の病気の五倍起こりやすい。さて、あなたはどちらの色の薬を飲むだろうか[30]」

一〇分間の議論のあと、参加者の多くは青色の病気の薬を選ぶ。わたしが「その理由は」と聞くと、「顔の色が青だから」と答える。「顔の色と病気は、ほとんどの場合一致している」。ここで、わたしはレビティンが使ったのと同様な表（図表5・1参照）を見せる。実はわたしも、最初にこのクイズを解こうとしたときに、同じ間違いを犯した。仮に人口が一二〇人だったとする。すると、顔の色と病気の人数の関係は表に示した数字のようになる。

左側の列を見てみよう。ここから、たとえ患者の顔の色が青でも、緑色の病気の薬を飲んだほうがよいことがわかる。なぜなら、人口全体における出現率は、緑色の病気のほうが高いからだ。言い換えると、わたしたちはずっと間違った情報に注目していたことになる。注目すべきは病気が出現する確率であり、薬が病気を治す確率ではない。毎日さまざまな訓練を繰り返している消防士とは違い、確率に関する問題はめったに問われず、長期的なデータも入手しにくい。医療では、慢性的な病状と戦うための治療の効果を確かめるのに、数十年とは言わなくても、何年もの月日がかかる。将来表れる結果から、今日下した決断についてのフィードバックはほとんど得られない[31]。

キッチンのテーブルでのおしゃべりでも、就職面接でも、取締役会での駆け引きでも、間違った情報への注目はよく見られる。企業では、経営陣のディスカッションは「最も給料が高い人の意

		顔の色 青	顔の色 緑	
病気	青	15	5	20
病気	緑	25	75	100
合計				120

図5.1 顔の色のクイズ

見」に集約していく場合が多い。[32] もし、医療に関する決断で基本的な統計学を適用する効果があるとするならば、ワトソンのような高度な検索エンジンが、かつて専門家の意見が支配していたすべての業界を変える可能性がある。

医師への助言を行うAI

医学誌では、毎日のように新たな治療法や新たな発見が発表されている。平均で五年ごとに医学情報の量は倍増するという。しかし、多くの病院での仕事の状況を見ると、医師はそうした情報を読む時間はほとんどない。最新の情報を逃さないようにすべてを読もうとしたならば、医師は毎週何十時間をもそれに充てなければならない。[33] しかし、医師の八一％が、医学誌を読むのに使える時間は毎月五時間未満だと答えている。[34] 臨床医が用いる知識のうち、エビデンスに基づいたものがわずか二〇％であるのも、驚くべきことではない。[35] 新たな知識の量は人間の脳の限界を超え、そのために、かつては強力だった専門家の直感も力を失っている。

IBMで企業戦略ディレクターを務めるデービッド・カーは、MSK（メモリアル・スローン・ケタリング記念がんセンター）の最高情報責任者であるパトリシア・スカルリスが、IBMに連絡を取ろうと決めた理由について、次のように説明する。「ワトソンがジェパディ！で二人のチャンピオンを破るのをテレビで見て間もなく、彼女は連絡をくれた。そして、MSKにはがんの治療とその結果などについてデジタル化された情報が一〇年分以上あると言った。彼女はワトソンなら力を貸せるのではないかと考えたのだ[36]」。

世界最大かつ最古のがん専門病院であるMSKには独自のデータベースがあり、そこには二〇年以上前からの入院・外来患者、一二〇万人の診断と治療の記録が保存されている。この巨大なデータベースには、すべての肺がん患者の分子分析とゲノム分析の結果も残されている[37]。しかし、研究者とは異なり、病院の医師はしょっちゅう生きるか死ぬかの決断を直感的に行っている。医師は家に帰ってから、ある患者に対して行ったすべての検査結果を十分に吟味する時間などない。治療方法はその場で決める必要がある。したがって、仮に事前に情報を発掘するようなインテリジェント・システムがあって、医師がその情報をすぐに手に入れられるのでない限り、あふれるほどの情報があっても、医師が正しい決断を下す力の向上にはつながらない。

二〇一二年三月、MSKとIBMのワトソンの共同プロジェクトが始まった。その目的は、がん専門医に治療方法の推薦を行うアプリケーションの開発である。医師はわかりやすい英語で患者の症状を記述する[38]。たとえば、「患者の痰には血が混じっている」などだ。すると三〇秒以内に、ワトソンはその人に合った投薬計画を出してくる。IBM基礎研究所のチーフ・メディカル・サイエンティストのマーティン・コーンは言う。「ワトソンは情報を処理するツールで、人間の思考のすき間を埋める。ワトソンが決定を下すことはない。それは臨床医の仕事だ。〈中略〉しかし、ワトソンは医師にどちらにせよ必要となる情報を提供する[39]」。

MSKのパトリシアにとっては、このプロジェクトの本当の目的は「具体的な検査や治療方法を推薦するインテリジェンス・エンジンをつくること[40]」だった。それは強力な検索エンジンの域を超えて、経験豊かな医師の知恵を経験の浅い医師に移行する。たとえば、中国やインドの遠隔地の医療機関にいる医師が、最高のがん専門医がワトソンに教えたことすべてに、即時にアクセスできるということだ[41]。非営利団体であるMSKの究極のミッションが、その影響力を拡大し、世界で最先端の医療の提供に貢献することなのであれば、ワトソンのようなシステムが不可欠になる。

二〇一七年のはじめに、フロリダ州ジュピターにある三二七床の病院が、ワトソン・ヘルスの契約を結んだ。その目的は、まさにがん患者それぞれに最も適した治療を提供するために、スーパーコンピュータの能力を利用することであった[42]。機

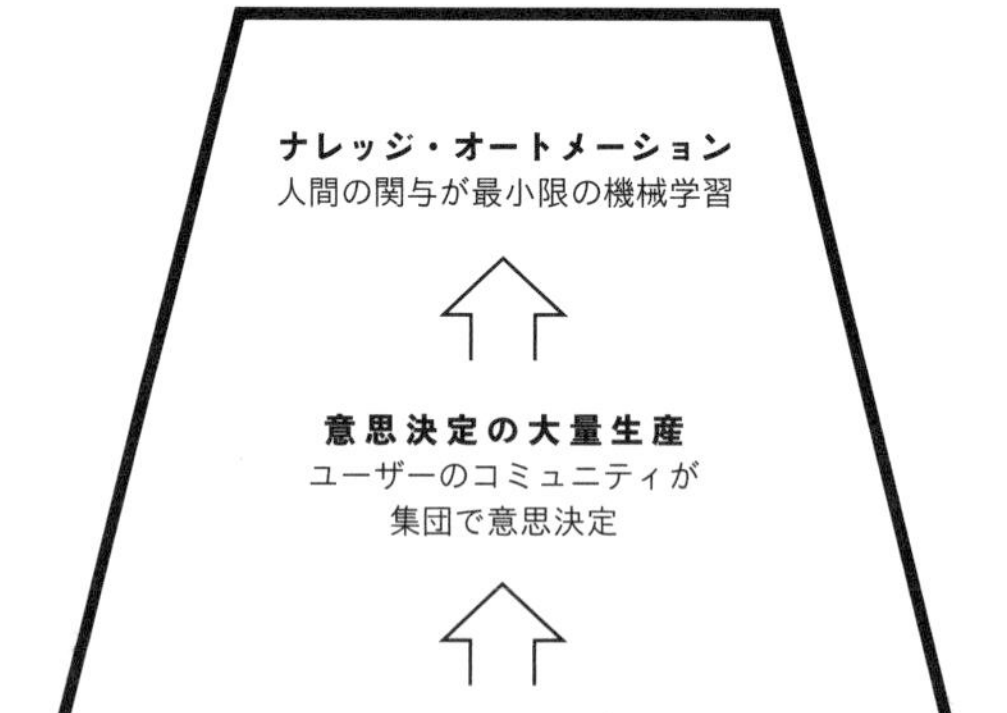

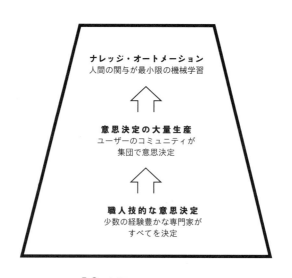

図5.2 究極のオートメーション

械は疲れることなく読み、理解し、まとめるので、医師は存在する知識をすべて利用することができる。ウェルポイントによると、テストを行った結果、ワトソンの肺がん診断の精度は九〇％だという。これに対して、人間の医師は五〇％だ。[43]

第1部で取り上げたナレッジ・ファネルを振り返ると、こうした展開も驚くべきことではない。これは、最終的なオートメーションに向けての自然な長い道のりだ（図表5・2参照）。AIを搭載していない機械を使って、ヤマハがスタインウェイ&サンズの体力を奪ったように、AIを搭載した機械が、MSKの知性に置き換わりつつある。

しかし、多くの企業幹部は、こうした技術を身近には感じられない。既存の事業、特にIT分野でない事業は、どうすればナレッジ・オートメーションへのシフトを活用し始められるのだろうか。

意外なことに、ロールモデルとなる企業が日本の人材情報業界に存在する。リクルートグループは、求職者のための雑誌を発行する広告会社として一九六〇年代に創業。その後、不動産やブライダル、旅行、美容院、レストランなどに関する事業を加えていった。

リクルートが展開するデジタル・プラットフォームが好評を博すなか、同社はさまざまな取引や、消費者行動に関する膨大なデータがオンラインに存在することに気づいた。二〇一五年、同社はシリコンバレーに人工知能研究所を設立し、データ・アナリティクスや機械学習の最新テクノロジーを活用することを狙った。

したがって、同社の事例はAI活用の事例である。だが一方で、データを用いたイノベーションを通じて、未来に向かってリープするために、既存の事業を犠牲にすることを厭わない決意の事例でもある。リクルートと他社との違いは、戦略を動かすプロセスにある。誰も一晩のうちにリープはできない。リープには時間がかかるのだ。

昔の求人広告からの転換

一九六〇年に、当時東京大学の学生だった江副浩正は、仕事を探す学生と、人材を求める企業とを結ぶことを念頭に、大学新聞の発行を始めた。この新聞は急成長し、日本で最初の求人雑誌となった。江副は自分の会社をリクルートセンターと名付けた〔創業時の社名は大学新聞広告社。一九六三年に社名を変更〕。

大学を卒業後、野心的な起業家の江副は、小さな広告会社の拡大にキャリアのすべてを捧げた。二〇一八年現在、リクルートは六〇カ国に展開し、四万五〇〇〇人の従業員を抱えるコングロマリットとなっている。

一九八六年の時点では売上高は三〇億ドルほど、銀座に自社ビルを構え、事業の内容も人材や不動産、電気通信、情報出版など多様になっていた。[44] この頃、日本は奇跡的な経済成長を遂げていた。それでも、リクルートはすべての事業に成功していたわけではなく、強みは依然として求人広告にあった。創業以来、同社は紙の雑誌を印刷して、求職者に仕事の情報を提供してきた。求職関連の雑誌には学生向けに採用情報を提供する「リクルートブック」があり、ほかにも、女性向けや技術者向けなど、さまざまな求人誌を発行していた。

一九九〇年代中頃にインターネットが普及し始めると、リクルートはインターネットで情報を提供し始めた。市場首位のポジションを守るための、先を読んだ動きだった。一九九六年には新卒者向けの就職情報をオンラインで提供する「リクナビ」を立ち上げた。多くの書籍出版社や新聞社と同様に、同社にとってもオンラインへの移行はほぼ命取りだった。伝統的な雑誌を廃止したために、オンラインでの広告収入に依存しなければならず、それによって利益は大幅に縮小した。

「移行前には、三つの形態が併存していた。書店で販売している分厚い雑誌、無料で配布する雑誌、そしてウェブマガジンだ」。リクルート経営コンピタンス研究所長の巻口隆憲は言う。「移行後は、無料の雑誌とウェブマガジンは継続したが、書店販売の雑誌は廃止した。売上高は一〇分の一になった。これが紙からインターネットへの、我々が経験した最初のシフトだった」。

リクルートにとって幸いだったのは、インターネットの利用者が二〇〇〇年代の始まりとともに急増したことだ。日本のインターネットユーザーは、一九九五年の二〇〇万人から、二〇〇二年には六九四〇万人になった。出版業界全体も、無料のオンラインコンテンツが優先される方向に完全にシフトしていった。リクルートが以前のレベルまで売上を回復するには、身の毛もよだつような四年間が必要だったが、それでも、その経験は貴重だった。リクルートはインターネットエコノミーで成功するには何が必要かをこれで理解することができたのだ。当時、コンサルタントや学者たちは、まだ事態をよく把握できていなかった。

ビジネススクールの教授陣の間では、「ネットワーク効果」という言葉がよく使われる。この言葉は、ウーバーやエアビーアンドビー、アリババなどの台頭を説明するものだ。これらの企業は、二面的な市場（プラットフォーム）の役割を果たす。供給側では売り手の販売を促進し、需要側では買い手の購買を促して、モノやサービスの売買を可能にする。こうしたプラットフォームの価値は、主に両側のユーザーの数によって決まる。つまり、より多くのユーザーが同じプラットフォームを使えば使うほど、そのプラットフォームの魅力が高まり、さらに多くのユーザーが利用するようになるのだ。

例として、デートサイトを考えてみよう（Okキューピッドやティンダーなど）。男性がこれらのサイトに引き付けられるのは、そこに女性がたくさんいて、その分よい相手に出会える確率が高いからだ。女性の場合も同様である。こうしたネットワーク効果によって、ユーザーはより大きなネットワークにアクセスするために、より高いおカネを支払う。そうして、それを運営する会社の利益も、ユーザーが増えるに従って増えていく。[45] 規模が規模を呼ぶのである。

しかし、差別化は実現しにくい。ウーバーとリフト、アイメッセージとワッツアップを比較してみればわかる。プラットフォームはよく似ている場合が多く、競争は「速く成長するものが勝ち」という点に絞られる。だからこそ、フェイスブックは成長に強くこだわっている。スナップチャットが二〇一七年三月に上場したとき、投資家のもっぱらの関心は日々のアクティブユーザー数だった。[46]

より多くの人々が、フェイスブックやスナップチャットでニュースを読んだりゲームをしたりして時間を過ごすようになると、コカ・コーラやP&Gやナイキなどの企業がそこに広告を出稿するようになる。プラットフォームが一定の規模になって初めて、その独占的な地位は揺るぎのないものになる。

リクルートもこれと同じロジックに従った。オンラインへの転換を最初に行うことによって、また価格戦略において競合企業よりも攻めに出ることによって、インターネット上での市場首位を固めたのだ。同社は、インターネット事業の第一の黄金律にその運命を委ねた。それは「顧客のトラフィックが十分にあれば、粗利益率が紙の雑誌より低くても成功することができる」というものだ。つまり、オンライン上での取引数が多ければ、やがてはそれがある程度の利益に変わるということだ。

その後に行われた他のインターネットへの移行プロジェクトでは、リクルートは損失を出さなかった。それでも、長期的に成功するためには、規模だけではなく品質も重要になってくる。これが、リクルートがやがて見つけることになる、第二の黄金律だった。

規模の拡大の先に

フェイスブック以前にソーシャルネットワークの世界に君臨していたのは、マイスペースだった。二〇〇三年に創業したマイスペースは、バンドや写真家といったクリエイティブな人たちにファンが多く、二〇〇八年の時点では、全米トップのソーシャルネットワークとなっていた。ニューズ・コーポレーションのルパート・マードックはマイスペースを五億八〇〇〇万ドルで買収したが[47]、同社は六〇億ドル程度の価値があるかもしれないと考えていた。そして、二〇〇七年中頃には、二億人のユーザーが集まることを期待していた。

マイスペースの栄光からの転落は衝撃的だった。二〇〇八年四月には、ユニークビジターの数が一カ月当たり四〇〇〇万人のペースで減っていった。その原因をサイトの無秩序な設計だとする人もいたし[48]、技術的なイノベーションの欠如が原因だとする人もいた。しかし、大きな問題はその評判にあった。マイスペースには、有名になりたい人たちが肌もあらわにした[49]不品行な写真を多数投稿し、下品なサイバースペースと化したのだ[50]。質の高いユーザーたちは、大挙して安全な空間であるフェイスブックへと逃げていった。品質は規模と同様に重要なのである。

リクルートはこの点を十分に理解していた。同社の旅行事業「じゃらん」を例に考えてみよう。じゃらんは、ホテルや温泉旅館などの広告雑誌としてスタートした。しかし「じゃらんｎｅｔ」が予約用のウェブサイトとして立ち上がったとき、同サイトは旅行代理店と競合する存在となった。ホテルや旅館と旅行者とのあいだを仲介する立場となった以上、雑誌のときのように、ホテルのよい点ばかりを強調するわけにはいかなくなった。信頼できるアドバイザーとしての地位を確立するため、ユーザーによる正直なレビューも掲載する必要が出てきたのだ。ここからわかるのは、顧客グループによって品質の定義は変わってくるということだ。サービスがオンラインに移行したとき、価値提案も変化した。品質の定義は進化したのだ。

リクルートのこれまでの発展について検証していくと、同社の経営陣は、競合に先んじてセルフ・カニバリゼーションを行うと決意しているかのような印象を受ける。

同社が実験を試みる傾向は強まる一方だ。二〇一五年までに、リクルートは一〇〇〇人以上のソフトウェア技術者を雇った。彼らは二〇〇以上のウェブサイトと三五〇以上のアプリの運営を行う。これらのサイトやアプリの顧客は、レストランや美容院、結婚式場、賃貸住宅などさまざまだ。社内には多数のソフトウェア技術者がいるが、東京の本社の壁の外側には同社の最も重要な支援者がいる。それは何百万人もの中小企業経営者で、彼らがリクルートを日本でトップクラスのデジタルメディア企業に押し上げた。

そして、ここにとても重要な教訓がある。こうした大きな変化のどれもが、一夜にして起こったものではないということだ。少しずつステップを踏むことで、同社の境界線は徐々に外へと広がっていった。そうした変化がすべて一緒になることで、リクルートの中核となるミッションが再定義され、同社の軌道はよりよい方向へと修正されていった。

雑誌出版からプラットフォームのプロバイダーへ

従来からリクルートのメディアに広告を出していたのは、小規模な企業の経営者が中心だった。彼らはバックエンドの事務的な作業に苦労していた。美容院は、オンライン予約を始めればたくさんの予約が取れる可能性があった。しかし、たいていの場合、美容師がオンラインの予約状況を紙のスケジュール表に手で書き写すことになる。電話で予約した顧客とのダブルブッキングを避けるためだ。

「美容師であれば、顧客の髪を切り、髪型をセットしたりして、顧客に時間を使いたいと思うだろう。カフェのオーナーであれば、おいしいコーヒーをいれることに自分の時間を使いたいと思うのではないか」と、リクルートテクノロジーズ社長〔当時〕の北村吉弘は思いを込めて話す。「しかし、彼らにはそれ以外にもたくさんの仕事があり、本業に使える時間は非常に限られている。事務的な仕事にかかる時間を計算してみると、事業の成長のために使える時間はほんの少ししかないことがわかる」。

リクルートに長年勤務している北村は、さわやかで少年のような顔立ちだ。豊かな黒い髪と生き生きとした瞳の奥に、熱い野望があるようにはあまり見受けられない。彼の主導の下、リクルートは二〇一二年に、美容院の予約と顧客管理用のプラットフォーム「サロンボード」を立ち上げた。それを用いると、電話予約とインターネット予約の両方を一括して管理できる。サロンボードには自動応答という業務削減に役立つ機能も付いており、美容院の間ですぐに人気を集めるようになった。

その翌年、北村は「Ａｉｒレジ」の立ち上げを発表した。Ａｉｒレジはスマートフォンやタブレットを利用したＰＯＳレジで、サロンボードと同様のクラウドベースのデータ管理システムを用いている（当初はレストランのオーナー向けだった）。エアレジの普及を促すために、リクルートは一〇〇〇人の営業担当者に、日本全国で四万台のタブレットを無料レンタルで配布させた。続いて、二〇一四年には

「Ａ·ｉｒウェイト」を発表。これは店舗の順番待ちを管理するシステムで、顧客が自分のスマートフォンを使って、バーチャルに列に並べるようにするものだ。さらに二〇一五年には「Ａ·ｉｒペイメント」を発表〔現在のＡ·ｉｒペイ〕。これは中小企業の頭痛の種である決済処理や現金管理の問題を解決するサービスだ。

リクルートはいくつものプラットフォームを用いて、個人の事業では実現できないような機能に投資することができた。それによって、顧客の使用感は向上し、同社をさらに競合から引き離した。『なぜリクルートがやるのか』をいつも考える。当社だからこそできることがあるだろうかと問う」。北村と長年共に仕事をしてきた淺野健は言う。「それがなければ、他のプラットフォーマーのプラグインにやられてしまう。だから『他のどの企業よりもリクルートがうまくできるか』を問わなければならない」。

同社がいかにも利益の出そうなサービスを追求しないのはそのためだ。淺野は言う。「簡単に稼げることを狙ったものは、否定しなければならない。われわれは、将来その事業がどのくらいの規模になるかを知る必要がある。短期的な利益ではなく、プラットフォーム全体でユーザーがどの程度になり得るかが重要だ」。

これによって、技術チームにとてつもないプレッシャーがかかる。どんなに内向的なソフトウェア・プログラマーでも、プログラミングだけをやっているわけにはいかなくなる。顧客を訪問し、その事業の実際をよく知る必要が出てくるのだ。リクルートのエンジニアは営業スタッフとともに日常的に外に出て、整形外科から高級レストランまで、幅広い事業を観察する。その目標は、たとえば、便利な予約プロセスに共通する条件を探すことなどだ。

もう一つの目標は試作品を速くつくることだ。テストを実施できるように、すばやくまとめ上げる。リクルートでは、試作品は通常、顧客のニーズを六〇％満たす程度にする。核となるサービスが評価されて初めて、エンジニアたちはほかにどんな機能を加えるべきかを検討する。たとえば、Ａｉｒレジを立ち上げるときには、リクルートの元社員が経営しているレストランがテストの場所として選ばれた。そのかなり後になって、追加の機能として「Ａｉｒリザーブ」が登場した。Ａｉｒリザーブはレストランの実際のテーブル配置を画面に映し出す。この店舗ごとにカスタマイズされた画面は、ピークの時間には特に、座席の配分に役に立つ。微調整に過ぎないと言う人もいるかもしれないが、最初のサービスが好評を博したあとでこうした機能が付け加えられると、顧客ロイヤルティが向上する。

こうした変革の最中に大きく変わったのが、営業の役割だ。過去には、リクルートのサービスのユーザーは、自分の店舗に顧客を呼ぶためにリクルートのメディアに広告を出稿した。今日では、リクルートが提供するデジタル・プラットフォームは、事業効率を改善する新たな手段となっている。営業担当者は、もはや街をただ歩き回って、経営者に広告スペースを売ろうとはしない。その代わりに、顧客の知見をまとめ、またエンジニアに要望を伝えるなどして、問題解決者としてさまざまなタスクを実行している。

つくるか買うか

企業が何か新しいことを始める必要があると気づいたとき、そのうちのどの程度をアウトソースするのかを決める必要がある。機械学習を取り巻く急速な展開も同様だ。その能力を自社で確立するべきか、あるいは、社外にアウトソースすべきだろうか。

ゼネラル・エレクトリック（GE）の元CEO、ジェフリー・イメルトが「つくるか買うか」のジレンマと呼んでいたのも、こうした問題だ。「ある日突然に、『もう製造業ではいられない。オラクルやマイクロソフトのようにならなければ』と決めたわけではない」。GEがカリフォルニアにデジタルチームを創設したときのことを振り返って、イメルトはこう言った。「もっとゆっくりと進めた。我が社が事業を行っている業界や、提供している技術をもとに考えていった。別の企業と組みたいか、それとも、自社でやりたいか。GEのパートナー企業には、優れたソフトウェア会社がたくさんある。しかし、基本的には『自社でやる必要がある。できるかどうかやってみよう』ということになった」[51]。GEはソフトウェア技術力を自社で築くことを選んだが、多くの場合「つくる」と「買う」の境目はもっと曖昧だ。企業がデータサイエンティストを数人雇い、機械学習の取り組みを強化すると決めたとしても、外部のソフトウェアをまったく買わなくなるわけではない。しかし、ある程度の知識基盤を社内に築いておけば、たしかに強みにはなる。

一九六〇年代と七〇年代に、家電製品の使い勝手を変革した集積回路について考えてみよう。家電製品は、かつては機械工学や電気工学を基盤としていたが、パナソニックやソニー、東芝、日立が先頭に立ち、日本のメーカーは多くの家電製品に電子的な機能を盛り込んでいった。洗濯機にディスプレイパネルや、コンピュータ化されたスイッチが付き、シンセサイザーのような音が聞こえるようになって、それ以前の機械的なダイヤルやアナログのスイッチに代わっていった。

日本の多くのメーカーや、そのあとには韓国のメーカーも、電子的な技術力を社内に蓄えていった。だが、ヨーロッパやアメリカのメーカーは「中核技術に特化」して、電子回路の設計と製造は外部企業にアウトソースする傾向が強かった。その結果、社内で技術力を育てた企業は競合に先んじて新たな機能を製品に盛り込むことができたが、一方で、そうでない企業は市場のトレンドを追いかけ、すでに当たり前となった機能をあとから取り入れることになった。

リクルートの北村と淺野も、機械学習に関して同様の選択に直面するようになった。つまり、リクルートは機械学習を社内の技術力として育てていくべきか否か、ということだ。

大手テクノロジー企業の影から抜け出す

リクルートの北村に言わせると、同社はオンラインとオフラインの活動がちょうど交わるところに、非常にうまくポジショニングしている。さまざまなデジタル・プラットフォームを次々に誕生させたことで、価値のあるデータから知見が得られることが見えてきた。北村は言う。「たとえば、レストランでお客様がテーブルに案内されたとする。このようなオフラインの行動が、オンラインの情報を用いるきっかけになる。そのお客様の利用履歴を引き出して、食べ物の好みを理解する、あるいは、キッチンの食材の在庫を確認して、ウェイターが即座にお勧めメニューを言えるようにするなどだ」。

浅野は、将来的には、オンラインとオフラインのデータが混じり合って、その境目が消えるところまで行くと考える。「この第二のデジタル化の波をつかまえて、競合よりも先に、オンラインとオフラインの最後の境界線を取り除くことができたら、リクルートは中小企業の業務支援において、圧倒的に付加価値の高いサービスを提供できる。それがわたしたちの切り札となる」。

しかし、社内にデータサイエンティストがいないことが進捗を妨げた。これは第4章で見たシンジェンタのケースと同様だ。そこで、リクルートは日本企業として初めてカグル（Kaggle）とコラボレーションした。カグルは世界最大のデータサイエンティストのコミュニティで、三〇万人以上が参加している。リクルートはカグルで、二カ月半をかけたデータ予測コンペティションコンテストを開催した。二〇一五年には、汎用機械学習のプラットフォームを提供する企業、データロボットに出資をした。データロボットのプラットフォームでは大規模並列処理を利用して、何千ものモデルに学習させ、評価を行う。これらのモデルは、パイソンやスパーク、H2Oなどのオープンソースの言語で実装されている。

データサイエンスに関わっていくという決意は、その年の一一月に明確に示された。シリコンバレーの人工知能研究所の代表に、グーグルに在籍していたＡＩの世界的権威であるアロン・ハレヴィを選んで就任させたのだ。彼の同業者の多くと同じく、ハレヴィもイノベーションを促進する手段としてオープン・ソフトウェアを信奉していた。彼の監督の下、すべてのＡＩ開発はオープンソースのコンポーネントに依拠するようになった。ハレヴィはまた、リクルートの従来のやり方を取り入れ、彼の部下の研究者たちを既存の事業の中に置いた。データサイエンティストはただ単にコードを書くだけでなく、顧客や営業担当者との突発的な会話も参考にする。このアプローチはシリコンバレーでは奇妙なものかもしれないが、日本の本社では長いあいだ続いているやり方だ。

ハレヴィは言う。「リクルートには非常に興味深いさまざまなデータセットがあるが、適切なツールがない。リクルートは、サービスの提供には優れているものの、テクノロジーにあまり集中的に力を注いでこなかった。同社は昔もいまも『サービスをよりよいものにしよう』と考えている。しかし、いまでは真の意味で、データを活用して大きな変化を起こす必要があるという空気が生じてきている」。その点に関しては、浅野も心から同意し、「リクルートは高品質なデータを集めて、それを価値に変える必要がある」と言う。「わたしたちは市場を全体的な視点で見られるという点で、独自の立場にいる」。中小企業を大切にする北村も、声を弾ませて言った。「当社が戦うことを選んだ市場で、新たなサービスを展開できるチャンスが、いま目の前に広がっている」。

セカンド・マシンエイジ

わたしが教えるエグゼクティブ向けのクラスでは、人工知能がものすごいスピードで発展していくことについて、参加者がよく深い懸念を示す。あまりにもスピードが速いので、明日にはもっとよいものが登場するように思えて、サプライヤーや、あるいはどんな技術標準でも、それに決めるのが心配になるという。しかし、機械学習に関しては、変化のスピードが加速しているからこそ内情に通じている必要がある。リクルートが自社で人工知能研究所を設立したのも、それが根本的な理由だ。その規模がグーグルに匹敵することはないし、正直なところ、その必要もない。しかし、リクルートの経営陣が気づいているのは、少なくとも他社が創造する技術を応用できる能力を持つ必要があるということだ。

近年大きく向上したのは、機械の学習方法だ。ワトソンが腫瘍専門医のために学習を行ったときには、六〇万の医学的なエビデンスと、四二の医学誌および臨床試験の二〇〇〇万ページの文章を取り込む必要があった。[52]そこには二万五〇〇〇のテストケースのシナリオと、一五〇〇の現実のケースが含まれていた。[53]これらによって、医師による記録や実験結果、臨床研究などをどのように解釈すべきか、ワトソンが理解できるようにした。[54]

このようなケースを基にした学習を行わせるのは、非常に消耗し時間がかかる作業だ。MSKでは、専門のチームが一年以上かけて、ワトソンの学習用の資料を準備した。[55]この作業の大部分は、日々の骨の折れる単調な仕事で構成される。つまり、データの整備、微調整、結果の検証などで、退屈でうんざりする、意欲の湧かない仕事だ。ＭＳＫの計算病理学者、トーマス・フックスは言う。「もし、自律走行車を訓練しているのであれば、誰であっても〝木〟や〝標識〟などをラベル付けして、システムがそれを認識するように訓練できる。しかし、医学の専門的な領域では、コンピュータに与える情報を適切にラベル付けするためには、何十年間も訓練を積んだ専門家が必要になる[56]」。

コンピュータが自分で自分に教えられたら素晴らしいが、グーグルのアルファ碁が、監督者なしのプロセスが実際に可能であることを示している。

アルファ碁が人間と対局を行うようになる前に、グーグルの研究者たちはアルファ碁がビデオゲームをプレイできるようにした。スペースインベーダーやブレークアウトなどのゲームだ[57]。特別なプログラミングをしなくとも、汎用アルゴリズムが試行錯誤によってそれぞれのゲームをマスターしていった。つまり、最初にいろいろなボタンをランダムに押して、続いて報酬が最大になるように自分で調整していったのだ。アルファ碁はどのゲームでも適切な戦略を見つけ出し、まったく失敗をすることなく、その戦略を応用することができた。すなわち、アルファ碁は単にワトソンのような考えるマシンではなく、人間から直接の指示を受けずに学び、戦略を立てることができるマシンなのだ。

アルファ碁には、多層のニューラルネットワーク、つまり人間の脳の神経回路網を模したハードウェアとソフトウェアのネットワークが応用されている[58]。人間において強化学習〔得られる報酬が最大化するよう、試行錯誤を通じて自ら学習を進めること〕が起きるのは、好意的なフィードバックによって神経伝達物質のドーパミンが報酬として分泌され、その結果、満足感や喜びの感情が生じたときだ。コンピュータも同様の動きをするようプログラミングできる。アルゴリズムが望ましい結果を達成したときに、報酬は点数という形で与えられる。このフレームワークの下、アルファ碁は多くの試行錯誤を通じて自分自身への指示を書き、点数が低い戦略を点数が高い戦略に置き換えていく。このようにして、囲碁だけでなくどんなゲームでもできるようになる。

この概念設計は新しいものではなく、コンピュータサイエンティストは強化学習について二〇年以上議論してきた。しかし、コンピュータの能力が急速に進化して拡大するようになって、やっと「ディープラーニング〔多層のニューラルネットワークによる機械学習。コンピュータが自分でデータ内の特徴を見出して、判断を行っていく〕」が現実的になった。[59] 直接の規則や命令を用いてコーディングをすることをあきらめることで、強化学習によってマシンが自律的になったのだ。

アルファ碁に関して最も注目すべき点は、異なるバージョンの自分自身を相手に何百万回もの対局を行って、継続的にパフォーマンスを向上させてきたことだ。[60] 決められた目標を達成するうえで、人間のクリエーターはもはや必要なく、またどうするべきかを指示することもできない。人間はデータが入って結果が出てくるのを見ることはできるが、その間に何が起こっているのかを把握することはできない。簡単に言うと、人間のプログラマーは、もはやソフトウェアのコードを読むことによって、マシンの行動を説明できない。それは神経学者があなたの脳のＭＲＩスキャンを見ることによって、あなたのホットドックへの渇望を説明できないのと同じことだ。人間がつくりだしたのはブラックボックスで、それは全知であるがその中を見通せない。

二回目の対局で、アルファ碁は三七手目に碁盤の右側で驚くべき手を指し、それには李世ドルすら戸惑った。ヨーロッパ・チャンピオンのタイトルを三度獲得した樊麾《ファンフイ》はこの対局を生で見ていて、「人間がそんな手を使うのを見たことがない」と叫んだ。樊麾は繰り返し、「素晴らしい」と口にした。[61] 李世ドルを破って一年後、アルファ碁は中国トップの囲碁棋士、柯潔《コジェ》と対戦した。柯潔はアルファ碁のユニークで桁外れな戦い方を見て、「アルファ碁の成長は早すぎる」と記者会見でコメントした。[62] たとえば、アルファ碁はしばしば無謀なやり方で自分の石を犠牲にするが、それがやがては勝利への戦略の一部だとわかることがある。[63]「昨年はまだずいぶん人間らしかったが、今年は囲碁の神のようだ[64]」。

こうした人工知能の急速な発展が、多くの人を不安にさせるのも無理はない。テスラ創業者のイーロン・マスクは、ＡＩは「原子爆弾より危険な可能性がある[65]」という物騒なコメントを投稿し、「悪魔を呼び覚ます[66]」ことに例えた。マスクはこうした思いから、倫理シンクタンクのオープンＡＩ(OpenAI)に数百万ドルを投資した。[67] そして、フェイスブックのマーク・ザッカーバーグやグーグルのラリー・ペイジら、他のテクノロジー業界の億万長者たちに対して、機械学習の実験は注意して進めるよう促した。アップルの共同創業者であるスティーブ・ウォズニアックも、深い懸念を示した。[68]「未来は恐ろしく、人間にとってよくないものとなる」と論じ、「人間は神になるのか。あるいはペットになるのか。それとも踏みつぶされるアリになるのか」と問いかけた。最も恐ろしい発言は、おそらくケンブリッジ大学の偉大な理論物理学者、スティーブン・ホーキングがBBC（英国放送協会）に語ったものだろう。「人工知能が最大限に発達したら、人類は終焉を迎えるかもしれない[69]」。

こうした絶望的な予測は誇張されているかもしれないが、自律学習型のアルゴリズムが人間の経済活動において、今後さらに大きな役割を果たすようになることを否定する人はほぼいないだろう。センサーやモバイル機器が常時接続されて、アルファ碁やワトソンなどのAIにつながったときには何が起こるだろうか。自律学習型の汎用アルゴリズムの大群が、世界の経済取引を支配することはあるだろうか。

「次に起こるのは、人工知能が自分でプログラムを書くということだ」。こう話すのは、半導体メーカー、エヌビディアの共同創業者でCEOのジェンスン・ファンだ。エヌビディアの画像処理装置（GPU）はディープラーニングに必要な複雑な計算を行う。コンピュータが見て、聞けて、理解して、学べるようになったのは、速度の速い計算のおかげだ。「将来的には、企業は行われているすべての取引、すべての事業プロセスを監視するAIを持つようになる。一日中事業を監視するのだ」。こうファンは主張する。「こうして監視をする結果、人工知能のソフトウェアは、その事業プロセスを自動化するための人工知能ソフトウェアを書くことになる。それを人間が行うことはできないからだ。あまりにも複雑すぎる[70]」。

この未来は、それほど遠い未来ではない。GEは何年も、自社のジェットエンジンや風力タービンなどの生産性を上げるためのアナリティクスに取り組んできた。そのために、現場で継続的に収集されるデータを活用している。[71] シスコはあらゆる種類のデータを、同社が「IoE（あらゆるもののインターネット）」と呼ぶクラウドに移すとの目標を掲げた。[72] マイクロソフトやグーグル、IBM、アマゾンは、社内で開発した機械学習の技術を、4章で議論したAPIで、企業クライアントが自由に使えるように提供している。こうした機械学習は、以前は開発に数百万ドルかかったが、いまではわずかなコストで外部企業が再利用できるようになっている。それによって、産業界では採用が拡大する一方だ。

人間に監督されていないアルゴリズムが、どんどん複雑になるシステムの即時調整や自動最適化、継続的改善を静かに行うことで、組織間の取引コストは、完全になくなることはなくても、劇的に削減される。製造設備における重複は徹底的に削減され、今日グローバルなサプライチェーンで非常に顕著である莫大なムダは消えるはずだ。組織内外での取引がいったんスピードアップされるようになると、営業からエンジニアリング、物流からオペレーション、財務から顧客サービスまで、企業間の摩擦は減り、その結果、幅広い市場のコラボレーションが実現する。取引コストがゼロに近づく経済では、従来型の「ワンストップ・ショッピング」や「サプライチェーンの最適化」といった提案ではもはや差別化にならない。こうした提案は当たり前になり、非常に小さな企業や新規参入企業でも、どんな業界においても実現できる。

ネットフリックスやエアビーアンドビー、イェルプなどが活用している、安価で強力なクラウド・コンピューティングもこれと同様の状況だ。つい最近まで、どんなインターネットビジネスも、自社で高価なサーバーを所有して構築しなければならず、資源集約的なデータセンターも必要だった。しかし、アマゾン・ウェブ・サービス（AWS）やマイクロソフトアジュールなどのクラウドサービスが登場し、スタートアップ企業もオンラインのインフラをすべてクラウドに保存できるようになった。加えて、必要な機能やツールもクラウドで借りることができ、コンピュータに関する雑務を基本的にアウトソースできるようになった。需要を予測する必要もなく、容量を準備しておく必要もない。需要が伸びれば、単純に追加のサービスを購入すればよいのだ。これによって、スタートアップのエンジニアリングチームは本業に関わる問題に集中できるようになる。[73]

同様に、組織的な調整に必要なリソースが少なくなると、組織の規模が大きいことは単にものごとのスピードを遅くするだけということになる。そうなると、大企業が垂直統合（サプライチェーン全体を所有しコントロールすること）による優位性を主張しても、もはやあまり説得力がない。反対に大企業は、小規模な企業がカスタマイズされたサービスを、注文が出されるとすぐに提供しているのに対抗しなければならないという、大きなプレッシャーを受けることになる。つまり、大企業は「セカンド・マシンエイジ」においては、小さく行動する必要があるのだ。イノベーションのための小規模な自律的組織については、第7章で見ていく。

人間はどうなるのか

ウォーレン・バフェットは二〇〇〇年に、テクノロジー系の株に投資しないのはなぜかと尋ねられ、いつもの答えを繰り返した。

「理解できないものには投資しない[74]」

それからときが経って、二〇一七年のバークシャー・ハサウェイ株主総会では、バフェットは人工知能が「分野によっては、大幅な雇用減少につながる」との認識を示した。[75] そして、あらゆる業界のあらゆるマネジャーが、仕事のない未来に対峙することになると述べた。

中世の修道士は何年もかけて神聖な文書を手で書き写していたが、突如として印刷技術が彼らの前に現れた。同じように、二一世紀のホワイトカラーの前に、突如としてＡＩが現れた。今後、人間に残された知的な仕事とはどのようなものになっていくのか。従来の人間の強みは、急速に侵食されつつある。人間はいまのところ、その判断力を強みとしている。たとえば、アートの専門家は偽物を「嗅ぎ分ける」必要があり、医療の専門家は診断の際に「その場で判断を下す」必要があるが、その強みもすぐに時代遅れになるかもしれない。

リクルートのストーリーは、マネジメントの仕事の性質という、非常に意見のわかれる分野に関係している。本章で、リクルートの営業担当者が、問題解決者となったことについて述べた。ここで問うべき重要な問いはこうだ。

「ロボットやビッグデータの時代には、人間の機能で絶対にロボットなどに置き換えられないものはあるのだろうか」

次章では、この実存的な問題について考えていく。

第6章 マネジメントにクリエイティビティを

ビッグデータから人間としての強みへ

どんな偉大な発見も、大胆な推測なしには実現しなかった。

アイザック・ニュートン（一六四三―一七二七）　数学者

ミステリーとパズル

毎日、企業幹部は二種類の問いを前にする。一つはパズルで、もう一つはミステリーだ。「競合企業が何を始めようとしているか」はパズルだ。パズルは正確なデータが入手できれば解決できる。したがって、「ロシアが二〇一六年の米大統領選挙で、トランプが有利になるように影響力を及ぼそうとしたか」もパズルだ。だが、この問題に関しては、もっと情報がなければ解明するのは難しい。つまり、パズルを解くには、よりよい情報収集と優れた計算力がカギとなる。

一方で、アルバート・アインシュタインは「問題を解くときには、それをつくったのと同じ考え方では解くことはできない」と言った。このときアインシュタインは、重要な情報を探す力（これはワトソンが得意だ）がないことを嘆いていたのではない。アインシュタインは考え方の転換が必要な新しいタイプの問題、いわば、解決策を考える前に視点を変える必要がある問題について話していたのだ。彼が言及していた問題こそが、二つ目のタイプの問い、つまりミステリーだ。

ミステリーはビジネスの世界にあふれている。たとえば、「顧客が本当に求めているものは何か」は、たいていの場合ミステリーだ。企業には、顧客のニーズや願望を解き明かすためのさまざまなツールがある。たとえば、フォーカスグループへの深いインタビューから、大人数を対象にしたアンケート、ソーシャルメディアのビッグデータなどだ。しかし、消費者自身が何を欲しいのかわからないときや、ニーズを満たすためのおおよその解決法すら思いつかないときには問題が難しくなる。また、業界のやり方があまりも確立されていて、誰も別のやり方を思いつかないときも同様だ。以前、こんなことが言われていた。「鉄道会社はトラックや飛行機、電話にさえも顧客を奪われる。なぜなら、彼らは自分たちを『輸送事業者ではなく、鉄道事業者』と考えているからだ」。

パズルとは違って、ミステリーには答えは存在しない。答えは創造しなければならないのだ。コンピュータは正確さや厳密さ、一貫性の点で優れているが、さまざまな分野を横断して理解したり、統合したり、社交的に関わり合ったり、オンラインとオフラインの垣根を越えてデータを動かしたり、人間の行動を説明する仮説を導き出し、「なぜ」という質問に答えたりするためには設計されていない。

一九九五年に、若き日のスティーブ・ジョブズは、どのようにしてマッキントッシュを開発したかを語っている。[2]「市場調査でわかるのは、こちらが顧客に示したものに対して顧客がどう思っているか、あるいは、すでにあるものに対して、どう改善してほしいと思っているかなどだ。欲しいということすらわからないものを、顧客自身が予測することはまずない。それが問題なのだ。〈中略〉だから、それが何であるべきかを考える最初の思考の段階では、何かを積み上げるのではなく、ジャンプしなくてはならない。そこでは市場調査はまず役に立たない」。

その二〇年後、ある編集者が、ｉＰａｄをつくるにあたってどの程度の市場調査を行ったかを尋ねると、ジョブズはやはり「まったく行っていない」と答えた。[3]

もちろん、スティーブ・ジョブズのような人がいれば、次のキラーアプリを考え出すのもずっと簡単になるだろう。だが、天才ではない一般的な人間の場合は、「これだ！」という瞬間が訪れるまでに、どれだけ頭を悩ませる必要があるのだろうか。

次に紹介するロザンヌ・ハガティの話が参考になるだろう。彼女はニューヨーク市のタイムズスクエアにおけるホームレスの問題に粘り強く取り組んだ。そこから見えてくるのは、自らが置かれた状況を理解しようと頭を悩ませ続けられる能力こそが、知的なマシンの時代に人間が持ち得る最大の強みだということだ。

ニューヨークの裏の顔

ニューヨーク市の皮肉は、持てる者と持たざる者との距離が近いことだ。代表的観光地であるタイムズスクエアは、昔から非常に多くのホームレスがいる場所だった。一九八〇年代後半には、のぞき見ショーや売春婦が多いことでも知られていた。

そのタイムズスクエアの真ん中に建っていたのが、巨大で老朽化したタイムズスクエア・ホテルだ。一五階建ての茶色のレンガ造りの建物のなかには、簡易宿泊所のような小部屋がたくさん設けられていた。部屋の大きさは横幅約一・二メートル、縦約一・八メートルで、照明は裸電球一つ。部屋には幅の狭いベッドとロッカーが置かれていた。高さ二・四メートルほどの壁は長年のタバコの煙で黄色くなっており、壁が天井まで届かない部分には金網が張られていたが、それはいまにも落ちそうだった。ゴミや白カビ、コカインの小瓶などが至る所に散らばっていた。

タイムズスクエア・ホテルは何年間も破産状態だった。運営を行っていたのは、裁判所が任命した意欲のない歴代の管理人たちだ。建物自体が一七〇〇以上の規則違反となっており、閉鎖も目前だった。ホテルには二〇〇人ほどの単身者が住んでおり、その多くが高齢者で、精神的な病を患っている人や、ベトナム戦争の退役軍人もいた。ホテルを閉鎖すれば、その近隣でホームレスが急増することは明らかだった。「ニューヨーク市で最大数のシングルルームがあるホテルだった」とロザンヌは振り返る。「とても大きくて、とても目立っていた。このホテルをどうすればいいのか、わたしは関心を持つようになった[4]」。

シャープな顔立ちで、ブロンドの髪を肩まで伸ばしたロザンヌ・ハガティは、有能な企業幹部のように話す。礼儀正しく、堂々としていて、はっきりと物を言うが、言葉を注意深く選ぶ。人付き合いのよい社会活動家といったタイプではない。彼女はコネチカット州ハートフォードの郊外で育った。WSJマガジンに掲載されたプロフィールによると、一七歳のときに父を亡くし、その後七人の妹や弟の面倒を見たという。アマースト大学でアメリカ研究を専攻し、卒業論文のテーマにはトラピスト会の司祭で社会批評家のトマス・マートンを選んだ。卒業後はボランティアとして、タイムズスクエアにある一〇代のホームレスのための施設、コベナントハウスで活動。やがて、カトリック・チャリティーズというグループに関わるようになり、そこで「低所得者用住宅税額控除（LIHTC）」の活用方法を知ることになる。

LIHTC（ライテック）は一九八六年の税制改革で創設された税額控除で、低所得者向け住宅の提供を促進するために、その住宅への投資額と同額の控除を行うものだ。「ライテックは比較的新しいプログラムで、あまり使い方を知っている人はいなかった[5]」と、ロザンヌは言う。彼女は主要な非営利団体や大企業を回って、タイムズスクエア・ホテル再建のアイデアを説いて回った。彼女の熱意に心を動かされた人は多かったが、行動を起こす人はいなかった。そこで、ロザンヌは一九九〇年に自ら協会を立ち上げた。当時の名称はコモン・グラウンド、いまはブレイキング・グラウンドという名前の組織だ。そして、ライテックを一部の資金源とし、国や政府、市政府からは補助金を獲得した。ロザンヌは、タイムズスクエア・ホテルを買収し改修するために、JPモルガンからベン&ジェリーズまで、勇気あるさまざまな投資家を集めた。

その結果、タイムズスクエア・ホテルは、低所得の単身者を対象とした六五二室の支援住宅に生まれ変わり、一九九三年に営業を再開した。「単身者向けのホテルがみすぼらしいのは、経営の仕方が原因だ[6]」と、ロザンヌは主張する。また、住宅プロジェクトを成功させるには、「優れた設計と熱意のある経営者」が必要だと言う。その経営者が住民と支援サービスを結びつける。タイムズスクエア・ホテルにはルーフガーデンやコンピュータラボ、以前から使われていたシャンデリアにあわせて改装されたロビー、厳重な警備システム、医療施設、食堂、図書室、アートスタジオが設けられた。また、ホテル内で心理学者やセラピストが医療や職業訓練に関するカウンセリングを提供し、居住者の生活改善に手を貸している。[7]

「このホテルは受賞もして、従来とは違うことを行う見本のような場所になった」とロザンヌは言う。一九九四年四月一五日には、ベン&ジェリーズの共同創業者であるベン・コーエンとジェリー・グリーンフィールドが一階に店舗を開き、三〇〇〇個ほどのアイスクリームを無料で配布した。その後このアイスクリーム店はホテルの住人たちが運営し、一五年間営業することとなった。この店舗の運営は非常にうまくいき、ロックフェラーセンターに支店を出すまでになった。[8]

　それでも、ロザンヌ・ハガティにとって、タイムズスクエアのホームレスの問題はミステリーのままだった。たしかに、コモン・グラウンドはあちこちで称賛され、専門家集団として認知されるようにもなった。また、タイムズスクエア・ホテル再建のアプローチは、非常に革新的だった。しかし、それにもかかわらず、ホテルの前で眠るホームレスの数に大きな変化はなかったのである。

　一九九八年五月のある朝、ロザンヌはニューヨークのある病院の救急救命室から電話を受けた。「コモン・グラウンド代表のハガティさんでしょうか。こちらに収容された患者が、あなたを近親者だと言っています」。電話をかけてきたのは病院のソーシャルワーカーだった。「彼女はホームレスだと思うのですが、いつもタイムズスクエアあたりにいるようです」。ロザンヌはそれ以上は質問をせず、仕事用のスーツに着替えると病院に向かった。

「そこにいたのはとても体調のわるそうな高齢の女性だった。わたしは彼女が毎日三四番通りからタイムズスクエアまで、段ボールを押してくるのを何年ものあいだ見ていて、スタッフもみな彼女のことを見知っていた。それなのに、誰も彼女の名前すら知らなかった」。こうロザンヌは振り返る。「わたしたちはすぐに彼女を病院からタイムズスクエアのコモン・グラウンドの施設に移した。彼女に、なぜわたしたちのサービスを利用しなかったのかと尋ねると、彼女はとてもやさしく微笑んで、『あなたたち、わたしにはそんなこと言わなかったわ』と答えた」

どこかで何かがうまくいっていなかった。ロザンヌの組織は、いちばん助けたかった人たちを助けられていなかった。まるでミステリーのように、最も助けを必要としていた人に対応できていなかったのだ。いくら評判のよい支援住宅でも、近隣のホームレスの実質的な減少に貢献していないのだとしたら、運営する意味はあるのだろうか。

重要な人を数える

ソーシャルワーカーの大半は、コンベアベルト・モデルを信じている。これは、路上で暮らしている人たちに、誰かがシェルターのことを教えれば自然にそれに引き寄せられていき、続いてシェルターから住宅へと引っ越したくなるという考え方だ。やり方を教え、その選択肢を提供しさえすれば、そうなると思われている。これらの援助を提供する側では、この基本的な前提を疑問に思う人はほとんどいなかった。

しかし、経験豊かなソーシャルワーカーなら誰でも、こうした援助に抵抗する人たちの存在を認識している。アメリカ北東部の厳しい冬のさなかでも、シェルターに移ることを拒否するホームレスたちがいるのだ。コモン・グラウンドは二〇〇一年に、ある支援プログラムを試みた。このセグメントの人たちが何人くらいいるのか、真冬の深夜に数を数えたのである。

援助抵抗者の数を認識することは、逆説的であるようにも思えた。ニューヨーク市では、いくつもの組織がホームレスを助けようとさまざまなプログラムを実施していた。病院では救急救命室を設け、依存症の治療を行っていた。タイムズスクエアから一五ブロックほどのところには大きな無料の食堂があり、善意のボランティアが郊外からマンハッタンにやって来ては、宗教奉仕団体に参加して、深夜に空腹を抱えた人たちに食事を提供していた。それでも、凍えるような一月の夜に、ロザンヌのチームは四〇〇人を優に超える人たちがタイムズスクエアで野宿しているのを確認した。

ホームレス状態を解消するのは、人道的にも経済的にも重要だ。路上で苦しんでいる人々には、巨額の公的資金が投じられる。マレー・バーがその典型例だ。ネバダ州リノの路上に実質的に住み着いていたマレーには、薬物乱用の治療や救急救命室での処置、その他のサービスの提供で、一〇年間で一〇〇万ドルもの税金が使われた。しかし、ネバダ州政府は住宅提供にはそれに匹敵するような資金を投じていなかった。リノ警察のオブライアンは「何もしないことで一〇〇万ドルもの費用がかかっている」と話した。[9]

サンフランシスコの調査でも、ホームレス一人に安定した住まいを提供すれば、その人の救急救命室の利用を五六%減らせることが示された。カリフォルニア大学の研究者らは、ホームレスが一五人いると、病院や法的措置の費用に、一年半で一五〇万ドルの税金が使われると推計した。アメリカ全体で見ると、メディケイド〔低所得者向け医療保険〕の加入者で、高いコストがかかっている人の三分の二近くがホームレスか、住居が安定しない人たちだった。

コモン・グラウンドが深夜の人数調査に続いてインタビュー調査を行ったところ、多くのホームレスの人々が実はシェルターを嫌っていることがわかった。シェルターにはジメジメした廊下や、尿やアルコールやドラッグのにおいがつきもので、さまざまな精神状態の人もいて、危険から逃れられる場所ではなかった。一方で路上では路上生活者のコミュニティがあり、食べ物が手に入る場所や、週に一度のシャワーが浴びられる場所、なんとか生活を続ける方法などがわかっていた。路上には問題も多くあるかもしれないが、ホームレスの人たちは自由な感覚を大切にし、自分の独立を注意深く守っていた。社会福祉団体が課すルールは専制的で、まったく失礼なものだというのが彼らの思いだった。

そして、多くのホームレスが、自分がいまの状態から抜け出せないのは官僚主義のせいだと感じていた。たとえば、政府の補助金のついた住宅に入居するには、出生証明書や所得証明書、信用状況の証明書、六カ月間の断酒の証明書などを提出する必要があり、何年間も路上で生活していた人にはとても無理な話だった。「彼らの心のなかでは、シェルターはかなわぬ望みの象徴で、また住まいを得るまでのいくつもの障壁を連想させるものだった。たとえば、まるでその援助が最も必要な人たちを振るい落とすためにあるような入居基準などだ」とロザンヌは言う。[10]

コモン・グラウンドは、調査結果に基づいてロジカルに次のステップに進んだ。援助抵抗者を対象に、「路上から住まいへ」という活動を開始したのだ。その目標は、援助抵抗者を見出し、彼らを家に住まわせるためには何をする必要があるかを判断することだった。「この問題を解き明かすために、いつもとは違う人を外部から雇った[11]」とロザンヌは言う。そうして採用されたのが、ベッキー・カニスだった。陸軍士官学校の卒業生で、陸軍で特殊作戦の指揮官や情報部員などを務めた人物だ。「この問題に関して、先入観がない人が必要だと感じた[12]」からだ。

ロザンヌがベッキーに課した任務は、三年間でタイムズスクエアのホームレスを三分の一にすることだった[13]。ベッキーはすぐに外部の協力も得ながら強力なボランティアチームをつくった。そして、ホームレスの人たちに、食料が必要か、あるいは医療的な援助や金銭的なサポート、仕事、シェルター、カウンセリング、住居などが必要かと尋ねて回った。

チームがフォーカスしていたのは、既存のシステムと渡り合うための方法を見つけることだった。彼らは迷宮のような官僚的システムに関して、あらゆるものに手を貸した。たとえば、医療的なスクリーニングを受ける、精神鑑定を受ける、生活保護や障害者手当を申請する、所得証明書を取得するなどだ。ベッキーのチームは、可能な場合はいつでも申請のプロセスを合理化し、多くのルールや規制と戦った。そうした役所のルールは、真っ先に助けるべき人々を差別するものが多かった。

その一方で、コモン・グラウンドは三つ目の建物を公開した。それはアンドリューズ・ホテルを新たに改修したものだった。同ホテルは、マンハッタン南部の悪名高きバワリー地区と同義語のように思われていた。そのアンドリューズ・ホテルが、臨時の、短期的な住まいを提供する施設となったのだ。路上を離れるための「最初の一歩」が必要な人たちのためにつくられたもので、タイムズスクエア・ホテルのように長期の賃貸を行うものではなかったから、利用のための手続きもシンプルにすることができた。飲酒制限も、門限もなく、リハビリや他の支援サービスを受ける義務もなかった。ホテル内で支援サービスを受けることはできたが、入居者が希望しないのであれば、それを受ける必要はなかった。「路上から住まいへ」のプロジェクトの最初の一年間で、ベッキーのチームは、シェルターを拒んでいた四三人を住居に移すことができ、ようやくこの活動が効果を出し始めたように思われた。しかし、ロザンヌとベッキーがやがて気づくように、まだまだ学ぶべきことがあった。一定地域のホームレスを減らすことは、恐ろしいほどに困難だったのだ。

一歩進んで二歩下がる

前章では、会計や放射線医療、法律、ジャーナリズム、株式取引などの花形の仕事でさえも、AIによる自動化が取って代わろうとする状況を見てきた。本章ではそれとは対照的に、判断やクリエイティビティ、共感が必要な分野、つまり、人間の心がコンピュータに勝る領域を明らかにする。オックスフォード大学のカール・ベネディクト・フレイとマイケル・オズボーンの研究によると、レクリエーション療法士や運動のトレーナー、聖職者などは、比較的オートメーションの影響を受けにくいという。なぜなら、それらの仕事は人との関わりが多く求められ、その仕事の性質自体が人と人とを結ぶものだからだ。[14]

しかし、業務的な処理を行う仕事やルーティンの仕事、たとえば不動産業や会計監査、電話セールスなどの仕事は、ロボットに取って代わられるリスクが高い。[15] ロザンヌたちを待ち受けていたプロジェクトの後退は、人間が優れている領域においても常に厄介な面があることを示している。

「路上から住まいへ」のプロジェクトが始まって一年後、コモン・グラウンドが二度目の深夜のホームレス人数調査を行ったところ、ホームレスの人数は減少するどころか、逆に一七％も増えていた。この悲惨な数字はロザンヌを当惑させ、プロジェクト自体が停止してしまった。そもそものコンセプトが間違っていたのか、やり方がお粗末だったのか。

すると、このときの「路上から住まいへ」のディレクターだったジェームズ・マックロスキーは、プロジェクトの対象が間違っているのではないかと感じて、大胆な行動に出た。四週間連続で毎朝五時にチームとともに詳しい調査を行い、タイムズスクエア周辺の二〇ブロックで寝ている人たちの写真付きの名簿をつくったのだ。マックロスキーの調査の結果、チームが確認した五五人のうち、常にタイムズスクエアで寝ているのは一八人であることがわかった。それ以外の人たちは時折来るだけで、常にホームレスであるというわけではなかった。言い換えると、この一八人がこの地域で真に慢性的なホームレスで、最も助けを必要としている人たちだった。それなのに、彼らは「路上から住まいへ」のプロジェクトから、なぜか漏れてしまっていた。

マックロスキーの発見はとてつもないブレークスルーとなった。「慢性的ホームレス」という概念は、当時の公共事業が考えつかなかったものだ。大半の支援団体のホームレスの扱い方は、まるで「救急救命室の医師が『患者はみな同じくらいの病状だ』と言っているようなもので、もちろん現実はそうではない」。こうロザンヌは分析した。この慢性的なホームレスと一時的なホームレスを誤って一緒にしてしまったことが、一年間でホームレスの数が減らなかった理由だった。

チームが最終的に見出したのは、永続的な底辺層の人々がいて、誰もが彼らを見落としていたということだ。コモン・グラウンドで住宅を用意することだけでは、まったく不十分だった。対象を絞って手を差し出すことなしには、慢性的なホームレスは既存のシステムから抜け落ち続ける。

彼らに支援を集中させるために、「路上から住まいへ」プロジェクトは、他団体からの支援問い合わせの受付を中止した。それらの団体は、以前は優しく協力的だったが、冷たい態度に変わった。「彼らはそれまで、わたしたちにホームレスの人たちを紹介してくれていた。だが、わたしたちは急にコラボレーションを中止し、最も難しいケースだけに集中すると言い始めた。彼らは怒っていた。反対もされた。わたしたちが不親切で融通がきかなくなったと文句を言われた」。ロザンヌは言う。「それでも、わたしたちはこう伝えた。『いちばん難しいケースしか対応できない。みなさんが取り組んできたもっと簡単なケースは、みなさん自身で何とかしてもらいたい』」。

そして、「路上から住まいへ」のチームは、この一八人に住居を提供することだけに全力で取り組み始めた。一八人は、平均で一四年ものあいだ路上で生活していた。タイムズスクエアで商売をしている人や、警官、支援団体の人たちは、誰もが彼らを知っていた。一八人全員が、麻薬やアルコール、医療的な問題を抱えていた。また、彼らは少なくともどこかの支援チーム一つと契約を交わしたことがあった。しかし、これまでは誰も、この最も難しいグループの問題を解決することができなかった。

ロザンヌは、もしこの「象徴的な」ホームレスの人々を住宅に住まわせることができれば、解決困難な問題も、実際には解決が可能だと示せるのではないかと予想した。そうすれば波及効果が生まれて、タイムズスクエア地域全体の変革につながるのではないか。「ホームレスがいても、その人の名前を知らなければ平気でその横を通り過ぎる。でも、その人の名前がエドで、ベトナム戦争の退役軍人だとわかったら、平気ではいられなくなる」[16]。一年後、心強い結果が表れ始めた。予想した通り、象徴的なホームレスに照準を絞り、彼らが欲しかったもの、つまりシェルターではなく住宅を提供したことで、短期的な路上生活者も支援を求めるようになったのだ。

成果は数字にも表れた。二〇〇六年には、タイムズスクエア周辺のホームレスの数が一年間で七五%減少し、その翌年はさらに五〇%減少して、合計では八七%の減少となった。周囲の二〇ブロックで見ると、四三%の減少だった。この結果を受けて、ニューヨーク市全体の支援施策も変化した。当時市長だったマイケル・ブルームバーグが、二〇〇七年からコモン・グラウンドの方式をニューヨーク市の五つの区すべてで採用することを決定したのだ。その後、支援団体も援助を提供して満足するのではなく、測定可能な結果に目を向けるようになった。これだけの結果を出しながら、「路上から住まいへ」のプロジェクトは現在でも担当者八名と小規模なままで、予算も三五万ドルだ。

人々がホームレスになる原因はいくつもある。健康上の問題や薬物依存、家庭内暴力がワーキングプアの人々を苦しめる。また、賃金は伸びないのに家賃が上昇しているという現実もある。ニューヨーク市の家賃の中央値は、二〇〇〇年から二〇一四年のあいだで一九%上昇したが、世帯所得は六・三%減少した[17]。この間にニューヨーク市では、家賃の上昇が法律で規制されている物件の数が数十万戸減少した[18]。失業や病気なども、立ち退きや住宅の差し押さえにつながりかねない。

しかし、社会のさまざまな状況にかかわらず、根本的な、否定できない状況が存在する。それは、慢性的なホームレスは、多くの点で、ホームレスの人々の間のオピニオン・リーダーだということだ。ロザンヌは波及効果の仮説を証明して見せた。地域のホームレス人口を減らすには、まずは、最も難しい状況に陥ったままでいる人々に、限られた資源を割く必要がある。彼らと交渉するのが難しくとも、彼らを避けないことだ。これは他の支援団体がずっと行ってきたやり方とは、まったく正反対のものだった。

コモン・グラウンドが一般的な支援団体と異なるのは、かつて「援助抵抗者」と言われた人々の状況について粘り強く話を聞いて回ったことだ。コモン・グラウンドは、政策による救済を期待したり、人々のニーズを推測したりするのではなく、現場に行って、慢性的ホームレスという見知らぬ世界に入り込んだ。チームは判断を控え、分析を先送りし、ただ近くでよく見て、注意深く聞き、それだけをベースにして結論を導き出した。そうして初めて、彼らは意味のある解決方法にたどり着いたのだ。ニューヨーク市の人材管理・社会サービス部コミッショナーのスティーブン・バンクスは次のように述べている。「社会のセーフティーネットのすき間からこぼれ落ちてしまう人々が、再び生活の安定を取り戻して前に進むには、安定的な住まいと支援の組み合わせが魔法の材料となる[19]」。

共感を通じてミステリーを理解する

ニューヨーク市のクーパー・ヒューイット・スミソニアン・デザイン美術館の元ディレクター、ビル・モグリッジは、次のような言葉を残している。「エンジニアは技術からスタートし、その利用方法を探す。ビジネスパーソンは事業提案からスタートし、それに必要な技術と人材を探す。デザイナーは人間からスタートし、人間の視点から解決方法に近づいていく」[20]。世界最大のデザイン会社、IDEOのCEOであるティム・ブラウンはさらにこれを深めて、「デザイン思考」とは「単なる様式ではなく」、最終消費者の「心のなかに入り込み」、注意深い人類学者のような目で人を共感的に見て、それを通じてイノベーションを起こすことだと表現した。

スタンフォード大学のハッソ・プラットナー・デザイン研究所、通称「d・スクール」では、デザイン思考の二つの重要な要素が教えられる。一つは「共感」、すなわち、デザインによって解決すべき人間の感情や目標、ニーズなどを理解すること。もう一つは「迅速な試作品化《プロトタイピング》」、すなわち、安価な解決方法をすばやく開発し、それに対するユーザーの行動や反応を見て、すばやく改良していくことだ。

ロザンヌには自然にこのデザイン思考が備わっていた。しかし、他の人も学ぶことができる。人間のかすかな合図を読み解くデザイン思考の力は、コモン・グラウンドを助けただけでなく医療機器をデザインするあるエンジニアを助けることにもなった。

ダグ・ディーツは、新しくMRI（磁気共鳴画像）装置を導入した病院を訪問していた。そのときは、小児病棟での生活がどんなものか、まだほとんど知らなかった。[21] 中西部出身で物腰が柔らかく、笑顔が温かいダグは、ゼネラル・エレクトリック（GE）に二四年勤務しているベテランだ。彼はGEヘルスケアの工業デザイナーで、機械の外側の囲いや、制御装置、ディスプレイ、および患者の搬送装置の責任者である。

「若い家族がこちらに向かって廊下を歩いてきていた。彼らが近づいて来るにつれて、小さな女の子がすすり泣いているのがわかった。もっと近づくと、父親が腰をかがめて女の子にこう言っているのが聞こえた。『さっきも話したけど、きっと頑張れると思うよ』」。ダグはこう振り返った。[22] MRIがひどい音を出し始めると、その女の子は泣き出した。あとでダグは知ったのだが、小さな子どもはMRIをとてもこわがって、必要な時間じっとしていられないので、やむを得ず鎮静剤で落ちかせるという。八〇％にものぼる小児患者が、全身麻酔を必要としていた。[23]

命を救うはずの彼の機械が、患者に不安と恐怖を引き起こしているのを目の当たりにして、ダグはこの診断のあり方をデザインし直そうと決心した。GEの彼の上司は、P&Gで働いていたときにd・スクールを訪問したことがあり、この上司がダグにd・スクールで一週間のワークショップを受けることを勧めた。MRI装置を一から設計し直すような、大きな研究開発プロジェクトを始められないことはわかっていた。しかし、ダグはd・スクールで、人間を中心に使用経験をデザインし直すアプローチを学んだ。

その後五年間、ダグは新しいチームとともに、地元の子ども美術館のスタッフや病院の従業員、両親、子どもたちの考えを聞き、たくさんの試作品をつくって、彼のアイデアが目に見えて、触れられて、体験できるようにした。[24] そして、患者である子どもやその両親と一緒にテストをし、評価を行って、何が効果的かを明らかにした。そうすることで、ダグはさらに多くのアイデアを継続的なサイクルで生み出していった。

その結果誕生したのが「アドベンチャー・シリーズ」だ。そこでは、子どもたちは想像の世界に入り込み、ＭＲＩの画像診断は冒険の一部になっている。病棟は「海賊の島」や「ジャングルの冒険」「心地よいキャンプ」「サンゴ礁の町」のなかにある。[25] 子どもたちはそのいずれかの冒険で、カヌーのようにペンキが塗られた装置にのぼって入り、横になる。普通は恐怖感を抱かせるＭＲＩの「ブーン、ブーン」という音も、冒険の一部になっている。それはカヌーの出発の合図なのだ。ダグは言う。「子どもたちは、カヌーを揺らさないようにじっとしておいてと言われる。そして、本当にじっとしていると、魚たちが頭の上をジャンプし始める[26]」。

子どもたちはこの冒険をとても気に入り、両親にもう一度やらせてとせがむほどになった。鎮静剤を投与する割合は八〇％下がり、一方で両親の満足度は九〇％も上昇した。[27] ある母親によると、六歳の娘が「海賊船」のＭＲＩで診断を行ったところ、そこから出てきたとたんに母親のスカートを引っ張り、「ママ、明日も来ていい？」と、こっそり尋ねたという。[28]

この種の小さなデータ[29]、一人の子どものちょっとした行動がきっかけとなって、画期的なデザインが生まれる。子どもたちの様子に気付いたダグが、ゾッとするような体験を楽しいイベントに変え、それによってGEの業績も上がった。ロザンヌの場合もそうだったが、こうした注意深さにより、顧客を見る見方や、最終消費者、製品、サービスの見方が変わる。

しかし、ダグとロザンヌの両方の例でおそらく最も大切だったのは、人間の頭のクリエイティブな働きだろう。何百万年にも及ぶ進化の過程で、人間が理解すべきことが、具体的なモノの世界から社会の領域に変わった。すると、人間の脳は曖昧さや複雑さを特徴とする状況に特に熟達していった。宇宙物理学者のニール・ドグラース・タイソンは、「人間の行動が関わってくると、ものごとは直線的でなくなる。だからこそ、物理は簡単で、社会学は難しい」と言った。[30]

知的なマシンが進歩するなかでは、人間はクリエイティブであり続け、自分たちの根本的な強みを活用しなければならない。古くからある組織も、人間のクリエイティビティを拡大する新たなやり方を見つけて、組織全体がダグのような「クリエイティブなリープ」を実現できるようにしなければならない。

P&Gが二一世紀の後半に向けて育成しようと決めたのが、まさにこれだった。マネジメントのクリエイティビティを一斉に解き放つのである。

P&Gにおけるクリエイティビティの拡大

アラン・G・ラフリーがダーク・I・イェーガーの後任として、二〇〇〇年にP&GのCEOに就任したとき、同社は真っ逆さまに転落しているような状態だった。[31]

ニュージャージー州の医薬品メーカー、ワーナー・ランバートの買収が失敗に終わると、株主は同社の株価を二〇%下落させた。[32]その翌年の三月、P&Gはその年度の利益が予測を少し下回りそうだという業績修正を発表した。[33]だが、六月に公表した利益は、その修正目標を一五%も下回った。[34]株価は四カ月で半分以下になり、株式時価総額は七五〇億ドルも減ってしまった。[35]CEOのイェーガーは一年半という短い在任期間ののちに、即時退任することを発表した。

株価は悲惨な状態で、投資家からの信頼は失われ、ラフリーは大胆な業績回復策をとらざるを得なかった。従業員をレイオフし、業績のよくないブランドを切り捨てて、新製品の数を減らした。しかし、こうした緊急の対策は短期的には効果が出ても、根本的な問題は何も解決されない。P&Gには、保守的な企業ではよく見られる何段階もの承認プロセスや、「あらゆるものをとことんテストする」[36]文化があり、それによって新製品は減り、製品ポートフォリオは縮小し、新規顧客は獲得できていなかった。パンパースやタイド、クレストといった代表的なブランドも、もう何年も不調だった。P&Gには、単なるダウンサイジングだけではなく、知見を生み出し再度成長するための新たな知識基盤が必要だった。デザイン思考がまさに必要だったのだ。

デザインで使用経験は変わる

若い頃、ラフリーは日本で数年仕事をしたことがある。日本はデザイン重視の文化だといわれる。彼はやがて、対象を近くで観察する効果を信じるようになり、会議室でのフォーカスグループ・インタビューや、大規模なアンケートといった「遠くからの調査」では満足できなくなった。ラフリーはよくこう語っていた。「他人の家のなかに入ってみると、アンケート調査では見えてこない、ちょっとした面白いことに気がつく。たとえば、女性がタイドのパッケージを開けるのに、爪を傷付けないためにドライバーを使わなければならない、といったことだ[37]」。P&Gが技術とマーケティングだけで他社と競えないことは明らかだった。使用経験をより優れたものにするのはデザインだと考えられた[38]。

CEOに就任したラフリーは、二〇〇一年にクラウディア・コチカをデザイン責任者に据えた。クラウディアはP&Gに二二年間勤務したベテランで、会話のなかでよく「素晴らしい」や「すごい」といった言葉を使う。キャリアのスタートは会計士で、いまはなき会計事務所のアーサー・アンダーセンに勤めていた[39]。しかし、数字の計算に飽きてしまい、ブランド・マネジメントに挑戦。続いてマーケティングを担当し、そしてP&Gのパッケージ・デザイン部門を率いた。ラフリーが彼女を選んだのは、デザインがわかると同時にビジネスもわかるからだ[40]。

クラウディアはP&Gのデザインを向上させるために、自社よりずっとデザイン感度の高い企業をベンチマークし、ナイキと玩具メーカーのマテルを目標企業に定めた。続いて、デザインの専門家のネットワークを築き、正式な検討委員会を創設し、そのメンバーには、IDEOのCEOであるティム・ブラウンや、ギャップのマーケティング担当エグゼクティブ・バイスプレジデントのアイビー・ロスらを選んだ。また、三人の学長にも助言を求めた。スタンフォード大学d・スクールのデービッド・ケリー、イリノイ工科大学デザイン大学院のパトリック・ホイットニー、トロント大学ロットマン経営大学院のロジャー・マーティンだ。「外部の人材による委員会であれば、メンバーに個人的な目的はないし、守るべきものもないのでうまく機能する」[41]とクラウディアは言う。

意欲を生み出す

社内での抵抗を避けるために、デザイン思考は「困難を抱えた事業のための実績のある手法」と説明された。デザイン思考を望んでいない事業に、それを強制することはできない。だからクラウディアは、必ずしも必要性の高い事業ではなく、興味を示したところから導入を始めた。

実際に「見る」ことと「経験する」ことはそのプロセスの一部だった。二〇〇三年には、ラフリーが三五人のグローバルリーダーのチーム全員を連れて、サンフランシスコのIDEOを一日半訪問した。「当社のエンジニアは、何かに取り組んでいるとき、それを見せる準備ができるまでは他人を立ち入らせようとしない」[42] とラフリーは言う。クラウディアの見方も同様だ。「とにかく、わたしたちは実際にやってみることを繰り返した[43]」。

初めのほうで、面倒な掃除にまつわるイライラについて掘り下げた。チームは「極端なユーザー」にフォーカスするよう指示された。たとえば、清掃が仕事で、爪で汚れをかきだしている人たちや、バスルームの掃除といえば、長い棒を使って汚れたタオルを床に押し付けて拭くことしか思いつかない、四人の独身男性などだ。もしP&Gがこの人たちを幸せにできたなら、それはP&Gにとってのホームランになるだろう。一つのアイデアがすぐに注目を集めた。それは取り外し可能な柄がついた掃除用具で、風呂場の壁にも届き、隅やすき間も掃除できるものだ。

その後一年半、チームは記録的なスピードで試作を繰り返し、「ミスター・クリーン・マジック・リーチ・バスルーム・クリーナー」を開発した。住宅ケア用品デザイン・マネジャーのリッチ・ハーパーは、柄と掃除用のヘッドの部分をつなぐ青色のレバーを指し、その青という色が清潔さを連想させる色であり、消費者が製品を理解するためにちょうどよい、かすかなシグナルとなると説明した。同様に重要なのが、ヘッドが正しい位置にきちんと納まると、カチッという音が聞こえることだという。「こんなちょっとしたことが大きな違いを生み出す」[44] とハーパーは言う。また、ハーパーはスポンジ状のヘッドに空いた丸い穴を指し、この穴に特に機能はないが、この穴のおかげで消費者がヘッドの部分の柔らかさを感じ、トイレの裏側にもフィットすると納得してもらえると話した。そして、柄が銀色なのは、ミスター・クリーン・ブランドの「魔法のイメージ」を表している。

消費者は試作品をとても気に入り、それを持って帰りたいという人までいた。この製品に「恋した」と言っている女性の声も聞こえてきた。「ミスター・クリーン・マジック・リーチ」は二〇〇五年に発売された。同製品は大ヒットとはならなかったが、まあまあの売れ行きだったので、マネジャーがイノベーションの考え方を変える契機となった。また、液体洗剤以外の製品開発を試すきっかけにもなり、その結果「ミスター・クリーン・マジック・イレーサー」が誕生し、メガヒット商品となった。[45]

もう一つの例が「キャンドゥ（Kandoo）」だ。ウエットタイプのおしりふきで、子どもが使いやすいボタンが容器についている。「トイレトレーニングをしている子どもを見ていると、決まって言うセリフが『自分でやる』だ」とクラウディアは言う。「P&Gは、優秀なおしりふきはつくれる。では、それを子どもが自分で使うようにするには、どうしたらいいだろうと考えた。そこで、おしりふきが一枚ずつ出てきて、子どもが片手でその一枚を取り出せる箱を考案した。子どもたちはとても気に入った」[46]。母親たちも、子どもがトイレットペーパーを丸々一個使ってしまうことがないので、キャンドゥを気に入った。キャンドゥはヨーロッパで爆発的にヒットし、やがてアメリカでも販売されるようになった。その後すぐに、P&Gは子どもが片手で使える液体石けんを発売した。容器のてっぺんを押すと、泡状の石けんが出てくるものだ。これで石けんをムダにすることなく、子どもたちによい習慣を身に付けさせることができる。

デザイン思考はクリエイティビティを開放するので、クラウディアはできる限り多くの人に経験させようとしている。「わたしはいつも『語るのではなく、やって見せて』と言っている[47]」。

当たり前を変える

ラフリーは会社の「当たり前」を変えようとしていた。彼はデザイン思考を自分の行動に取り入れ、これまで以上に出張先で家庭を訪問することにこだわった。中国にはたびたび訪れていたが、あるとき川で服を洗っている女性に出会い、絶対に話がしたいと言い張った。洗剤をどのように使っているかを知りたかったからだ。また、ラフリーは重要なプロセスをいくつも修正した、そのなかには戦略策定のプロセスもあった。「一〇年、二〇年、三〇年前には、報告書の厚さは五センチほどもあった[48]」とラフリーは言う。各部門の代表は絶対的な確信をもって、考えられる限りの質問に答える必要があったので、幹部がそれを用意したのだ。「こうしたやり方は、他の業界や企業でもそれほど違わないのかもしれない」。

彼は新しいプロセスを編み出す必要性を感じた。戦略についての対話はより探索的かつクリエイティブに、また戦闘的でないものにする必要があり、戦略策定のプロセスは、そうした対話の変化を反映したものでなければならない。

リーダーたちはどんな戦略会議でも、その二週間前にスライドの提出を求められるようになった。ラフリーはそれを見て、会議で議論したい質問をいくつか挙げた。そして、求めているのは議論であってプレゼンテーションではないと強調した。リーダーが実際の戦略会議で追加できるのは、チャートやグラフやメモなど、三枚の紙だけだった。ラフリーは、リーダーたちが経営陣とアイデアを交換し合うよう促せば、画期的なアイデアを生み出す基になる論理的な跳躍（リープ）を行いやすくなると考えた。「わたしたちが実現しようとしていたのは、重要な問題に的を絞った対話と議論だった。〈中略〉わたしたちにはアイデアはあるか。独自の技術はあるか。試作品はあるか。また、何かをよいアイデアかどうかの判断ができるように、消費者とやり取りをしているか」。

また、プロジェクトがすでに開発段階に入っている場合は、対話は次のように進んでいく。「重要な短期目標は何か。致命的な問題は何か。第一、第二、第三の重要な問題は何か。つまり、それらに正しく対処できたら成功し、できなかったらプロジェクトを中止して、資源を別のものに移すべきであるような問題は何か[49]」。

二〇〇〇年から二〇〇八年までのあいだに、P&Gの売上高は四〇〇億ドルから八三〇億ドルへと二倍以上になり、利益は二五億ドルから一二〇億ドルへと爆発的に増加した。こうした種類の伸びは、IT企業や新興市場で事業を行っている企業であれば期待できるが、オハイオ州シンシナティにある二〇〇歳近い石けんの会社では、普通は期待できない[50]。クラウディアに言わせると、彼女はある原則に従っただけだという。「大きな組織でうまく規模を拡大するには、一人を一〇〇〇歩前に進ませるのではなく、一度に一歩ずつ、一〇〇〇人を前に進ませることだ[51]」。

人間の存在意義

マネジャーたちと話すと、彼らはたいてい機械による自動化、特に人工知能が関わるものは、大量の失業、あるいは「仕事のない未来」につながると考えていることがわかる。[52] しかし、そのような終末論的な見通しは、非常に重要な資源、つまり、人間の頭脳のクリエイティビティを考慮に入れていない。コモン・グラウンドのロザンヌは、慢性的なホームレスの問題を人間の知性に頼って理解し、非常に困難だった社会問題を解決した。GEのダグは、病院にいる病気の子どもたちと深く、繊細に関わった。P&Gのクラウディアは、消費者の行動を大勢で解明する方法として、デザイン思考を広めた。

「ジャーナリストやコメンテーターは、機械が人間の労働を代替していくという部分を誇張し過ぎ、反対に、機械が生産性を高め、所得を増やし、技術のある労働力の需要を拡大するという強力な相互補完については無視している」[53]と、MIT（マサチューセッツ工科大学）の経済学者、デービッド・オーターは述べる。「コンピュータ化によって代替されないタスクは、一般的にコンピュータ化によって補完される」。つまり、AIも機械学習もディープ・ラーニングも、人のやっている仕事を補完するか、人に取って代わるか、どちらかだということだ。

有名な外科医で、ライターでもあり、公衆衛生の研究者でもあるアトゥール・ガワンデは、AIの時代になっても人間の関わりが非常に重要であるとして、地域のクリニックでの単純なやりとりを例として挙げる。患者が「痛いんです」と訴える。医者が「どこですか」と聞くと「ええと、この辺です」と手で示す。する医師は「肋骨の下ですか、それとも胸か、胃でしょうか」と聞く。こうした二人の間だけのやり取りは、医者が患者を調べる際に、患者が自分の物語を語っているようなものだとガワンデは言う。「ストレートなデータというより、物語だ」。医師は患者に「服を脱いでくださいと頼むだけでなく、患部を切り開いて、医師が選択したことを患者の体に対して行う許可を得なければならない[54]」。信頼、共感、そして対話が、医療行為を非常に人間的なものにしている。人間だけが、思いやりや自尊心、羞恥心、うらやみ、正義、人と人との連帯を完全に理解することができる。

エキスパート・システムとよばれる専門分野に特化したＡＩは、いまのところ主要な職務機能ごとにつくられ、専門家だけが利用している。ＩＢＭのワトソンは、肺がん専門医向けにアプリケーションを構築した。他のＡＩシステムには、ニキビや発疹、ほくろといった良性の症状とがんとを区別して、皮膚科医がメラノーマ（黒色腫）を見つけるのを助けるものなどがある。マンモグラフィを解析して、放射線医が乳がんを見つけられるようにするものもある。

こうしたシステムは非常に強力ではあるが、人間がデータを組み込み、またどのシステムを使うかを人間が選ぶ必要がある。一方で、患者は四つの情報を持ち運ばなければならない。自らのＤＮＡ、郵便番号（住所から、その人の社会経済的な状況がかなりわかる）、行動パターン、そして医療処置が提供できるかを示すその他のデータだ。こうした情報の一部はオンラインで収集できたり、埋め込まれたセンサーやスマートフォンなどでとらえられたりするが、オフラインでしか情報を得られないものもある。的確に機能するシステムを立ち上げるのは、原理的には簡単だ。アルファ碁がそうであったように、データを流し込み、システムに関連性を見つけさせればよい。しかし、実際にやってみると困難で細かな作業であり、コンピュータ・サイエンスをしっかりと学んできた人でも苦労する[55]。

こうした理由により、AIは事実上、それ以前の技術と同様に「拡張技術」であると言える。AIは世界レベルの知識と専門家の直感を持ち、プロに専門知識とサポートを提供する。しかし、コンピュータだけではミステリーを解くことはできない。「人が電話を使うとき、人間が話す力を電話機が拡張している。人間はニューヨークで叫んでも、声をカリフォルニアまで届けることはできないが、この四角いスマートフォンが、三〇〇〇マイルを超えて声を伝達する。では、電話機は人間の声の代わりになっているだろうか。答えは『ノー』だ。電話機は拡張技術なのである[56]」。コンピュータ・サイエンティストで、自動運転車のパイオニアであるセバスチャン・トゥルンはこのように説明した。

こうした見方をすると、人工知能もそれほど恐ろしいものではなくなる。実際、同様の性質を持ったものが、これまでにも多数ビジネス界に存在してきた。以前は、銀行の融資担当者が個人の借入の申し込みを審査するのに、会社の指針や方針とともに自らの経験を判断材料としていた。しかし、ビル・フェアとアール・アイザックがミネアポリスに設立したフェア・アイザック・アンド・カンパニーが、一九五六年に信用度を判断する公式を開発して、「FICOスコア」を計算するようになった。これが銀行の融資担当者による主観的な判断に代わったのである。FICOスコアは、百貨店のシアーズのクレジットカードで採用され、続いてビザとマスターカード、そして自動車や住宅ローンにも使われるようになり、いまでは小企業向けの融資にも使われている。[57] 今日では、五万ドル以下の融資を審査するのに、人間が直接判断を下すことはほとんどない。[58] このように、少数の専門家への依存をやめることによって、業界が飛躍する。

近年の人工知能の進歩により、エキスパート・システムは人間の知識移転を強力に進めるものとなった。こうしたAIの進歩によって、コンピュータが推論をすることが可能になり、推定や概算や経験則などが入ったデータを扱えるようになった。それでも人間は、AIをどこに、どのように使うかを判断する必要がある。また、どの意思決定をAIに任せ、どれを人間が行うかを決めなければならない。さらには、新しいコンピュータの能力と人間の感覚を組み合わせて、どんなサービスや製品をつくるかを決める必要がある。このような問いには、人間しか答えられない。オートメーションによってデータを有用な情報に変えるスピードは速くなっているが、人間が情報に意味を与え、それを基にクリエイティブに行動するという役割はなくなっていない。

世界最大の防衛関連企業、ロッキード・マーチンの元会長のノーマン・オーガスティンは、ウォール・ストリート・ジャーナルへの寄稿で次のように述べた。「歴史教育を行うことによって、クリティカル・シンキングができる人、つまり情報を消化し、分析し、統合して、発見したことを説明できる人が生まれる。これらのスキルはさまざまなテーマや分野で必要となる」[59]。したがって、企業が競争力を維持するためには、企業のリーダーは定型化できる業務を積極的に探し、同時に、クリエイティブな仕事にマネジャーたちが取り組んで、解放された人間としての能力を活用できるようにしなければならない。

知識のリエンジニアリング

知識のオートメーションという点では、コモン・グラウンドは知的なマシンが誕生する前にもそれを実現していた。ロザンヌと彼女のチームは、専門家の知識をわかりやすいステップにまとめることによって、専門的な判断力をコミュニティ全体に広めていった。そうすることで、コモン・グラウンドはニューヨークだけでなくアメリカ全体にその影響力を拡大したのだ。

ベッキー・カニスは「路上から住まいへ」の最初のディレクターとして二年間仕事をしたあと、コモン・グラウンドでイノベーション・ディレクターのポジションに就いた。しかし、ホームレスをなくすことの障害となっているのが、全体としての資金不足というよりも、知識や専門性や行動力の分散であることに気づき、次第に苛立ちを募らせていった。ベッキーは言う。「わたしたちの社会の仕組みはすでにできあがっている。〈中略〉税金によって連邦政府が資金を集め、小さなグループにお金を少しずつ配分する。住宅局にこのくらい。メンタルヘルスのグループにこのくらい、といった具合に。でも、あまりにも関係者が分散しているので、どんなコミュニティのどんな団体も、ホームレスを減らすために責任をもって取り組めるほどの資金や権限を持っていない」。

慢性的なホームレスを顔と名前で認識する効果を確認したのち、ベッキーが決めたのは「路上から住まいへ」のコンセプトを拡大して、健康に関する情報を組み込むことだった。彼女はジム・オコネルに連絡をとった。ジムは「ホームレス・プログラムに取り組むボストン・ヘルスケア（Boston Health Care for the Homeless Program）」を創設した医師だ。「わたしはいまも、毎週月曜日と水曜日には夜の九時から朝の五時まで診療用のワゴン車に乗っている。それが驚くほど楽しいし、重要だと思っている」と、ジムは言う。彼は一九八六年以来、一週間に二晩、車で巡回しながら医療を提供している。その経験から、ホームレスの人々が早期に死に至る要因を見出してきた。「路上で何が起こり、人々がどこから来るのか、わたしはその実態を把握している」。ベッキーとジムは共同で、路上で死亡するリスクがきわめて高い人を見分ける、八つの目印を定めた。二人はそれを「脆弱性指標」と呼んだ。八つの目印は以下の通りだ。

1　一年間に三回以上の入院、あるいは救急救命室の利用
2　過去三カ月に、三回以上の救急救命室の利用
3　年齢が六〇歳以上
4　肝硬変
5　末期の腎臓病
6　凍傷、塹壕足炎、低体温症の病歴
7　HIV／エイズ

8　トリモビディティ（三つの病的状態）──精神的な問題、依存症、慢性的な病気が併存

ホームレスを支援する場合、これまでは来た順に列に並ばせて支援を行うのが一般的なやり方だった。しかし、脆弱性インデックスはそれを覆した。いまでは、ホームレス名簿には、医療のニーズを示す八つの目印が含まれている。脆弱性指標は個人ごとの記録であり、いわばコミュニティの健康台帳のようになっている。ホームレスのFICOスコアとも言えるものだ。

ある意味では、ベッキーが数えきれないほどの深夜の調査で蓄積した知識が、シンプルな調査ツールに変換されたということだ。以前は、最も助けが必要な慢性的ホームレスを見つけるのには、熟練したソーシャルワーカーが軍隊の指揮官のような忍耐力をもって取り組む必要があったが、いまはそうではない。脆弱性指標のシンプルさは、コミュニティを行動に向かわせる。

コモン・グラウンドの協力を得て、ロサンゼルス郡とロサンゼルス市は、「プロジェクト50」を立ち上げた。ワシントンDCは独自のプログラムを創設、フェニックスは「プロジェクトH3」を開始した。これらの新たに稼働したプロジェクトでは、ホームレスの人たちを平均一〇日で、路上から住まいへ移住させられることが示された。混雑したニューヨーク市で始まったことがどこにでも転用可能で、人口密度の低い地域でも活用できることがわかったのだ。脆弱性指標をきっかけに、市や住宅局はまず最も脆弱な人から、迅速に支援するようになった。

この間に、ベッキーとロザンヌは「一〇万の命のキャンペーン」と呼ばれる、非常に成功したプロ

グラムについて耳にした。そのキャンペーンは、わずか一年半のあいだに医療傷害による事故死を一〇万件防ぐことに成功し、それを全国的な活動に広げたという。この活動の核となっているのは、病院が優先すべき六つのシンプルな治療処置だ。そのなかには、患者が死に向かう最初の兆候に注意する、適切なタイミングで抗生物質を使う、肺炎を防ぐなどが含まれていた。こうした処置は当たり前のように聞こえるかもしれないが、実現するには看護師、内科医、外科医などの部門を超えたコラボレーションが必要で、適切な優先順位が決まっていないと、過密なスケジュールのなかで忘れられてしまうおそれがある。

「わたしとロザンヌは部屋の向こう側とこちら側で、『これはホームレス支援にも使えるね』というように、うなずきあった」と、ベッキーはこの運命的なミーティングを振り返る。「わたしたちはＩＨＩ（Institute for Healthcare Improvement）に、大規模な変革についてコーチしてくれるよう頼み、その戦略とテクニックを学んだ」。

二〇一〇年に、コモン・グラウンドは「一〇万戸の住宅キャンペーン」を開始した。その目標は、全米の最も脆弱なホームレス一〇万人を、二〇一四年までに住宅に住まわせることだった。このキャンペーンでは、さまざまな領域の人を連携させることにフォーカスした。住宅局、宗教関連団体、公立の病院、地元の企業、非営利団体、家主、不動産開発業者、慈善団体、関心のある市民などだ。新しく加わったコミュニティはほとんどがニューヨーク州外のコミュニティで、彼らには四つのパートからなるオンラインセミナーに参加してもらい、それに続く三日間では、脆弱性指標を活用した集中トレーニングを提供した。これが終了すると、各コミュニティは「登録週間」を実施して、路上で暮らす人々を認識し、彼らに安定した住まいを提供するのに必要な情報を聞き出した。

ロザンヌは彼女らしい断固とした姿勢で、二〇一一年にはキャンペーンを実施する組織として「コミュニティ・ソリューションズ」を立ち上げた。コミュニティ・ソリューションズは、ホームレスをなくすためのノウハウをニューヨーク以外に広げることを目的としたものだ。ロザンヌは、コモン・グラウンドが一九九〇年以来、ホームレスの人たちのために約三〇〇〇戸の住宅を運営してきたことをこう振り返る。[60]「わたしたちが解決しようとしていた問題はそもそも限定的だったと気づき、それを思うと恐ろしかった。貢献ができたことはよかったが、わたしたちの活動は一つに四年から五年かかり、四〇〇〇万ドルの費用がかかっている。この活動でわたしたちは有名になったし、この活動はわたしたち独自のものだが、このモデルを自分たちだけでさらに拡大していくことはできない」。

コミュニティ・ソリューションズを通じて、二〇一二年一一月までに、一七三のコミュニティが「一〇万戸の住宅キャンペーン」に参加した。これらのコミュニティは三万五〇〇〇件以上の脆弱性指標調査を実施し、二万二〇〇〇人以上を安定した住まいに住まわせることができた。この数字は一年後には七万人になり、住宅に移った人々の八八％が、一年以上住み続けていると推定されている。二〇一四年六月一一日までに、キャンペーンを通じて一〇万一六二八人が住宅に入居し、目標としていた期日の前に、目標の人数を上回ることができた。

同年、ビルディング・アンド・ソーシャルハウジング財団は国連と共同で、コモン・グラウンドに

「ワールド・ハビタット・アワード」を贈った。ロザンヌはその一五年前にコモン・グラウンドで同賞を受賞しており、二度目の受賞となった。「実績のある手法を広め、各地域のステークホルダーと組むことで、アメリカのホームレスについてわたしたちにしかできない見方ができるようになった」とロザンヌは説明する。

「もし誰かがアメリカ国内の路上生活のパターンについて知りたいのであれば、多分わたしたちが答えられる」

クリエイティブなリープ

アイザック・ニュートンは「どんな偉大な発見も、大胆な推測なしには実現しなかった」と言った。イノベーターは前に突き進み、失敗や、自身の安全と評判を失うリスクをとる。彼らの夢は当たり前なものではない。彼らは長時間働き、自ら犠牲を払い、不確実でも、拒否されても気にかけない。そうして成功すると、彼らの独特な見解が新たな常識となる。彼らの物語は称えられ、彼らは歴史の一部となる。

しかし、これにはさらに続きがある。新たな手法を広めるには、専門家の考えをまとめて、他の人々が活用できる明確でわかりやすい知識にするという、協調的な取り組みが必要になるのだ。そうすることで、以前は独自のノウハウだったものが、広く知られた知識となる。コモン・グラウンドの物語は、ミステリーを解くという物語であると同時に、知識のオートメーション化の物語でもあった。タイムズスクエアで真夜中の人数調査として始まったものが、一〇〇万人の人生を変える全国的な運動になったのだ。

　ここでカギとなったのが脆弱性指標だ。この指標が専門家の知識を具体化して、全国の経験の少ない人たちを支えた。そして、この指標によって、わたしたちは一周回って本章の冒頭に戻ってくる。つまり、先駆的な活動は、どんなものでも明らかに人間だけが行えるということだ。

　機械学習とビッグデータが関わるのは相関関係であり、因果関係ではない。機械学習やビッグデータには、真実とウソを確実に区別するような世界観はない。たとえば、ＩＢＭのワトソンのなかでは、そのアルゴリズムが統計的に有意な関係を多数見出すが、では、なぜそうした関係があるのかを説明することはない。心理学における真実の形は、法律や哲学のそれとは異なるかもしれない。マーケティングや消費者の欲求、ポップアート、あるいはモバイルアプリのユーザーインターフェイスなどに関して、画期的なアイデアを実現するには、イノベーターが人間の経験や新聞記事、そして人々がどう反応し、意見を交わし、不満を述べたかを統合する必要がある。社会の領域において、隠れた曖昧な意味を抽出するのに必要なのはビッグデータだけではない。ビッグデータはたいてい広く浅いデータで、感情的な意味はまったく含まない。スモールデータも必要になる。スモールデータとは、個々人に関する深く濃い情報で、たとえば、病院にいる具合のわるい子どもが、なぜＭＲＩスキャンを不安そうに待っているのか、ということだ。[61]

コンピュータのシステムの評価方法も、誤解を生み出している可能性がある。科学者は人間にとって難しいタスクでコンピュータを評価しようとする。たとえば、チェスや囲碁やジェパディ！などだ。これらのタスクには熟考や計画が必要だが、それは人間の長い進化の歴史のなかではごく最近人間に授けられた認知的な能力であり、人間にとって不自然で難しいタスクである。人間の知性は、限られた感覚的なデータと限られた計算能力で、非常に速く決定を下すという点に向かって進化してきた。だから、コンピュータはとてもうまくチェスができるのに、対戦相手の顔を認識する能力には劣っている。

オンラインの安全対策として「キャプチャ〔コンピュータが自動生成するテストで、ゆがんだ文字を読み取らせるなどして、利用者が人間であることを確認する〕」がいまでも使われるのもこのためだ。キャプチャはある種の逆チューリングテストを通じて、コンピュータの利用者が人間であり、ロボットではないことを証明させる。[62] 人間は、最先端のロボットよりも、対象をすばやく認識し、ニュアンスを柔軟に理解できる。

したがって、チェスをやる場合でも、世界の現実問題を解決する場合でも、コンピュータと人間はそれぞれ単独で仕事をするよりも、共同で働いたほうがよりよい結果を出すことができる。[63] もちろん、コンピュータをさらに開発して、その能力を限界まで高めることはできるが、それでも平均的なコンピュータと人間との組み合わせのほうが、優れたコンピュータ単独よりも強い。未来は、コンピュータの能力と人間を合体しようとしている。

わたしはなにも、人間による判断に戻るべきだと勧めているわけではない。先に見たように、ロザンヌが慢性的なホームレスをターゲットにするという画期的なアイデアにたどり着いたあと、彼女とベッキーは、新たな知見のエッセンスをまとめて脆弱性指標を開発した。暗黙の知を成文化することにより、他のコミュニティがコモン・グラウンドのアプローチを再現できるようになり、「一〇万戸の住宅キャンペーン」という成果につながった。新しい軌道で、さらなるイノベーションが進んだのだ。知を成文化するのに、IBMのワトソンやアルファ碁は必要ない。脆弱性指標を通じて、コミュニティ・ソリューションズは独自のやり方で新しい手法を広め、かつては直感や習慣、時代遅れのやり方に支配されていた仕事を変革して、客観的な指標を基準とした応用科学に変えていった。

しかしここで、コミュニティ・ソリューションズは、シリコンバレーでソフトウェアとサービスの事業を展開するパランティア・テクノロジーズと組んでオンライン・プラットフォームを開発した。脆弱性指標からの結果を、その地域で利用できる住宅と自動的にマッチさせる仕組みをつくるためだ。これにより、最も脆弱な人々を認識するだけでなく、以前は時間がかかっていた住宅のマッチングのプロセスを自動化できるようになった。需要と供給が自動的に結びつくようになったのだ。エコノミスト誌はコミュニティ・ソリューションズを、「まるでエアビーアンドビー」だと評した。[64]

さらにロザンヌは、ブルックリンのブラウンズビルで見られる、手ごわい問題の調査に進むことを決めた。ブラウンズビルにはアメリカで最大級の公共住宅群があったが、それにもかかわらず、昔からホームレスの家族の割合も高かった。コミュニティ・ソリューションズは「ブラウンズビル・パートナーシップ」を創設し、弱い立場の人々が家族単位で安定的に住宅に住み続け、その場所で生活を向上させるための活動を行うことにした。家族単位でのホームレス化の防止を狙ったのである。

こうしたことが示すのは、残酷なビッグデータや機械学習によって、狭義の専門職が自動化されていく一方で、もっと汎用的な仕事が増えていくということだ。二〇世紀初めには、何十万人もが電話会社のAT&Tで、手動で電話交換の仕事を行っていた。この電話システムが自動化されると、電話交換手の仕事は存在しなくなった。その代わりに、会社の受付の仕事がアメリカの企業で花形となり、来客者の全般的な質問に答え、電話で受けたメッセージを伝言するようになった。[65]

同様に、銀行員の定型業務がATMによって自動化されると、銀行が支店を運営するコストが下がった。すると、銀行はより多くの支店を開設するようになり、結果として銀行員の総数は増えたのである。[66]また、畑を耕すのが人の手からトラクターに代わると、より多くの食べ物を生産できるようになった。さらには、機織りや紡績が機械化されると、繊維産業の労働力は過剰になったが、彼らは自動車や航空機、電車などを製造し、高層ビルなどを建設するようになった。

何世紀ものあいだ、新しい発明が人間の労働を代替してきたが、技術によって生産性が上がると、生活水準も向上した。生産性の向上は、長期的に見れば雇用の減少ではなく、拡大につながってきた。人間がどのようにしてこの変化を促してきたかは、本書で扱うテーマではない。しかし社会全体としては、わたしたちは望みを持つべき十分な根拠があるのだ。

もう一つ証拠を示そう。ボストン大学の経済学者、ジェームズ・ベッセンによると、雇用とオートメーションは手と手を携えて成長していく場合が多く、オートメーションによって失われる仕事よりも、それによって創造される仕事のほうが多いという。[67] 近年の他の研究でも、この発見は裏付けられている。AIシステムをつくっている多くの企業が、AIシステムの構築と運営では、人間が積極的な役割を果たさなければならないという。[68] この点こそが重要だ。つまり、機械による自動化が人間の役割を補完するのか、あるいは代替するのかは、最終的には選択の問題だということだ。

　企業にとっての責務は明らかだ。企業幹部は定型業務をすべて自動化する一方で、知識労働をクリエイティブにしなければならない。GEのダグがこの重要性を示していた。コモン・グラウンドのロザンヌは、その可能性を示した。P&Gのクラウディアは、それを大規模に行えるということを証明した（図6・1参照）。

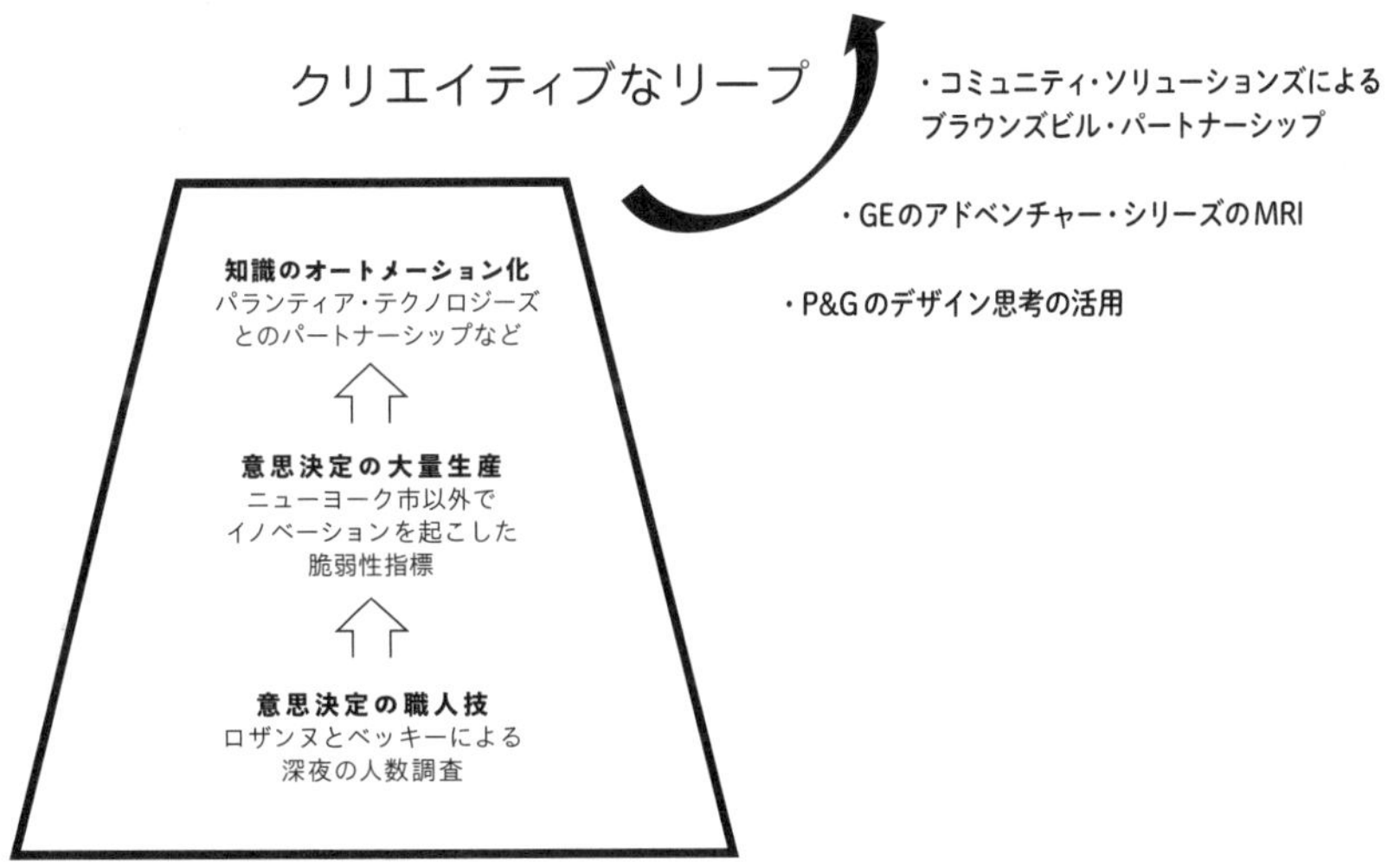

図6.1　オートメーション後のクリエイティブなリープ

P&G元CEOのA・G・ラフリーが、この変化の速い世界で、どのようにすれば学生たちが成功できるかアドバイスをしたとき、彼は学際的なアプローチを推奨し、「芸術や科学、人文科学、社会科学、語学」を組み合わせることを勧めた。ラフリーはハフィントンポストへの寄稿で、「人を新しいアイデアに向かわせる心の機微は、知性がつくり出す。この心の機微が変化し続ける世界で成功するための、通行手形のようなものだ。〈中略〉学生は幅広いリベラルアーツのカリキュラムを学ぶことで、概念的、創造的、批判的な思考を発達させる。それが頭をよく働かせるには不可欠な要素となる[69]」。

そうだとしたら、知的なマシンの時代に、企業幹部は何をするべきなのだろうか。

重要なのは、可能な限りの定型業務を自動化すること。そして、単調なホワイトカラーの職務から従業員を解放することで、彼らが人間としての根本的な強みを活用して、最先端のクリエイティビティが求められる問題を解決できるようにすることだ。

競争のルールを書き換える三つのレバレッジ・ポイント

統合的な戦略を立てるためには、大きな問いから始めなければならない。どのような世界にわたしは生きているのか。その世界の大きな潮流は何か。わたしの組織がそれらの潮流を最大限に活用し、最悪の衝撃を和らげるために、わたしはどのように事業活動を組み立てればよいか――。

第1部では、歴史の力を見てきた。歴史によってわたしたちは過去を理解し、そこから新たな知識分野にリープできる。第二部では未来に目を向け、二つの絡まり合うトレンドが、すべての企業を追い立てていることを見てきた。すなわち、知的なマシンの止めようのない進歩と、ネットワーク上であらゆる端末が常時接続となるユビキタスな世界の台頭だ。

新たな技術が導入されると社会は変化し、それに伴って未来の働き方も変わる。ユビキタスな環境によってイノベーションの分散が進み、知的なマシンによって専門的な知識がオートメーション化される。その結果、この先も人間の領域であるマネジメントの仕事には、高いレベルのクリエイティビティと、社会への理解、共感が求められる。

発展するＡＩ

現在のＡＩの発展は、初期の電力に似ている。製造業において、蒸気エンジンに代わった頃の電力だ。二〇世紀に入る頃、繊維工場の大半はまだ水と水車を動力源として使っていた。蒸気エンジンを導入した工場は、滑車やベルト、回転軸など、多数の複雑な装置でできた仕組みを、蒸気エンジンに合わせなければならなかった。どっしりと設置された蒸気エンジンの周囲に工場が建てられ、効率的な作業の流れは妨げられた。

電気が使われるようになっても、なぜか工場のレイアウトが変えられることはなく、現代の組み立てラインのようなものは導入されなかった。むしろ、電気のモーターはまとめて設置され、分散設置により最適なワークフローが実現されることはなかった。製造業が電力のメリットをフルに享受できるようになるには、その後二〇年が必要だった。

今日、大企業はいまだにＡＩをコスト削減の手段と捉え、人間の代わりに事務処理を行うものと考えている。それも非常に大切ではあるが、ＡＩの可能性はそれよりもはるかに大きいと考えられる。すなわち、ＡＩの自ら学ぶアルゴリズムが、経済的な行為の調整において、より大きな役割を担うのだ。たとえば、エネルギー管理、ヘルスケア、ファイナンス、法律、輸送など、わたしたちの生活のほぼすべてにかかわってくる。

トップの力で壁を乗り越える

大胆な意思決定は常に格好よく見える。ただし、それが間違っていたとわかるまでの話だ。確証に基づいた意思決定を実現するには、頻繁に実験を行って、無知によって見えていない部分をなくし、必要なレベルまでその分野に詳しくなったうえで結論を出すことだ。最初に重要な前提を認識し、続いて、綿密な実験を通じてそれが正しいと証明する。微信やコモン・グラウンド、リクルートホールディングスなどの企業は漸進的なアプローチを取り、数えきれないほどの実験を行ったのちに、きわめて重要な瞬間に出会ってきた。不確実な状況での戦略プロセスは、このように進められるべきだ。つまり、意味のある証拠が表れるように十分なチャンスをつくる。しかし、いったん明確になったら、それに全力を投入する。

大規模で複雑な企業の生存を脅かす最大のリスクは、内部の政治的な争いと、誰も率先して行動を起こさないことだ。だからこそ、組織のトップに立つ熱意ある人々が、必要なときには新たな方向性を示すことによって、介入していかなければならない。トップの経営陣が重要な分岐点で個人的に介入し、壁を乗り越えるために力を行使する。わたしはこれを「ディープダイブ」と呼んでいる。ディープダイブは、地位による力よりも知識の力に頼る。その点において、マイクロマネジメントとは異なるものである。

最終章となる第7章では、トップダウンとボトムアップのアプローチを混ぜた戦略について述べる。伝統ある企業が自社を再構築しようとするときに、その戦略で最後のハードルをどう超えていくかを説明する。

第3部
いまやるべきこと

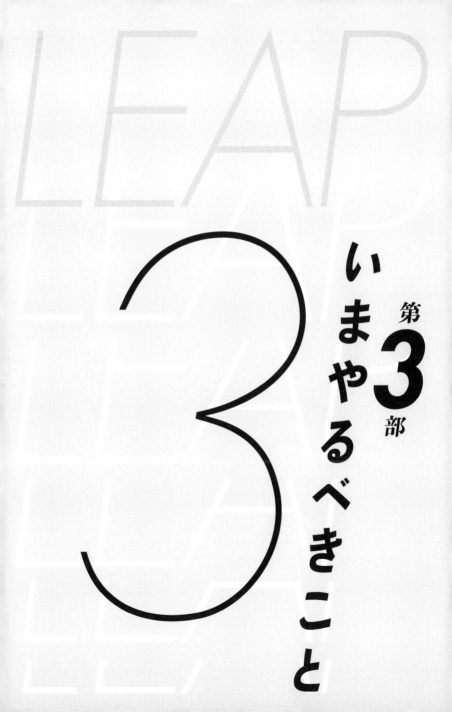

第7章

知識を行動に変えるために

マネジャーに「君の戦略は何か」と尋ねてはならない。彼らがやっていることを見ればよい。なぜなら、人間は取り繕うからだ。

アンディ・グローブ（一九三六－二〇一六）　インテル元CEO、会長

極小のラップトップ

「どこに行きたいのかわかっていないのなら、どの道を選んでも変わりはない」と『不思議の国のアリス』のチェシャ猫は言い、ジョージ・ハリスンもそう歌っている。ビジネスにおいて、世界のなりたちがわかっているということは重要だ。

だが、わかっていることと何かができるということは別物だ。戦略と実行は深く結びついており、アイデアが日々の行動や事業の手法に活かされなければ、先発企業は後発企業に負けるリスクにさらされる。CEOの役割は、特に不安定な時期には、戦略を考えることだけではなく、その実行にまで及ぶことが多い。

時は二〇〇六年、アップルが最初のiPadを発売する四年前のこと、華碩電脳（エイスース）会長のジョニー・シーは自社のラップトップ・コンピュータにまったく満足していなかった。六十二歳で熱心な仏教徒のシーは、一九九三年からこの台湾の大手コンピュータメーカーを率いてきた。週末には、台湾農村部のユアンリーにある寺で、ポロシャツにカーキのパンツすがたのシーが麦わら帽子の農民に混じってボランティアをしている様子が、従業員によく目撃されている。[1]

しかし、シーは負けず嫌いな性格でもあり、禅のイメージとは異なる猛烈な面も持っていた。瞑想中にも仕事や技術のことが頭を離れなかったという。[2] シーはかつて、アンディ・グローブの有名な著書『パラノイアだけが生き残る』について、こうコメントした。「ナンバーワンになりたいのなら、完璧主義者でもパラノイアでも関係ない[3]」。

第4章でも述べたように、パーソナル・コンピュータは非常に複雑な製品だが、組み立てのプロセスは非常にシンプルであることが求められる。ラップトップに含まれる部品は、標準的なマザーボード、十数個のコネクター、電力供給装置、フラットパネルディスプレイ、キーボード、トラックパッドなどだ。台湾のメーカーの多くは、その安価な労働力を活用して、一九七〇年代にマザーボードの生産からスタートした。

一九八九年に、四人のエンジニアが台湾PCメーカーの老舗、宏碁（エイサー）を飛び出して、エイスース・コンピュータを設立した。シーもエイサーに長年勤めていたが、一九九二年に研究開発の責任者のポジションを離れて、当時まだ新興企業だったエイスースに加わりCEOに就任した。[4]

二〇〇〇年代中頃には、エイスースは世界最大のマザーボードメーカになっていた。受託生産の事業も大規模に展開しており、ソニーやIBM、デル、ヒューレット・パッカード（HP）など、多数の世界的企業から受注していた。それでもシーは、エイスースを世界的なブランドにして大きく勝利したいという野望を胸に秘めていた。「台湾人はイノベーションの精神を育むトレーニングを十分に受けていない」と、彼は不満を漏らした。[5]

二〇〇六年一〇月、シーは従来型のラップトップが複雑になり過ぎていると言い始めた。一般的なラップトップは起動するまでに約三分かかり、多くのメモリーとストレージが必要で、強力なマイクロプロセッサを備えていた。シーはもっとシンプルで、安価なラップトップがあれば、子どもたちから高齢者まで、また主婦からティーンエージャーまで、幅広い人々に使われて大ヒットするのではないかと考えた。

問題は、そうしたラップトップを売り出せば、これまでのエイスースの路線からの転換になることだった。エイスースの企業スローガン「盤石の品質」は、ラップトップ部門の品質重視の姿勢と技術への深い理解を表していた。それはエイスースが二〇年間かけて築いてきたものだった。そのなかで、

PCが高価、あるいは難しそうだからと敬遠していた人たちに合う製品コンセプトを開発することは、まったく不可能ではないにしろ、かなり難しかった。

シーはこのタスクを部下にただ命じたのではなかった。自分が直接、新たな製品ラインの開発に関わることにしたのだ。その新製品とは、ネットブックとしても知られる「イーPC（Eee PC）」だ。会長でありながら、シーはオペレーションのレベルまで下りてきて、プロジェクト・マネジャーの役割を担った。最初の三カ月間で、少数のエンジニアとともに基本コンセプトを練り上げ、その際にはラップトップ部門で多用されている伝統的な市場調査は用いずに、ユーザーを徹底的に観察した。

マイクロソフトウィンドウズのライセンス費用は非常に高く、価格目標である三〇〇ドルの実現を阻むと考えられたので、シーのグループは無料のオープンソース・オペレーティングシステム、リナックスを使った新しいユーザーインターフェイス（UI）の設計を考えた。しかし、基本のUIのレイアウトに関して社内で議論がまとまらず、プロジェクト停滞の危機が迫ってきた。このとき、シーは台北の温泉リゾートにエンジニアたちを二日間連れて行き、社内のあらゆる騒音から彼らを解き放った。メールもなく、電話もなく、ミーティングもない。そこでは、ソフトウェア・プログラマーや工業デザイナー、ハードウェア・エンジニアから成る部門横断型チームが、UIのデザインだけに集中した。

そして、多くのメンバーにとっては、二日間の滞在の予定が六カ月間の旅になった。副製品マネジャーのジン・チェンはこう振り返る。「わたしたちには十分な経験がなく、多くの失敗をしてそれが遅れにつながった。わたしたちは『大部屋』に放り込まれ、コミュニケーションを正常な状態に戻した。結局、二〇〇七年の六月から一二月まで、大部屋にいることになった」。こうして場所を共有することが非常に重要だった。これにより、チームとしての力が高まっただけでなく、関わりあい方のパターンも変わった。イーPCの開発が進んでいくなかで、速やかに分野を超えて対話を行うことがこのチームの特徴となった。

その後、どのベンダーもチームの求めに合うオペレーティング・システムを提供できないとわかると、シーはチームに対して優れたパートナーを世界中で探すよう求めた。「ジョニーは外に目を向けるように言った。社内だけでなく、アジアだけでなく、世界全体を見るように言われた。最終的には、カナダの会社がUIの共同開発に関心を持ってくれた」。のちにイーPC事業部門のゼネラルマネジャーになったサムソン・フーは、こう振り返った。「わたしたちのスケジュールが厳しいものだったので、どの会社も怖がってしまい、ベンダーを探すのに苦労した」。こうして、エイスースは初めて、アジア以外のソフトウェア会社と組むこととなった。

おそらく最もドラマチックだったのは、本社の保証部門による最後の製品テストを行わないという提案を、シーが承認したことだ。その代わりに、エイスースは「一〇〇〇人のユーザーによるテストプログラム」の名のもとに、無料のサンプルを従業員の家族や友人に配布した。数週間のうちに、通常の社内テストでは見逃しそうな多数の問題が見つかった。テストに参加した人々が、いつもラップトップを使っている人たちとは違う、さまざまな使い方をしたからだ。

二〇〇七年一〇月にイーPCが三四〇ドルで発売されると、最初の出荷分は三〇分で売り切れた。消費者はエイスースが生産できる限りのイーPCを購入し、同社の株価は翌日四・九％上昇した。台湾での発売開始後、すぐに世界でも発売されるようになり、二〇〇七年のクリスマスには、アマゾンで最も欲しいプレゼントに選ばれた。アメリカでの需要が非常に強かったので、ラップトップ全製品など、他のエイスース製品も初めてアメリカで販売され、ベストバイやメイシーズなどの大手販売店で取り扱われた。台湾のコンピュータメーカーが、ＨＰやデルの本拠地についに進出した。壮大な製品を売るのではなく、小さなネットブックにフォーカスすることで、それを実現したのだ。

戦略はどう機能するか

天才と誇大妄想狂は紙一重だ。シリコンバレーの物語には、偉大な性格のＣＥＯが登場し、事業開発を率先して行い、まず不可能と思われる極度の長時間労働にも耐える。こうしたＣＥＯは製品の細部にも異常なほどの関心を持ち、他の幹部にも同様のこだわりを持つよう要求する。ポラロイドのエドウィン・ランドからアップルのスティーブ・ジョブズまで、またアマゾンのジェフ・ベゾスからテスラのイーロン・マスクまで、ＣＥＯたちは自分の会社の至る所に足跡を残し、製品デザインの細部へのこだわりや、人々が欲しがるものを生み出す能力を称賛されている。

アップルは二〇〇一年一〇月にｉＰｏｄを発表したが、開発期間はあり得ないほど短いもので、スティーブ・ジョブズがトップダウンで決めた。プロジェクトの締め切りに間に合わせるため、当時ハードウェア部門のトップだったジョン・ルビンスタインは、すばやくエンジニアリング・チームを組織し、チームには標準化されたサードパーティの部品を小さなパッケージに入れ込むことを求めた。[6]こうした制約があったため、iPodのプロジェクト・チームは必要な機能を時間内につくることに加えて、製品開発の先行投資はほぼゼロで、ずっと低コスト化も可能にするような新しいアプローチを試した。iPodのように低価格で、マッキントッシュのコンピュータに比べると製品ライフサイクルがずっと短く、利益率も低い製品でアップルが利益を上げるためには、こうした条件は不可欠だったのだ。

ジョブズはプロジェクトのスケジュールを管理するだけでなく、その実行にも密接に関わった。プロジェクトに参加した人々によると、ジョブズは「聞きたい歌を聴くためにボタン押す回数が三回未満でなければ、ひどく怒った」[7]という。iPodの特徴は、その優美なデザインにもあったが、補完的な製品であるiTunesも特徴的だった。ジョブズはiTunesのインターフェイスを、パームの「ホットシンク」〔二つのコンピュータのあいだで、ファイルをシンクロナイズさせる〕をモデルとしてつくるべきだと主張した。iTunesから切れ目なく、iPodに音楽を移行できるようにするためだ。[8]

一年後、製品開発チームがウィンドウズ向けのiPodの開発に取り組んでいる頃、ジョブズはメジャーのレコード会社をすべて説得し、世界で初めて、楽曲をオンラインで提供してもらえるようにした。一曲当たり九九セントの価格を実現するために、ジョブズはレコード会社の重役や、人気歌手や作曲家らに自らプレゼンテーションを行った。合法的なオンラインの音楽市場を提供することが、ナップスターなどを通じて起こっている海賊行為への対策となると、アップルは約束した。ジョブズはオンラインでの音楽売上の大半、八〇％近くをレコード会社に渡すとした。iTunesから潤沢な利益を得ようとするのではなく、それを補完的なインフラと位置付けて、iPodの人気をさらに高めるための投資対象としたのである。

こうした、スティーブ・ジョブズやジョニー・シーのマネジメント行動をどう理解すればよいだろうか。どのような環境の下であれば、CEOの介入を組織の惰性を乗り越える意図的な行動と見なすことができ、長期的な環境への適応を進めるものと見なすことができるだろうか。あるいは、簡単に言うならば、CEOが直接現場に介入するとき、それはどんな役割を果たしているのだろうか。

＊＊＊＊

一九七五年、ボストン コンサルティング グループ（BCG）はイギリス政府に対して、非常に重要な研究を提出した。「イギリスのバイク業界の戦略オプション」である。[9] 一五〇ページに及ぶこのレポートでは、本田技研工業（ホンダ）が北アメリカのバイク市場に進出した様子が詳しく述べられており、同社がコスト削減と売上拡大、価格引き下げにフォーカスした独自の製造戦略を用いていたことが説明されていた。この間ホンダは、販売台数が基盤となるバイク市場で強いポジションを獲得できるまで、価格を引き下げ、コストを削減した。

低コスト、大量販売の戦略を進める一方で、ホンダは独自のデザインに取り組み、魅力的なマーケティング・キャンペーンを立ち上げた。また、販売店のネットワークと流通網を築き上げて、同社が主なターゲットとする娯楽用バイクの愛好者のニーズに応えられるようにした。

簡単に言うと、ホンダの物語は、意図的戦略を慎重に練り上げ、間違いなく実行してきた歴史だということだ。しかし、BCGが報告したこの物語にも、一つだけ問題があった。それは、必ずしも真実ではないということだ。

一九五九年に、ホンダは当時三九歳の営業課長、川島喜八郎をアメリカに派遣して、バイク市場をよく調べてくるよう命じた。[10] 第二次世界大戦後、ホンダは日本市場でバイクメーカーとしてトップの地位を築いた。当時、日本はまだ貧困からの復興と再建の過程にあり、ホンダの小さくて頑丈なバイクは、急速に成長する都市部で、配達業務に広く用いられていた。

当時アメリカのバイク業界は、ハーレーダビッドソンやBMW、トライアンフ、モトグッツィなどの定評ある企業が市場を支配していた。[11] 部下二人とともにロサンゼルスに赴任したとき、川島が販売を託されていたのは三つのクラスのバイクだった。五〇CCのスーパーカブ、一二五CCのベンリィ、二五〇CCと三五〇CCのドリームだ。川島はのちに、「最初は、アメリカで何か売れるかどうかやってみる、くらいのことしか考えていなかった[12]」と語っている。

アメリカでの事業は最初から壁にぶつかった。消費者はホンダのバイクに特に利点を見出さず、販売店は見知らぬブランドと組むのを嫌がった。ようやく、一〇〇余りの販売業者を通じて数百台の大型のモデルを何とか販売したものの、[13] 悲惨な結果が待っていた。東京のエンジニアは、アメリカのユーザーがどんな乗り方をするかを予期していなかったのだ。高速道路では、エンジンの故障、クラッチの摩耗、オイル漏れなどがよく起こり、修理のために東京―ロサンゼルス間でバイクを空輸するのには法外な費用がかかって、ホンダを破産させかけた。

この頃、百貨店のモンゴメリーワードとシアーズが、ホンダの最も小さなバイク、五〇CCのスーパーカブを、アウトドア電力設備売り場で売りたいと申し出た。しかし、奇妙なことに、ホンダはこのチャンスを即座に断った。アメリカのチームはより大型のバイクを売ることを本社と合意しており、その戦略が苦戦していたにもかかわらず、大型バイクの販売に固執していたのだ。

ある日、苛立っていた川島は少し気分を晴らそうと、自分のスーパーカブに乗って山に登った。オフロード〔舗装されていない場所〕でバイクに乗ると気分もよくなり、二人の部下も川島をまねるようになった。この三人が山でバイクに乗っているのを見た人たちは、やがて「その小さなバイクをどこで手に入れたのか」と尋ねるようになった。川島は親切心から、アメリカの隣人たちのためだけにスーパーカブを日本から輸入した。すると、愛好家の熱は高まる一方になった。最初に乗り始めた人たちが乗り続けた一方で、口コミも広がった。さらに多くの人々が、オフロードバイクを楽しむために、また街のなかで乗るために、自分のスーパーカブを手に入れようとし始めた。

アメリカのホンダのマネジャーたちが、自分たちは偶然に、北米のまったく新しい市場に行き当たったのだと気づくまでには少し時間がかかった。そこには、五〇CCのスーパーカブがぴったりと当てはまる、オフロードでの娯楽用のバイク市場があったのだ。

その証拠が積みあがるなかで、ロサンゼルスのチームは販売方針を変更するよう、日本の本社を説得した。既存の大型バイクの市場を追求し続けるのはやめて、偶然につくり出した新たな市場機会にフォーカスしたほうがよいと説得したのだ。[14] こうした偶然の出来事に加えて、もちろんデザインと製造も、真に世界クラスに達してきた。それによって、ホンダは製品の品質を向上させつつ価格を下げ続けられたのだ。スーパーカブの価格はハーレーダビッドソンの四分の一であり、ホンダのバイクの購入者は、大型でパワーのあるバイクにはほとんど興味を示さない、気軽にバイクに乗るユーザーだった。

いまから考えると、ホンダのアメリカ市場についての推測はかなり外れていた。一九五九年に進出したときの目標では、市場の一〇%を獲得することを狙っており、アメリカ全体の市場規模は年間五五万台で、年間成長率は五%と見込んでいた。一九七五年までには、アメリカ市場は年間一六%成長して、年間の販売台数は五〇〇万台となっていた。この成長には、ホンダが予想することのできなかった状況、つまりアメリカにおける小さなスーパーカブのヒットが大きく貢献していた。

「日本の自動車業界幹部なら誰でもそう思うだろうが、ホンダの成功はトップにいる数人の大胆な洞察から生まれたものではなかった。その反対に、マネジャーたちが謙虚で、最初の戦略的ポジションに過度にこだわらなかったために、成功することができたのだ」。現在、オックスフォード大学のサイード・ビジネススクールのフェローであるリチャード・パスカルは言う。「日本人は『戦略』という言葉を、簡潔な事業の定義や、競争上のマスタープランという意味では使わない。むしろ、『戦略的な順応』や『適応力のある持続性』といった観点で捉えている。企業の方向性は、生じてくる出来事に応じて少しずつ調整することで進化するという、彼らの考え方がここに表れている」[15]。

意図的戦略と創発的戦略

ホンダの例は、戦略の形成と実行が互いに絡まり合うような状況を示している[16]。マネジャーが決定を下すとき、ほとんどの場合、それは意図的戦略だ。既存の知識やこれまでの経験、会社の戦略的意図をベースに決断するのだ。その結果は、きちんと定められた指標で評価される。マネジャーは自分の行動に責任を持つ。最もイノベーティブな会社でも、報酬システムが社員の活力や努力に影響する。

トヨタの成功の評価指標は、製品の欠陥の継続的な削減かもしれないし、グーグルは検索結果の正確性の向上かもしれない。フェイスブックはユーザー基盤の拡大かもしれない。こうした成果がやがては売上や利益になり、それが次の製品やサービスに投資するための資金となる。このように、最も効率的な仕事の仕方がわかっている環境下では、目標は明確に示されるべきで、正確に実行されるべきだ。

もちろん、意図的戦略で事業を行うことに難しさがないわけではないし、クリエイティビティを発揮するチャンスが奪われるわけでもない。たとえば、トヨタの製造システムを詳しく調べてみると、日本のメーカーが世界レベルの生産品質を達成するために用いるツールは、まさにイノベーティブなものであることがわかる。組立工たちは品質管理サークルをつくって、製造における問題の根本的な原因を探る。彼らは経営側から細かな指示を受けなくとも、一部で小規模な実験を行う。効果的な解決策を見つけると、すぐにその知識を会社全体に広める。ジャスト・イン・タイムと総合的品質管理の下で、一般の従業員が自ら優れたアイデアを考え出し、それを検証して、その効果を社内に伝えて拡大するのである。

『トイ・ストーリー』や『ウォーリー』『レミーのおいしいレストラン』などの大ヒット映画を製作してきたピクサー・アニメーション・スタジオの社長、エド・キャットムルは、日本の品質管理システムが「ピクサーを前進させるアプローチの基になった[17]」と言う。キャットムルは、クリエーターのエネルギーを至る所で解放することと、クリエーターが会社全体で問題を解決することが重要であると考えた。そのために彼が選んだのが、日本人が得意とする品質管理サークルだった。知識を得ることが可能で、継続的な実験が推奨される環境では、夢をつくるピクサーの工場でも大手自動車メーカーでも、意図的戦略の追求が重要だったのだ。

しかし、ホンダのストーリーからは、知識が不完全なだけでなく、まったくわからない環境も存在したことがわかる。元米国防長官のドナルド・ラムズフェルドの言葉を借りると、それは「何を知らないのかも知らない」状況だ。こうしたときこそ、創発的戦略をとる必要がある。

　ホンダの幹部は、アメリカに小さなスーパーカブの利用者がいるとは予測できなかった。スーパーカブはもともと配達用のバイクで、東京のような混雑した町の細い路地を通れるよう設計されたものだった。体の大きなアメリカ人は、広い高速道路で大きなバイクに乗るものと考えられていた。ホンダにとっての救いは、トレンドを予測したというよりは、トレンドを発見して、それを活用し、新しいセグメントの爆発的成長につなげたことだ。ホンダが成功できたのは、意図的戦略をひたすらに追求したからではなく、予期していなかった事業機会を認識できたからにほかならない。こうした方向転換こそが、創発的戦略である。

　創発的戦略の重要性は、アマル・ビデ教授が行った研究で示された。その研究では、ハーバード・ビジネススクールの卒業生のうち、自ら会社を立ち上げた人たちを追跡した。[18] 予想通り、大半のスタートアップが失敗していたが、成功した企業の九三％という圧倒的多数が、最初の戦略が有効でなかったためにそれを放棄していた。それらの起業家は創業時に調達した資金を、別の事業を始めるために使っていた。言い換えると、スタートアップが成功するためには、ほとんどの場合、最初の投資家との約束とは別のことを行う必要があるということだ。

　当初の戦略への固執は、大きな危険につながる。特に、ベンチャーキャピタルがスタートアップに対してあまりにも急速な成長を求め、戦略の変更を行う時間を与えない場合、固執により失敗の可能性が高まる。「若い企業に対して、非常に速く、大きくなることを求めるベンチャーキャピタルは、その企業を間違いなく崖から突き落とす」とビデは記す。[19] 失敗した企業は、ベンチャーキャピタルが投資した資金を、すべてその失敗する運命にある計画に使ってしまうのだ。したがって、成功と失敗を分けるのは、最初から正しい道を選ぶことではなく、まだやり直せるうちに間違いから学べるかどうかだ。成功した企業には、間違ったとしても再スタートできる資金もまだ残っていた。

有名な起業家のエリック・リースが、「リーン・スタートアップ」[20]を提唱するのもそのためだ。彼がこの言葉で言い表している組織は、学習の機会を最大化し、市場の知見を集め、新技術の商品化のための資金を最小化する組織だ。イノベーターにとっての最大の危険は、市場がすでに先に進んでいるのに、それが見えないなかで完璧な機械をつくることにとらわれ、もはや誰も欲しがらない製品とともに行き場を失ってしまうことだ。それよりも、必要最小限の機能を備えた製品、つまり業界用語で言う「ミニマル・バイアブル・プロダクト（MVP）」をつくるほうがよい。MVPであれば、「つくり、評価し、学ぶ」のサイクルを可能な限り速く完成させることができる。特にハイテクの世界では、スピードが重要だ。

そして、歴史ある企業がスタートアップに勝とうとするならば、まずはスタートアップのように振る舞わなければならない。数々の証拠からわかるのは、破壊的なイノベーションの商品化に成功するには、組織を切り離して、その戦略プロセスを管理する必要があるということだ。つまり、独立した事業部門の形で、担当マネジャーに自律性を与えなければならない。古くからある企業の主な組織は恐ろしいほどに因習的で、あまりにも惰性が強い。したがって、最善の方法は古い事業と新しい事業の関わりを最小限にすることだ。そうでなければ、前者が後者を窒息させてしまう。もちろん、自律的なチームが成功するとは限らないが、その条件は必要だ。

完全な分権化には問題も

経営学の実地調査による研究を見ると、戦略的な取り組みの多くがボトムアップで、社内の資源分配プロセスのなかで生まれてきている。[21] たとえば、生産能力の不足や市場の潜在的可能性などに関して、現在の実績と目標との乖離を埋めるために、現場のマネジャーが詳細な提案を行う。

多くの提案が挙げられるなかで、部門やグループを率いるゼネラルマネジャーが、最も期待できると思うものをさらに支援し、いわばお墨付きを与える。このゼネラルマネジャーが、事業や現場のマネジャーを直接知っている人物としては最高レベルなので、どのプロジェクトを選ぶかという彼らの決断によって、どれが資金を得るかが決まってくる。

結果として、何が実際に起こるかを決めるのは、戦略研究やトップの発言ではなく、提案への支援や現場の実行だ。プロジェクトが会社レベルで公式の承認を得る前に、いくつものレベルで選考が行われる。現場レベルとそれをまとめるレベルで行われる選考プロセスが、究極的には実現する戦略を決めていく。このボトムアップのプロセスは非常に強力なので、低いレベルのマネジャーは変革の推進者として称賛されるべきである。一方で経営トップは、会社を成功に導いた思いがけない出来事を、事後に承認するだけだ[22]。

ホンダのケースでは、戦略変更におけるトップの役割は、主に「ボトムアップの取り組みを無視することなく積極的に認識し、それを活用したこと」だ[23]。トップの経営陣が影響を及ぼす方法は間接的なもので、たとえば、外部の脅威についての認識を操作することや[24]、ディスラプションに直面したときに、組織の自律性を確保することなどだ[25]。

実際、グーグルの組織構造に関して非常に見事なのは「分権化」だ。オンライン検索からアンドロイドまで、グーグルの製品グループには独自に動く自由が限りなく与えられている。その結果、グーグル製品の大半は自律的に進化してきた[26]。同社には伝説的な、「二〇%の時間（一週間に一日）を与えるルール」があり、従業員はその時間を使って自分の中心的な職務以外のプログラムに取り組める。そこから、Gメールやグーグルマップといった多数の優れた製品が誕生した[27]。

創業者のセルゲイ・ブリンとラリー・ペイジは、従業員に「特大ホームラン」を狙えとせきたて、競合他社よりも一〇倍優れた製品やサービスをつくるよう促した。「失敗しないものに取り組みたいと思うのは自然なことだ」とペイジは言う。「だが、徐々に改善していったものは、時間が経てば必ず時代遅れになる。テクノロジーの分野では、変化は徐々に起こるものではないのだから[28]」。こうした状況で、グーグルではプロジェクトの七〇%が同社のコア事業を何らかの形で支えるもの、二〇%が新しい事業のアイデア、一〇%が試しにやってみる実験となっている[29]。

グーグルで大量に実験が行われているのに混乱が起こらないのは、同社が戦略を明確に定義しているからだ。すなわち「製品を無料で提供し、顧客基盤を急速に拡大して、消費者の利用を促し、ユーザーのデータを手に入れ、そして広告を売る」。こうした基本的なレールがあるから、戦略面での責任を会社のあらゆるレベルに分散できる。企業戦略は「意図的に創発的」なものとなり、創業以来、広告収入が同社の主軸となっている。年間広告収入が六〇〇億ドルのグーグルは、事実上、世界最大の広告会社で、ニューズコーポレーション（六九億ドル）やハースト（四〇億ドル）、タイム（二九億ドル）をはるかに上回る。[30] 二〇一五年のグーグルの売上高のうち、広告以外の事業から得られたのは八〇億ドルだけだ。当然ながら、グーグルがこの成功の方程式から離れようとすると、同社はいつでもトラブルに見舞われる。[31]

二〇一二年に、グーグルはモトローラを一二五億ドルで買収し、ハードウェア事業に乗り出そうとした。しかし、結局のところ二九億ドルという破格の安値で、レノボに売却することとなった。[32] 三二億ドルで買収したスタートアップのネストは、最初の製品、学習するサーモスタットから行き詰まった。同様に、ネクサスのタブレットもヒットすることはなかった。[33] グーグルファイバーも、超高速インターネットサービスを普及できず、同部門は閉鎖された。[34] 拡張現実の到来を告げると言われ、前評判の高かったグーグルグラスも、つまりは大失敗だった。[35] 最も多くを物語るのが、グーグルの自動運転車だ。このプロジェクトも影響力を発揮することなく、テスラやウーバーに先を越された。[36] まるでグーグル本社の見えざる手が、広告モデルに当てはまらない取り組みはすべて失敗させているかのようだ。「その製品ですぐに広告を売れないならば、ただちに息の根を止めてやる」と言わんばかりだ。

このようにして、分権化されたイノベーションは、たとえそれがグーグルであっても企業を制約する可能性がある。スカンクワークと呼ぼうが、リーン・スタートアップと呼ぼうが、あるいは社内ベンチャーの他の手法を用いても、トップの経営陣が頭のよい人を暗い部屋に閉じ込め、資金をいくらか注ぎ込み、自分たちは退いて何か素晴らしいことが起きるのを願うだけだとしたら、リーダーの果たす役割はほとんどないに等しい。

しかしありがたいことに、イノベーションをマネジメントする方法はほかにもある。

役立つ介入か、ムダなお節介か

日差しの明るいシリコンバレーから一三〇〇キロほど北上したところにシアトルがある。冬は寒く、湿っぽく、曇りがちなこの街にアマゾンの本社がある。アマゾンにもグーグルと同じく失敗したプロジェクトはたくさん存在する。例を挙げると、アマゾン・デスティネーション（ホテル予約）、エンドレス・ドット・コム（高級ファッション）、ウェブペイ（ピアツーピアの支払い）などだ。[37]「アマゾンは、文字通り、何十億ドルもの失敗をしている」とCEOのジェフ・ベゾスは言う。[38]「どれも楽しい経験ではなかったが、たいしたことではない。重要なのは、実験をし続けない企業、あるいは失敗を受け入れられない企業は、最後には神頼みしかできなくなるということだ」。

ベゾスはグーグルのトップとは違って、アマゾンのさまざまな実験の道筋を自ら定めることで知られている。関係者によると、ベゾスは究極の製品マネジャーだという。元デザイナーは、ベゾスが「工業デザインチームと大胆なアイデアを議論し、UIのチームとはフォントサイズやインタラクションフローについて議論していたのをよく目にした」という。[39] 別の人物は、「ジェフはショッピング体験のあらゆる部分に関わりたいと考えていた」[40]と話す。

一九九七年に株式を公開して以来、アマゾンは八〇社近い企業を買収してきた。[41] そうするなかで、数えきれないほどの新事業を開発した。アマゾンは書籍やCDを販売するところから事業を始めたが、その後、ファッションの販売や映像のストリーミング、音楽のストリーミング、企業向けクラウド・コンピューティング（AWS）、電子書籍、オーディオブック、スマートWi-Fiスピーカーなどに事業を広げてきた。最近はホールフーズを買収して、高級な農産物や生鮮食品、半調理品の販売に乗り出した。

アマゾンの事業は多様なので、消費者が納得する価値提案をするためには、それぞれに異なるリソースやプロセスを用いる必要がある。利益を得る方法も異なる。ハードウェアを売る事業もあれば、サービスを提供する事業も、B2Cの事業もあればB2Bの事業もある。どれも一つの法則に収まらない。この何でも売っている店の目覚ましい成長の裏では、ベゾスは最高位の調停人として行動し、会社の資源を流動的にするためにあらゆるルールを破ってきた。

アマゾンがスマートフォンへの進出に失敗したときには、ベゾスは公に自分の責任を認めた。これは「ファイアフォン」は複数のカメラを採用して3Dスクリーンのように見せることができた。これは宴会などで楽しむにはよいかもしれないが、とてもキラーアプリとは呼べるものではなかった。他の機能はすべてアマゾンのサービスに合わせてつくられており、このスマートフォンの最大のセールスポイントは、アマゾンでの買い物がしやすくなることだった。さらに他社のアプリが少ないことも、消費者を遠ざけた。発売から一年でベゾスは事業を中止し、一億七〇〇〇万ドルの損失を計上した。販売されなかった八三〇〇万ドル分の電話機は、倉庫でホコリをかぶるだけになった。それでも、シリコンバレーにある同社の研究開発グループ、ラボ126でベゾスは、ファイアフォンでは「価値のある教訓を得たのだから、後悔しなくてよい」と話したという。

この教訓が、スマートスピーカーのアマゾン・エコーの立ち上げで大いに生かされた。エコーは、たとえるならばアップルの音声アシスタント、シリがチューブ型のスピーカーに入っているようなもので、ユーザーの命令を聞いてそれに従う。いわば、検索エンジンと人工知能が女性の声のアシスタントという形で組み合わさったようなものだ。開発当初から、ベゾスは一〇〇〇人の開発チームに対して、「スキル」と呼ばれるサードパーティのアプリの承認を迅速に行うよう求めた。サードパーティのプログラマーは、一般的なスキル（たとえば、リストの次の項目に案内する、進行中の動きを一瞬止める、前の項目に戻る、動きを再開するなど）を簡単に利用することができ、こうした基本的な機能をさらに先進的な機能に組み込める。

このように、自社のシステムをサードパーティの開発者にオープンにすることは、論理的には筋が通っているかもしれない。しかし、第4章のDARPAの例で見たように、簡単に使えるツールをつくって、それを利用するよう促すのは、それほど簡単なことではない。

ジャックドー・リサーチの創設者、ジャン・ドーソンは「スマートスピーカーのようなものの開発では、理屈の上ではグーグルのほうがアマゾンより優れている」[42]と言う。グーグルの音声アシスタントは、ユビキタスな検索と非常に強力なアルゴリズムで、「サルの平均身長は？」といった構造化されていない思い付きの質問で、アマゾン・エコーに楽々と勝利する。グーグルのユーザーは音声で「コマンドを発する」というよりも、音声アシスタントともっと直感的で会話的なやり取りができる。

それでも、エコーは一万五〇〇〇もの膨大なスキルをマスターした。ウーバー（タクシーを呼ぶ）、フィットビット（健康データの確認）、ミクソロジスト（カクテルのレシピを調べる）、ドミノ（ピザを注文する）と連携しているほか、フィリップスやサムスン、ゼネラル・エレクトリックなど他のデバイスメーカーのアプリも搭載している。[43]一方のグーグルの音声アプリの数は、二〇一七年六月末時点で三七〇、マイクロソフトはわずか六五だ。

これほど多くのサードパーティ・アプリを備えているため、グーグルもマイクロソフトもアップルも、スマートスピーカー市場におけるベゾスの支配を破れそうにない。この原稿を書いている時点では、アマゾンの市場シェアは競合三社を合わせたシェアの二倍以上となっている。[44]グーグルCEOのサンダー・ピチャイは、「この事業をうまく行うには、開発者やサードパーティとがっちりと組んで、ユーザーがさまざまなことができるようにする必要がある」と認めた。[45]

アマゾンのイノベーションに関して特筆すべきは、アマゾンがバックエンドのオペレーションの位置づけを変えたことだろう。二〇一二年にアマゾンは、インターネット企業の屋台骨と言える社内のコンピュータ・サーバーを、社外のクライアントに開放した。ネットフリックスもドロップボックスも、実際どんな企業でも、自力で高価なサーバーを持つ代わりに、お金を払ってアマゾンのサーバーを使うことができる。これがアマゾン・ウェブ・サービス（AWS）の背後にある考え方だ。AWSはクラウドを使った法人市場向けソリューションで、通常はコストセンターと見なされるバックエンドのインフラを使っておカネを稼ぐ方法を、ベゾスが見出したものだ。このビジネスで勝ちたいというベゾスの決意は固く、プラットフォーム上のサーバーはすべてオープンAPIでつくることを求めた。そうすることで、アマゾンのコンピュータ・サーバーが、標準的なウェブプロトコルを通じて外部のパートナーと簡単にコミュニケーションできる。この点に関してベゾスはメールで指示を書き、その最後を彼特有の表現で締めくくっていた。「これを行わない者はクビだ。では、よい一日を」。

こうした独裁的なやり方は、グーグルでは考えられないだろう。しかし、大企業の縦割り組織を壊すのは、まさにこうした介入である。

CEOが委譲できないこと

シカゴ大学の有名な経済学者、リチャード・セイラーは、ある大企業と思考実験を行い、マネジャーらに次の二つのリターンが考えられる投資シナリオを評価してほしいと言った[46]。そのシナリオでは、投資を行ったあとに、五〇％の確率で二〇〇万ドルの利益が得られ（期待収益は一〇〇万ドル）、五〇％の確率で一〇〇万ドルの損失が生じる（期待収益はマイナス五〇万ドル）という。どのくらいのマネジャーがこの投資に手を上げるだろうか。セイラーはさらに、この企業は大きいので一〇〇万ドルの損失は吸収できると付け加えた。複数のプロジェクトが失敗しても、それで経営破綻になることはないという。

二三人のマネジャーのうち、この投資を行うと答えたのはわずか三人だけだった。ほぼ全員が否定的だったのはなぜなのだろうか。

プロジェクトが成功したら、彼らは少しボーナスをもらえるだろうが、もし失敗したらおそらくクビになる。彼らはみな自分の仕事が好きだったので、それをリスクにさらしたくなかった。しかし、CEOの観点からすれば、プロジェクトの総体的な期待収益は五〇万ドルなので、会社としてはこれに投資するべきなのは明らかだ。このように、「会社を懸ける」ほどの資金が必要ではないプロジェクトでも、中間レベルのゼネラルマネジャーはキャリア上のリスクを避けようとする。CEOは時としてこうしたリスクを引き受ける必要がある。ジェフ・ベゾス、ジョニー・シー、スティーブ・ジョブズはこれを行ってきた。

企業が迅速に行動する必要がある不安定な事業環境では、完全に分権化されたイノベーションのモデルでは不十分だ。企業のリーダーはその地位の力を、市場を知っている一般社員に提供する必要がある。だからといって、重箱の隅をつつくマイクロマネジメントを行えと言っているのではなく、トップの戦略的介入が不可欠な場合があるということだ。ゼネラル・エレクトリックの元会長・CEOのジャック・ウェルチは、このことを本能的に理解していた。「わたしが気に入っている特権は、問題を一つ選んで、『ディープダイブ』を行うことだ。ディープダイブでは、まず自分が力になれると思う問題を見つける。〈中略〉そして、自分のポジションを活用してそれを支援する。わたしはよくこれを行っている。会社の至るところでやっている」。

いったん「ディープダイブ」を認識できるようになったら、あらゆるところで行われているのに気づくようになる。[47]

CEOのディープダイブ

ニューヨークのウォール街の近くに、コミュニティ・ソリューションズの本部がある。前章で紹介した、コモン・グラウンドから分かれた組織だ。現在では、コミュニティ・ソリューションズは完全に独立した組織になっている。実は、二〇一一年にロザンヌ・ハガティはコモン・グラウンドの代表の地位を離れていた。住宅事業とプログラムのディレクターだったブレンダ・ローゼンが代表となった。

ロザンヌは自分のすべての時間をコミュニティ・ソリューションズに使おうと決心した。同団体は住宅の所有や運営を行わず、知識の普及だけを行っている。いわば資産の少ないモデルだ。「何年も活動してきたあとでコモン・グラウンドを手放したが、思ったほど難しいことではなかった」とロザンヌは言う。「わたしたちはコモン・グラウンドで直接支援できる人たちのために、住宅を建てて運営し、素晴らしい仕事をしてきた。でも、何年か経つうちに、この仕組みでは手が届かない人たちのことがより心配になってきた。だから、その問題を解決するアプローチを、わたしたちのイノベーション（知識の普及）を通じて見つけたいと思うようになった。そう思ったので、この転籍はわたしにとっては当然のことだった」。

それでも、ロザンヌからこのことを聞いたときには驚いた。アメリカ企業の何人のCEOが、それがどんなに有望そうだからといって、白紙の状態の未来を受け入れて、過去の成功を投げ出そうとするだろうか。慣れ親しんだものやこれまで築いたものを大切にするのは、人間として当たり前のことだ。さらにわたしが知ったことは、ロザンヌがコモン・グラウンドを去る前に、組織のあちこちでディープダイブがあり、その後コミュニティ・ソリューションズが独り立ちできるようになったということだ。

ベッキー・カニスのチームが、「慢性的ホームレス」をターゲットにする重要性について取り沙汰していたとき、それは何人かを観察したうえでの仮説に過ぎなかった。この戦略が効果を発揮する証拠はなかったし、おそらくロザンヌ以外は誰も、このアイデアに懸けてみる気持ちにはなっていなかった。ロザンヌは、他のルーティンのプロジェクトと異なり、慢性的ホームレスのプロジェクトはスタッフに任せなかった。このプロジェクトに関係する慢性的ホームレスはわずか一八人だった。コモン・グラウンドがニューヨーク市で運営している三つの集合住宅の規模に比べると、一八人だけを支援するのは、CEOとして意味がないことのように見えたかもしれない。

しかしロザンヌは、この少数のホームレスに合わせてコモン・グラウンドの既存の住宅提供の方針を変え、そうすることでプロセスを速めた。長年のコモン・グラウンドのパートナーである都市コミュニティ・サービス・センター（CUCS）に電話して、入居候補者の評価に手を貸してくれるよう頼んだ。CUCSは精神疾患の患者への対応の経験がずっと豊富で、その専門知識は新たなターゲット・グループにとって有用だった。続いてロザンヌは、コモン・グラウンドの住宅オペレーションのチームに対して、一定割合を慢性的ホームレスに充てるよう指示した。

この指示は住宅オペレーションのスタッフにあまり受け入れられなかった。「誰もが疑っていた。みんなは、『彼らはひどい住人になる。状況をめちゃくちゃにする。とんでもないことをする』と言っていた」と、ロザンヌはクスクス笑いながら話した。マネジャーたちはロザンヌのアイデアに対し、慢性的ホームレスが家賃を払わない可能性が高く、ひどい場合には住宅施設を破壊するのではないかと言って、反対した。各住宅のマネジャーは年間の予算に責任を持っていたので、そんなことが起こったら悪夢だった。

ロザンヌは、不安を鎮め抵抗を少なくするために、新しい住人たちが住宅に受け入れられたら、その影響を追跡調査することを決めた。さらに精神疾患に関してより深い介入が必要な場合に備えて、CUCSから追加の協力が得られるよう準備を整えた。さらには、もし追加の資金需要が生じた場合には、どんな要求でも受け入れると個人として約束した。

一年半が経過した時点で、マイナスの影響はほぼ何も生じていなかった。「今回も、起こるかもしれないと思っていたことが、実際には起こらなかった。よくあるパターンだ。慢性的ホームレスの人たちは、新たな環境になじむのにメンタルヘルスのサービスがかなり必要だろうと考えていたが、そうではなかった」。こうロザンヌは説明する。「路上に長年住んでいた人たちは、本能的に適応力が高い。彼らはどこでも生き延びられるよう、学んできたのだ。マネジャーたちに追加で発生した仕事は、銀行口座の開設を手伝ったり、お金の管理を手伝ったりすることだけだった。少し援助が必要なのは、そうした部分だった」。

これまでの章で見てきた通り、この一八人の慢性的ホームレスだけにフォーカスし、彼らを住宅に住まわせると、その地域に変化が起きることがわかった。単に路上生活者が一八人減ったのではなく、タイムズスクエア周辺で路上生活者が全体的に減少し始めたのだ。住宅に住むことが第一であると正しく理解することで、「一〇万戸の住まい」キャンペーンの成功の下地が築かれた。最も目立っていたホームレスに焦点を絞り、彼らが望む住まいを提供したことで、短期の路上生活者も支援を受けるよう説得することができた。

介入がなかったら

では、もしロザンヌやエイスースのシーが介入していなかったら何が起こっていたか、想像してみよう。二人のリーダーが口火だけ切って現場を離れ、実行面のさまざまな問題は部下のマネジャーに任せていたらどうなっていただろうか。

コモン・グラウンドでは間違いなく、慢性的ホームレスの人たちを住まわせる前に、担当マネジャーが住宅オペレーション部門に対して根回しをし、駆け引きを行い、交渉を続けていただろう。それによって、この活動全体の方向性が変わっていた可能性がある。

エイスースでは、担当マネジャーが会社のあらゆる方針に関して議論を続けていただろう。アジア以外のサプライヤーと取引すること、ラップトップ・コンピュータを安値で販売すること、会社の品質保証の方針を破り、最初の製品を消費者に無料で配布してテストしてもらうことなど、議論は尽きなかったはずだ。それによって、イーPCの発売は何カ月も遅れ、重要なタイミングを逃していたのではないか。

ある製品マネジャーが振り返る。「イーPCチームの外側の人たちが、このプロジェクトは失敗だと見ていたときがあった。〈中略〉プロジェクトにはラップトップ部門の専門知識も必要で、その力を借りることでかなりの緊張感が生じていた。でも、ジョニーが自ら、そんな『騒音』を鎮めてくれた」。なお、その後イーPCのタスクフォースは新しい事業部門となり、さらに拡大して、ハイエンドのラップトップ以外の消費者向け家電製品をつくり続けている。シーはもはや日々のオペレーションを自分で監督する必要はないと感じ、二人の幹部にさらなる事業開発を任せた。シーはまた、社内の別の場所でディープダイブを続けている。

結論を言おう。必要なイノベーションが破壊的なものである場合、チームに適切な人材を配置し自律させる必要があるが、それだけでは足りない。第1部のノバルティスとP&Gの例で見たように、企業が新たな知識分野にリープするとき、幹部は戦略立案以外にも手を広げて、その実行においても自分の手を汚さなければならない。

企業のリーダーは、中間レベルのゼネラルマネジャーが尻込みするようなキャリア上のリスクを吸収する必要がある。知識の力と地位の力を的確に組み合わせて用いなければ、成功はできない。企業の頂点で、こうした起業家精神とそれに伴う行動を示すことが、CEOの役割として非常に重要であり、その役割は他者に委譲することはできない。これらが、企業のトップに立つ人々の主要な役目なのである。

どんな企業も、持続的な競争優位を確立することを目指している。

かつては、垂直統合を行い、生産システムのすべての段階をコントロールすることが、比類のない強みとなると考えられていた。だから企業は、研究開発、生産、販売、マーケティングのすべてを、一つ屋根の下に入れようとした。規模が重要で、範囲の経済が支配的な力をもたらすと考えられたため、二〇世紀の中頃には、ゼネラル・モーターズやゼネラル・エレクトリック、IBMなどが巨大企業となった。

続いて、ソニーやトヨタ、東芝、ホンダといった日本企業の台頭によって、品質管理やシックスシグマ、リーン生産方式が真の答えだと考えられるようになった。その次に現れたのが一九九〇年代後半のデルで、同社はサプライチェーンのなかで補助的な部分はすべて外注し、自社の強みである優れた性能の実現に集中した。しかし、どのマネジメントのイノベーションをとってみても、持続的な競争優位についての答えはなかなか得られない。

本書は、繊維業界の競争の物語で幕を開いた。新たな企業が次々と先行企業を追い払ったものの、やがては次の新たな企業の犠牲となっていった。一八五〇年代には、イギリスの輸出品の半分が綿製品で、二〇世紀の初めまでは、世界の綿布の約半分をイギリスの繊維工場が生産していた。しかし、二〇年も経たないうちに、アメリカ企業がイギリス企業に打ち勝った。そうかと思ううちに、新たな競合企業群がアメリカ企業を追い越し、繊維産業を支配していった。それらの企業はアジアからやって来た。最初は日本から、続いて香港、そして台湾と韓国、最後には中国、インド、バングラデシュの企業が支配的になった。競争が激しくなるにつれて、イギリスやアメリカで工業地帯を形成していた、大規模で人口の多い工場の街はゴーストタウン化していった。工場は痛々しくも用途が変更されるか、完全に取り壊された。

しかし、繊維業界が特別なのではない。重機メーカーから家電メーカー、自動車メーカーから太陽光パネル、風力タービンまで、先行企業は常に倒されてきた。S&P500種を指標とすると、企業の寿命は一九二〇年代には六七年だったのが、今日では一五年になっている。また、アメリカ企業のCEOの平均在籍期間も、ここ三〇年のあいだに短縮している。わたしたちは変化が加速している世界に生きている。

競争優位が確立しにくいことは、一世紀以上前にドイツの製薬企業、ヘキストが、スイスのチバ、ガイギー、サンドに対して嘆いていたことでもあった。「模倣の国」と言われていたスイスでは、一八八八年までは特許法が成立していなかった。スイスの化学者は自由に他国の発明家のまねができたし、それが推奨されてもいた。最初の合成解熱剤である「アンチピリン」がヘキストの研究所でつくられると、世界の需要は大きく高まった。すると、スイス企業がすぐにその模倣品を販売し始めた。有機化学が、イノベーションを生みだす分野となった。

そして、アレクサンダー・フレミングが抗生物質のペニシリンを発見すると、次のブロックバスターは有機化学だけではなく、まったく新たな分野、すなわち微生物学からも誕生すると誰もが考えるようになった。第二次世界大戦が終わるとすぐに、ヨーロッパやアメリカの製薬企業が土壌スクリーニング・プログラムを世界中で立ち上げて、風変わりなキノコや鉱脈を探して、さらに強力な抗生物質を追い求めた。墓地で土を採取したり、風船を飛ばして風に舞うサンプルを集めたりもした。坑道の底まで下り、山の頂上まで登って、その間にあるどんな場所にも赴いた。微生物学が有機化学に代わって、科学的発見のメインの舞台となった。深水タンク培養や精製などの新たな技術も力となって、世界の感染症は急激に減少した。かつては、たちが悪く、致命的だった感染症も、迷惑だが治療可能な病気になった。

これに続いたのが一九七〇年代のバイオテクノロジー革命だ。科学者たちは細胞核内の染色体の働きに驚嘆し、そののちにDNA分子を組み換えられるようになった。そして、糖尿病患者のために、細菌にインスリンを生産させるなど、自然界からは豊富に得られない有効成分を合成できるようになった。現在ではヒトのゲノムが完全に解読され、コンピュータの活用が進んで、遺伝子工学は基本的にデジタル化された。科学者たちは稀ながんの生物学的基盤となる分子経路を発見しつつある。ここでも新たな知識分野への移行が起こった。ゲノミクスとバイオエンジニアリング（生物工学）への移行である。

今日、製薬業界の最先端にい続けるには、高価な設備を備えた研究所や、巨額の予算、大規模な研究者のチームが必要になる。スイスのノバルティスだけでも、二〇一四年の研究開発費は一〇〇億ドル近くとなった。また、同年の大手製薬会社二社、ノバルティスとロシュの株式時価総額は合計で四〇〇〇億ドルとなり、さらに上昇傾向にあった。がんの薬からＨＩＶの薬まで、最先端の開発においては西側の企業が業界をリードし続けている。自動車業界ではグローバルな競争によってデトロイトが衰退し、アメリカのラストベルトの中心地になったが、それとは対照的に、ノバルティスとロシュが本社を置いているバーゼルは、永遠に豊富な資産を持つように思われる。バーゼルの住民は、西ヨーロッパで最も高いレベルの生活水準を享受し続けている。

しかし、製薬業界で新興諸国の後発企業が西側の先行企業を倒せない理由は、設備投資額では説明できない。実際、二〇世紀が始まる頃に、アメリカ企業が繊維輸出でトップの地位をイギリスから奪ったが、その際にもイギリス企業の設備投資額や企業秘密、特許は障害とはならなかった。同じことが、重機や風力タービン、太陽光パネル、パーソナル・コンピュータ、携帯電話、自動車など、後発企業が先行企業を決定的に打ち負かした業界で言える。

製薬企業の歴史からわかるのは、知識分野のシフト、つまり有機化学から微生物学、そしてゲノミクスへのシフトが、意欲的な先行企業がさらに先を行くための道を切り開いたことだ。持続的な優位性は、ユートピアのようなポジションではない。新たな知識を常に注入し、ビジネスのやり方を変えていくことによってのみ、イノベーションを行う余地ができ、後発企業を阻むことができるのである。これが「奇跡の薬」となって、一世紀以上の歴史を持つ製薬会社を若々しく保っている。

歴史の理解が役に立つのは、それが未来の意思決定で活用できる場合だけだ。だから、こう問わなければならない。「次の領域はどうやって見つけるか」「競争のやり方が次に書き換えられる場所はどこか」。

三つのレバレッジ・ポイントがその答えを導き出す。すなわち、ユビキタスなネットワーク環境の出現、知的なマシンの止めようのない進歩、人間の仕事の仕方の変化だ。これらは今後数十年間ほとんどの企業に影響を与え、日々のビジネスの一部になる。自社に有利になるように、ルールを書き換える必要がある分野だ。

スタインウェイのピアノの職人芸がヤマハの大量生産に負けたときとまったく同じように、わたしたちは新たな変化に直面している。それは意思決定の仕方の変化で、新たな競合企業は、経験豊かなマネジャー数人の判断よりも、大勢の人々(クラウド)の知恵に頼るようになってきている。産業革命で大量生産が職人技を変えていったように、クラウドの知恵がデジタル革命において意思決定を変えている。

微信とDARPAが示すのは、オープンなコラボレーションでは単にボランティアを募るだけではなく、原則を忠実に守らなければならないということだ。原則とは、複雑な問題を小さな部分に分ける、ツールキットを開発し、それを個々人が使えるようにするなどだ。それが正しく行われれば、アマチュアでも非常に解決しにくい技術的な問題を解くことが可能になる。

二つ目のレバレッジ・ポイントは、人間の直感の自動化だ。グーグルのアルファ碁が人間に勝ったことは、グーグルが先頭を走り続けるうえで深い意味を持つ。グーグル、フェイスブック、IBM、マイクロソフトといった超大手テクノロジー企業は、先進的な機械学習専門の研究所を立ち上げている。リクルート・ホールディングスも人工知能の研究所を拡大し、美容院やレストランといった同社の顧客が、同社の世界クラスのデータ・インフラに直接アクセスできるようにしている。

しかし、ここにポイントがある。それはリクルートで顧客を機械学習のプラットフォームに連れてくるうえで重要な役割を果たしているのは、同社の多数の営業担当者やサポートスタッフだということだ。オフィスワークのかなりの部分が自動化されても、新たなシステムによって人間の労働がすべて不要になるわけではなく、より高度な仕事を行えるよう、人間の脳が解放されるだけなのだ。この点が三つ目のレバレッジ・ポイントに結びつく。つまり、クリエイティビティを拡大することによって、AIと人間の専門性が交わりあうということだ。

予測分析や機械学習が行われる状況では、スモールデータが非常に重要だ。現代社会ではより多くのデータが生成され、保持されるようになっているが、そうしたなかでは、矛盾するようだが人間の共感と人間学的な観察がより一層重要になる。コモン・グラウンドのロザンヌや、ゼネラル・エレクトリックのダグ、P&Gのクラウディアが示したのは、企業はビッグデータだけに頼ることはできないということだ。企業は、豊かで深いスモールデータを解釈し、人間のクリエイティビティが機械に勝る領域で秀でる必要がある。人間の状態を理解し、何が欲望や感情を動かすかを理解することは、消費者向け製品の企業だけでなく、産業向けの企業でも重要だ。スモールデータの重要性は、オンラインのデータが大量に生成される世界では拡大する一方だ。

今後のビジネスにおけるこれら三つのレバレッジ・ポイント、すなわち、ユビキタスなネットワーク環境、知的なマシンの止めようのない進歩、人間中心のクリエイティビティの重要性拡大には、企業のリーダーが意欲的に対応する必要がある。単に認識しているだけではダメだ。戦略と実行は切り離せないのであるから、考えているだけでは不十分だ。アイデアを日々の行動に生かさなければ、先行企業は後発企業に打ち負かされる危険がある。

スタインウェイやGM、多数の繊維メーカーなど、先行企業の失敗に共通点があるとするならば、それは「長期的な存続のためには、セルフ・カニバリゼーションが不可避」であることを受け入れられなかった点だ。これに対して、P&Gからノバルティス、アップル、アマゾンまで、将来に目を向けている企業はセルフ・カニバリゼーションを率先して行う必要性を認識している。

だがセルフ・カニバリゼーションの受容は、自然に行えることではない。だからこそトップが先陣を切って障害を乗り越える「ディープダイブ」が不可欠なのだ。ノバルティスの初代CEO、ダニエル・バセラはグリベックの発売に際して、「カネは関係ない。とにかく進めなさい」と言った。P&Gで創業者一族の最後のリーダーとなったウィリアム・クーパー・プロクターは、合成洗剤について、「この商品が石けん事業を滅ぼすかもしれない。しかし、どうせ滅ぼされるのであれば、それはプロクター・アンド・ギャンブルに滅ぼされるほうがいい」と言った。ラストベルト地域の人々の苦しみは非常に現実的だ。失業、非都市化、依存症、犯罪率の上昇、短命化、そして自殺。しかし、もし繊維産業がグローバル競争の犠牲者であるとすれば、同じくらい古くからある産業で、わたしたちの希望となる業界がある。それは農業機械業界だ。その業界では、ある企業が単に生き延びるどころか、一世紀半にわたって繁栄し続けている。

誰でもリープできるのか

一八三六年に、バーモント州の三二歳の鍛冶職人が西に向かおうと決めた。当時は農業の時代で、省力化につながる農機具や新しい農業技術を携えて、アメリカの農民が西へと広がっていた。しかし、彼らは中西部の平原にたどり着くと、慣れない土に苦しんだ。アメリカ東部、ニューイングランドの土地は、粘土と砂が豊かに混ざり合ったものだったが、平原の土は互いにくっつき合う粘着性があり、年々耕しにくくなっていった。東部の土であれば、温めたナイフでバターをスライスするように簡単に耕せた鋳鉄製の鋤《プラウ》も、中西部ではネバネバした土ですぐに切れ味が悪くなった。

イリノイ州のグランド・ディツアーで、この若い鍛冶職人は農民の不満を飽きるほど聞いた。この頃、彼は地元の水力式製粉所の隅に置かれていた壊れた鋼《スチール》の刃に気づいた。彼はそれを鉄のプラウの発土板〔土を破砕し、反転させる部品〕に付けてみようと決めた。プラウが土地を掘り起こしたあとに、土がそこから滑り落ちていくようにするためだ。そうすれば、農民は数ヤードごとに発土板からネバネバした土をこすり落とさずに済む。[2]

土が自然に落ちる鋼のプラウは大ヒットした。この才覚ある発明家はのちに、「わたしがつくれる最高のものを実現していない製品には、自分の名前を書かない」と言った。[3]「真面目できちょうめん」な人物として知られるこの鍛冶職人は、ぶっきらぼうで社交性はなく、まるで当時の急速に発展する、荒々しいアメリカの開拓地のようであった。[4] 彼は名前をジョン・ディアといった〔この創業者の名前がそのまま社名となった〕。

ジョン・ディアの二人目の息子のチャールズ・ディアのもと、ファミリーは馬がひくプラウや荷馬車、一頭立ての馬車を、独立したディーラーのネットワークを通じて販売するようになった。チャールズは進取的なディーラーが、ジョン・ディアの製品だけでなく、競合も含めた他のメーカーの補完的な製品も販売するという契約を結んだ。戦略に長けたチャールズは、一人のセールスマンから農民たちがすべてを買えるようにしたのである。ジョン・ディアは競合他社の利益から手数料を受け取り、それを自社の販売地域の拡張に用いた。

ジョン・ディアが直面した最初の破壊的イノベーションは、やはりガソリン・エンジンだった。二〇世紀を迎える頃、ジョン・ディアはすでにプラウなどの器具のトップメーカーだった。しかし、自動車の登場で、都市だけではなく農場でも、馬は自動車に置き換えられていくことは明らかだった。フォードやGMとどう競っていくかを考える責任は、三代目のCEOでチャールズ・ディアの義理の息子であった、ウィリアム・バターワースの肩にかかっていた。

しばらくの間、バターワースはプラウに特化して、自動車会社に高性能な農器具を供給することを考えていた。これは他社の領域に入り込まない、保守的な戦略だ。しかし、それでは自社の存在がリスクにさらされる。ジョン・ディアが農業機械の事業で意味のある存在であり続けるためには、トラクター事業を始めるしかなかった。生物工学の萌芽期に、製薬会社がバイオテクノロジーのスタートアップを買収していったように、ジョン・ディアは大胆にもウォータールー・ガソリン・トラクション・エンジン・カンパニーという名前のトラクター工場を買収した。こうして、プラウメーカーのジョン・ディアは、ほぼ一夜にしてトラクターメーカーとなった。トラクターの「ウォータールー・ボーイ」は、初年度に五六三四台売れた。ジョン・ディアはプラウ製造において、金属学から機械工学にリープしたのだ。

一九三〇年代の大恐慌を生き延び、ジョン・ディアのひ孫で四代目のリーダーとなったチャールズ・ディア・ワイマンは、ニューヨークのデザイン会社、ヘンリー・ドレフュス・アンド・アソシエーツに連絡をとった。トラクターのデザインを「現代風に」して、もっと美的に好ましいものにするためだ。[5]ドレフュスのグループは、ステアリングシャフトを見えないようにし、スターターと電気のライトを加え、ラジエーター・ガードを組み込み、エンジンを金属のフードで覆って、格好よく見えるように幅を狭くした。こうした変更はすべて、トラクターの堂々とした感じを強調し、「増強された力をさらに高めつつある」[6]という印象を与えるためだった。
ビル・ヒューイットがCEOに就任する頃には、デザインは都市部だけのぜいたくではなくなっていた。製品の立ち上げに優れた才能を見せたヒューイットは、テキサス州ダラスを本拠地とする高級百貨店、ニーマン・マーカスで公開イベントを行った。彼は店舗の前に置いた大きなギフト用の箱のなかに、新製品のトラクターを入れた。興奮した観衆が集まり、ベルベットのリボンがカットされ、包装が取り去られると、そこには輝くようなグリーンと黄色のトラクターがあった。トラクターにはジョン・ディアの名前も記されており、ボンネットと排気管にはダイヤモンドが飾られていた。[7] 夜の宣伝ではテキサス・スタイルのバーベキューも供され、花火まで打ち上げられた。この四気筒のトラクターは、ファッショナブルであるだけでなく、それまでにはなかったほどに強力であった。

一九六〇年代には、ジョン・ディアはその創業の基盤となった金属学の知識と、ウォータールー・ガソリンから得た機械工学の知識を組み合わせ、さらに最上級の工業デザインとマーケティングも加えていた。第一部で見たP&Gと同様に、長期的な成功は異なる知識分野の組み合わせからもたらされていた。一九六三年には、ジョン・ディアはインターナショナル・ハーベスターを追い抜いて、農業用・工業用トラクターで世界最大のメーカー・販売業者となり、その後一度もその地位を譲っていない。年間売上高二六六億ドル、従業員五万六〇〇〇人超の同社は、本社をいまでもイリノイ州の創業の地に置きながら、農業機械業界で勝ち続けている。

これだけで話は終わらない。ジョン・ディアは、グーグルやテスラが自律走行車に取り組むずっと前から、すでに一五年以上のあいだアメリカ中で自律走行のトラクターを展開している。[8] 第二部で見たすべての事例と同じように、ジョン・ディアは後発企業をかわすために、ユビキタスな環境と人工知能を活用している。

後発の競合企業には、たとえばムンバイを拠点とするマヒンドラ&マヒンドラがある。同社は売上高一三〇億ドルの自動車メーカーで、インドの農村部向けに低価格のトラクターを製造している。同社のような競合企業に対して、ジョン・ディアは価格では競争しなかったし、できなかった。そこで、ジョン・ディアは「7760コットン・ストリッパー」という綿花の収穫機を開発した。GPSやセンサー、オートメーションを組み込み、技術の粋を集めた機械だ。運転席に座ると、どこか宇宙船に乗り込んだような気分になる。コンピュータ画面が運転手を取り囲み、何が起こっているかを教える。そして、収穫機が畑で収穫をしているあいだに、ベルトが断続的に稼働して、収穫物、たとえば綿花を圧縮して丸く固めたベールにして、保護用のプラスチックで包む。運転手は畑の列の端まで来たら、単純にUターンするだけでよく、収穫は妨げられることなく続けられる。[9] アメリカでは、大規模生産される作物の農業は、家族経営の農場であっても非常に精密で、自動化されたものとなっている。[10]

しかし、自動化されたトラクターや収穫機を使っても収穫量が増えるわけではない。農民が究極的に望んでいるのは、農場全体の生産性を最適化することだ。そのためには、農業機械と灌漑システムを結び、土壌や肥料と天気、作物価格、先物取引などを結びつける必要がある。[11]そこでジョン・ディアは、「マイジョンディア」を立ち上げた。これは農業機械と他の機器、オーナー、作業者、ディーラー、農業コンサルタントを結ぶネット上のプラットフォームだ。マイジョンディアのソフトウェアは、センサーを通じて集めたデータを、天候や土壌の状態、先物価格など、過去のあらゆる情報と組み合わせる。

第4章と5章で述べたプラットフォーム戦略の考え方は非常に重要だ。あらゆる業界で、利益は従来型のメーカーではなく、プラットフォームを提供する企業に流れている。ある推計によると、アップルは二〇一六年には、世界のスマートフォンの利益の九一％を獲得したという。アップルの唯一の競合はもちろんグーグルだが、グーグルはまた別のプラットフォームを築いて成功している。サムスンは優れたスマートフォンをつくってはいるものの、参加している市場からわずかな利益しか得られていない。[12]サービス業界にも同様の状況が見られる。エコノミスト誌は、銀行業界の未来について分析した記事で、大手銀行の真のリスクは、フィンテックのスタートアップによる攻勢よりも、単純にマージンが小幅になり、立場が安定的ではなくなっていることにあると論じた。銀行業の未来は「いわば公共事業のようになって、ユビキタスだが規制が強く、魅力的ではなく、利益が少なくなる」[13]とした。ジョン・ディアは、リクルートホールディングスのように、同社が所属する業界でプラットフォーム・プレーヤーとなったのだ。

しかし、ジョン・ディアも他の多くの会社と同じように、その従業員は才能があり献身的ではあるが、やはり普通の人々で構成されている。社内のリーダーたちはそれを認識したうえで、野心的かつ現実的な取り組みを行っている。「我が社には何人か天才はいるが、ほとんどはそうではない」と、二〇一〇年に引退した元CEOのボブ・レーンは言う。そこで、第4章で見たオープン・イノベーションの精神で、マイジョンディアは二〇一三年にサードパーティに門戸を開いた。サプライヤーや農業用品の販売業者、地域の農学者、ソフトウェア会社が独自のアプリケーションをつくることを認めたのだ。

大手化学会社デュポンの農学部門、デュポンパイオニアのマーケティング・ディレクター、エリック・ベックは、「たとえば収穫後に窒素管理計画の振り返りを行うことで、シーズン中に畑で何が、どんな理由で起こったかを、よりよく理解できる」と言う。同社はいまではジョン・ディアとともにデータを集めており、生産者が「情報に基づいて、機器の最適化や肥料について決定できる」ようにしている。ジョン・ディアの事業ソリューション・マネジャーのケビン・ベリーは、「生産者が自分のデータを共有すれば、〈中略〉まったく新しい先進的な農業経営の知見が開かれる」と説明した。ベリーはオープンなパートナーシップにより、「機器や労働力をより効率的に動員できるようになる」と話す。[14]

機械学習やコンピュータ・ビジョン〔コンピュータに視覚的な情報処理の機能を持たせること〕に関する知識分野の開拓において、おそらく最も強力な取り組みとなったのは、ジョン・ディア研究所をサンフランシスコに開設したことだろう。トラクターがスマートフォンでコントロールされ、GPSを通じて自分で方向を決め、インテリジェント・センサーによりどのくらいの肥料を散布するべきか正確にわかっているような状況のなかで、精密農業が避けられないトレンドとなっている。精密農業では、インターネット接続できるデバイスを機械学習と組み合わせて、農民のインプットなしによりよい決断をより速く下せるようにする。

ところで、なぜサンフランシスコなのだろうか。ジョン・ディア研究所の責任者、アレックス・パーディによると、同社はテクノロジー業界のさまざまなパートナーと会うために、サンフランシスコ周辺のベイエリアで時間を過ごすことが多く、「しょっちゅうホテルに滞在していることに気づいた」からだと説明する。[15]

アメリカのかつての工業都市の多くがグローバル競争の犠牲になるなかで、ジョン・ディアは輝きを失っていない。ノバルティスやP&Gと同様に、ジョン・ディアは一世紀半以上も進化を続けてきて、いまでも地面に関係する製品では世界のリーダーだ。

事業のやり方を大胆に変革し、変革を支えるために新たな知識分野を求めることは、業界にかかわらず可能である。先行企業はどんな企業でも、後発企業にその地位を奪われないようにすることができる。イリノイ州のプラウのメーカーが、スイスの製薬企業と同じやり方で、つまり一つの知識分野から別の分野へとリープすることで、企業の発展を促すことができたのであれば、どんな企業でもできるはずだ。わたしたちは、あらゆるものがコピーできる世界であっても、みな繁栄することができる。

本書は歴史を遡って、パイオニアであった西洋の企業の過去を振り返ることからスタートした。失敗した企業もあれば、何とか生き延びた企業も、繁栄した企業もある。しかし、本書は未来のためのハンドブックでもある。さらに本書は、先行企業が自社の事業を見直し、また顧客との関係や存在理由を考え直すためのマニフェストでもある。

あなたの会社が大企業でも小企業でも、他社と同じように昔からの強みがあり、今日の組織を築いてきた重要な製品がある。顧客や地元のコミュニティ、ステークホルダーは、あなたの会社を頼りにしており、イノベーションを起こしてくれると信じている。いまほど完璧な時はない。いまから始めれば十分な時間がある。さあ、リープしよう。

謝辞

本の執筆には著者の時間だけではなく、他の多くの人の時間が使われる。著者の独特な働き方を受け入れ、そのプロジェクトを見届ける強さを持った人たちの時間だ。初めて本を書く著者は全員それを理解していることが期待され、また、ビジネススクールの教授陣は全員、エグゼクティブクラスの教授であるか否かにかかわらず、著者は同僚からの援助を常に必要としていることを知っている。

まず誰よりも、ＩＭＤの学長、ジャン＝フランソワ・マンゾーニに感謝しなければならない。この本を書いているあいだは、その基盤になる研究が十分にできるよう、教える仕事は減らすようにと言い続けてくれた。わたしはＩＭＤに来られて、素晴らしい友人たちを得ることができて幸運だった。彼らは、アイデアが原稿に落とし込めるようになるまで議論に付き合ってくれた。トム・マルナイトとバラ・チャクラバルシィは、わたしがＩＭＤに来たその日から、わたしのメンターでいてくれた。彼らはこの本がまだ企画書だった段階から、考えをまとめるのに力を貸してくれた。ほかの多くの同僚からもアイデアを借り、示唆を得た。ビル・フィッシャー、ミシェック・ピスコルスキー、カルロス・コルドン、アルブレヒト・エンダーズ、ベティーナ・ビューシェル、シュロモ・ベンハー、ゴータム・チャラガーラ、ドミニク・テュルパン、アナンド・ナラシマン、ステファン・ミッシェル、シリル・ブーケ、高津尚志らの人々だ。

ＩＭＤ以外では、Ｗ・チャン・キム、ザビエル・カスタナー、ヒラ・リフシッツ、ジャン・オンドラスから、多大な恩恵を被った。彼らはわたしのイノベーションについての考え方に問いを与えてくれた。最も大切な点として、わたしの初めての著書である本書の屋台骨は、博士課程での学びで築かれた。そこでは、ジョセフ・バウアー、クレイトン・クリステンセン、ウィリー・シー、トム・アイゼンマン、ジャン・リフキンから、企業戦略の考え方について明らかな影響を受けた。

ビジネス書は机上の理論を抜け出さなければならないとよく言われる。わたしは研究室を飛び出して、ビジネスの世界に入り込むことができた。それが可能になったのは、寛大なエグゼクティブの方々が自らの組織に招いてくれたり、食事やお酒の席でわたしの学術的な談義に耳を傾けてくれたりしたおかげだ。ヨアン・ヴィー・クヌッドストープ、ロザンヌ・ハガティ、ベッキー・カニス、ポール・ハワード、ジェイク・マグワイア、ジョニー・シー、デビー・リー、イーグル・イー、シー・ヤン、エドゥアルド・アンドレードの知見と忍耐に感謝する。

パブリックアフェアーズのチームにも大きな感謝を捧げる。特に、優れた編集者であるコリーン・ローリーは、本書をより力強い本にしてくれた。また、眼力の鋭いコピーエディターのアイリス・バスは、わたし一人ではとてもできなかったレベルにまで本書をきっちりとしたものにしてくれた。広報担当のジョシー・アーウィン、マーケティング・ディレクターのリンゼー・フラッドコフ、シニア・プロジェクトエディターのサンドラ・ベリスにも感謝を申し上げる。

　書籍エージェントであるアビタス・クリエイティブのエスモンド・ハームズワースは、わたし自身よりもこのプロジェクトを信頼して導いてくれた。他のプロジェクトに気持ちがそれそうな時にも、真に大切なこの本にフォーカスさせてくれた。また、ファクトチェックをしてくれた情報通で勤勉なジェームズ・ポーグ、そして最終原稿を校正し、締め切り前に力を貸し、わたしの最後の頼みに可能な限り応えてくれたビバリー・レノックス、最後に、この本を広く世界に知らしめてくれたマーク・フォティアとルーシー・ジェイ・ケネディにも感謝を捧げる。

　本の執筆は本質的には孤独な営みだとされている。しかし、わたしは一切孤独を感じたことはなかった。わたしのことをよく知っているケニーは、わたしのエゴが強くなり過ぎたときには、兄弟らしくわたしをからかって地に足をつけさせてくれた。母のフィオナは、わたしが自分で思う以上のことを成し遂げられると、無限にわたしを信じてくれた。香港の新人銀行員で貯金もなかったわたしが、博士号の取得を目指してハーバード・ビジネススクールに出願できたのも、母と亡き父のジミーがいたからにほかならない。親ができる最大のことは、子どもを信じて、子ども自身がまだほとんど理解していないことでも、やってみるよう励ますことだ。最後に、過去八年間わたしを支えてくれたブレンダンに感謝する。わたしが目を向けなかったであろうものに目を向けさせ、わたしがより人間的になるよう教えてくれて、そして毎日わたしとともに成長し続けてくれている。

原　注

イントロダクション

1. Daniel Augustus Tompkins, Cotton Mill, Commercial Features: A Text-Book for the Use of Textile Schools and Investors (n.p.: Forgotten Books, 2015), 189.

2. Allen Tullos, Habits of Industry: White Culture and the Transformation of the Carolina Piedmont (Chapel Hill: University of North Carolina Press, 1989), 143.

3. "A Standard Time Achieved, Railroads in the 1880s," American-Rails.com, accessed September 8, 2017, http://www.american-rails.com/1880s.html.

4. Piedmont Air-Line System (1882), "Piedmont Air-Line System (advertisement)," J. H. Chataigne, retrieved September 8, 2017.

5. Pietra Rivoli, The Travels of a T-Shirt in the Global Economy: An Economist Examines the Markets, Power, and Politics of World Trade, 2nd ed. (Hoboken, NJ: Wiley, 2015), 100.（邦訳：ピエトラ・リボリ著、雨宮寛、今井章子訳、『あなたのＴシャツはどこから来たのか？』東洋経済新報社、2006年）

6. Alexandra Harney, The China Price: The True Cost of Chinese Competitive Advantage (New York: Penguin Press, 2009), chap. 1.（邦訳：アレクサンドラ・ハーニー著、漆嶋稔訳、『中国貧困絶望工場』日経ＢＰ社、2008年）

7. "Piedmont Manufacturing Company (Designation Withdrawn) | National Historic Landmarks Program," National Parks Service, accessed September 9, 2017, https://www.nps.gov/nhl/find/withdrawn/piedmont.htm.

8. "Oral History," The Greenville Textile Heritage Society, accessed March 11, 2018, http://greenvil le-textile-heritage-society.org/oral-history/.

9. Clayton M. Christensen, "The Rigid Disk Drive Industry: A History of Commercial and Technological Turbulence," Business History Review 67, no. 4 (1993): 533-534, doi:10.2307/3116804.

10. "Novartis AG," AnnualReports.com, accessed February 3, 2018, http://www.annualreports.com/Company/novartis-ag.

第1章

1. "FDNY vintage fire truck, 1875 - Photos - FDNY Turns 150: FireTrucks Through the Years," New York Daily News, April 25, 2015. アクセス日2018年2月3日。https://web.archive.org/web/20170608165852/http://www.nydailynews.com/news/fdny-turns-150-fire-trucks-years-gallery-1.2198984?pmSlide=1.2198967.

2. "Steinway & Sons | The Steinway Advantage," https://web.archive.org/web/20170611062352/http://www.steinwayshowrooms.com/about-us/the-steinway-advantage. アクセス日2018年2月3日。
Danne Polk, "Steinway Factory Tour," https://web.archive.org/web/20150225093233/http://www.ilovesteinway.com/steinway/articles/steinway_factory_tour.cfm. アクセス日2018年2月3日。
"Steinway & Sons," www.queensscene.com. http://www.queensscene.com/news/2014-08-01/Lifestyle/SteinwaySons.html. 2018年3月12日にアクセス。

3. Ricky W. Griffin, Management (Australia: South-Western Cengage Learning, 2013), 30-31. "Steinway Factory Tour | Steinway Hall Texas," https://web.archive.org/web/20160330202353/http://www.steinwaypianos.com/instruments/steinway/factory. アクセス日2018年2月3日。

4. Matthew L. Wald, "Piano-Making at Steinway: Brute Force and a Fine Hand," New York Times, March 28, 1991, http://www.nytimes.com/1991/03/28/business/piano-making-at-steinway-brute-force-and-a-fine-hand.html.

5. Michael Lenehan, "The Quality of the Instrument," Atlantic, August 1982, 46.

6. Joseph M. Hall and M. Eric Johnson, "When Should a Process Be Art, Not Science？" Harvard Business Review, March 2009, 59-65.（邦訳:「アートすべき時、科学すべき時」ダイヤモンド・ハーバード・ビジネス・レビュー、2009年7月号）

7. James Barron, Piano: The Making of a Steinway Concert Grand (New York: Times Books, 2006), xviii.（邦訳：ジェイムズ・バロン著、忠平美幸訳『スタインウェイができるまで』青土社、2009年）

8. "Arthur Rubinstein," Steinway & Sons, accessed January 31, 2017, https://www.steinway.com/artists/arthur-rubinstein. スタインウェイ＆サンズのより完全な歴史は、以下の書籍で読むことができる。Richard K. Lieberman "Steinway & Sons," (New Haven, CT: Yale University Press, 1995), 139.（邦訳：リチャード・K・リーバーマン著、鈴木依子訳『スタインウェイ物語〈新装版〉』法政大学出版局、2017年）。

9. "A Sound Investment | Steinway Hall Texas," accessed February 3, 2018, https://web.archive.org/web/20170614055826/http://www.steinwaypianos.com/kb/resources/investment.

10. Elizabeth Weiss, "Why Pianists Care About the Steinway Sale," Currency (blog), September 13, 2013, http://www.newyorker.com/online/blogs/currency/2013/09/why-pianists-care-about-the-steinway-sale.html. アクセス日2017年1月31日。

11. Plowboy, "As Predicted-Steinway's Other Shoe Falls" [re: Steve Cohen], August 14, 2013, http://www.pianoworld.com/forum/ubbthreads.php/topics/2133374.html.

12. "Steinway & Sons | About Steinway Hall," https://web.archive.org/web/20170706195110/http://www.steinwayshowrooms.com:80/steinway-hall/about. アクセス日2018年2月3日。
"Steinway Hall: A Place for the Piano in Music, Craft, Commerce and Technology," LaGuardia and Wagner Archives, January 1, 1970, http://laguardiawagnerarchives.blogspot.ch/2016/04/steinway-hall-place-for-piano-in-music.html. アクセス日2018年2月3日。
Richard K. Lieberman, Steinway & Sons (Toronto: CNIB, 1999), 146-152.

13. The Steinway Collection, February 1-23, 1968, box 040241, folder 23, Henry Z. Steinway, LaGuardia and Wagner Archives.

14. "How Yamaha Became Part of the U.S. Landscape," Music Trades, July 1, 2010.

15. "How Yamaha Became Part of the U.S. Landscape"より。この部分のデータの多くは、評価の高い業界誌、The Music Tradeから。"Yamaha's First Century," August 1987, 50-72を参照。

16. Peter Goodman, "Yamaha Threatens the Steinway Grand: The Steinway/Yamaha War," Entertainment, January 28, 1988.

17. Ibid.

18. Ibid.

19. Music Trades, Vol. 135, Issues 7-12 (Englewood, NJ: Music Trades Corp., 1987), 69, https:/ /books.google.com/books？id= N jAAAAMAAJ&g=robert+p.+bull+%22yamaha%22+196 4+pi ano&dg=robert+p.+bul 1+%22Zyamaha%22+1964+piano&hl=en&sa=X&ved=OahUK.EwiL l-X500zZAhVl04MKHTuFC04Q6AEIKDAA. 2018年3月15日にアクセス。"On Yamaha's Assembly Line," New York Times, February 22, 1981.

20. このモデルをつくるにあたって、わたしが大きな影響を受けた書籍が2冊ある。一つはRoger Martinの『In Design of Business』で、同書は知識が進化する性質

を持っていることを書いている。わたしの知る限りでは、彼が最初に「ナレッジ・ファネル（knowledge funnel)」という言葉をつくった（chap. 1, 1-28; Cambridge, MA: Harvard Business Review Press, 2009)。もう一冊はClayton Christensenらによる『The Innovator's Prescription』だ。この本は、複雑な直感的知識が、テクノロジーによってルールに基づいたタスクに変えられることを説明している（chap. 2, 35-72; New York: McGraw-Hill Education, 2009)。しかし、わたしが描いたモデルは、国際的な競争の結果にフォーカスしたものである。

21. Siddhartha Mukherjee, The Emperor of All Maladies: A Biography of Cancer (New York: Scribner, 2010), 81.

22. David J. Jeremy, Transatlantic Industrial Revolution: The Diffusion of Textile Technologies Between Britain and America, 1790-1830s (Cambridge, MA: MIT Press, 1981), 36-37.

23. Robert F. Dalzell, Enterprising Elite: The Boston Associates and the World They Made (Cambridge, MA: Harvard University Press, 1987), 5.

24. Charles R. Morris, The Dawn of Innovation: The First American Industrial Revolution (New York: PublicAffairs, 2012), 92-93.

25. Mary B. Rose, Firms, Networks, and Business Values: The British and American Cotton Industries since 1750 (Cambridge, UK: Cambridge University Press, 2000), 41; quoted in Pietra Rivoli, The Travels of a T-Shirt in the Global Economy, 2nd ed. (Hoboken, NJ: John Wiley & Sons, 2009), 96.

26. Tom Nicholas and Matthew Guilford, "Samuel Slater & Francis Cabot Lowell: The Factory System in U.S. Cotton Manufacturing," HBS No. 814-065 (Boston: Harvard Business School Publishing, 2014).

27. Ibid.

28. Dalzell, Enterprising Elite, 95-96.

29. Rivoli, Travels of a T-Shirt, 97.

30. ヘンリー・Z・スタインウェイの個人的な書簡。Henry Z. Steinway Archive, February 12, 1993, La Guardia and Wagner Archives.

31. Garvin, David A., "Steinway & Sons," Harvard Business School Case 682-025, September 1981 (rev. September 1986).

32. Carliss Y. Baldwin and Kim B. Clark, "Capital-Budgeting Systems and Capabilities Investments in U.S. Companies After the Second World War," Business History Review 68, no. 1 (Spring 1994), http://www.jstor.org/stable/3117016.

33. Cyb Art (website built by), "Steinway History." http://steinwayhistory.com/october-1969-in-steinway-piano-history/. アクセス日2018年3月11日。

34. Robert Palmieri, The Piano: An Encyclopedia, 2nd ed. (New York: Routledge, 2003), 411.

35. "Pianos and Parts Thereof: Report to the President on Investigation No TEA-I-14 Under Section 30l(b)(a) of the Trade Expansion Act of 1962," United States Tariff Commission, December 1969, https://www.usitc.gov/publications/tariffaffairs/pub309.pdf. アクセス日2018年3月15日。

第2章

1. Ernst Homburg, Anthony S. Travis, and Harm G. Schröter, eds., Chemical Industry in Europe, 18.

2. The Mineralogical Record - Label Archive, http://www.minrec.org/labels.asp?colid=765. アクセス日2018年1月31日。

3. The Editors of Encyclopaedia Britannica, "Ciba-Geigy AG," Encyclopaedia Britannica, February 19, 2009, https://www.britannica.com/topic/Ciba-Geigy-AG. アクセス日2018年

1月31日。

4. Mark S. Lesney, "Three Paths to Novartis," Modern Drug Discovery, March 2004.

5. Ernst Homburg, Anthony S. Travis, and Harm G. Schröter, eds., The Chemical Industry in Europe, 1850-1914: Industrial Growth, Pollution, and Professionalization (Dordrecht, Netherlands: Springer Science+Business Media, 1998), 18.

6. Rudy M. Baum, "Chemical Troubles in Toms River: Damning Portrayal of Past Chemical Industry Practices Is Also In-Depth Examination of a Public Health Disaster," Book Reviews 91, no. 18 (May 2013): 42-43.

7. Alan Milward and S. B. Saul, The Economic Development of Continental Europe 1780-1870 (Abingdon, UK: Routledge, 2012), 229.

8. Anna Bálint, Clariant Clareant: The Beginnings of a Specialty Chemicals Company (Frankfurt: Campus Verlag, 2012), 28.

9. Walter Dettwiler, Novartis: How a Leader in Healthcare Was Created Out of Ciba, Geigy and Sandoz (London: Profile Books, 2014), chap. 1.

10. Anita Friedlin and Kristina Ceca, "From CIBA to BASF: A Brief History of Industrial Basel," Mozaik, http://www.mozaikzeitung.ch/spip/spip.php ? article282. アクセス日 2018年2月3日。

11. "Switzerland's Industrialization," http://history-switzerland.geschichte-schweiz.ch/industrialization-switzerland.html. アクセス日 2018年2月3日。

12. "History of Sandoz Pharmaceuticals," Herb Museum, http://www.herbmuseum.ca/content/history-sandoz-pharmaceuticals. アクセス日 2018年2月3日。

13. "Company History," Novartis Indonesia, https://www.id.novartis.com/about-us/company-history. アクセス日 2018年2月3日。

14. Markus Hammerle, The Beginnings of the Basel Chemical Industry in Light of Industrial Medicine and Environmental Protection (Basel: Schwabe & Co., 1995), 44.

15. Ibid., 41.

16. Robert L. Shook, Miracle Medicines: Seven Lifesaving Drugs and the People Who Created Them (New York: Portfolio, 2007), chap. 7.

17. Encyclopaedia Britannica Online, s.v. "Knorr, Ludwig," http://www.britannica.com/EBchecked/topic/1353916/Ludwig-Knorr.

18. Joseph S. Fruton, Contrasts in Scientific Style: Research Groups in the Chemical and Biochemical Sciences (Philadelphia: American Philosophical Society, 1990), 211.

19. Kay Brune, "The Discovery and Development of Anti-Inflammatory Drugs," Arthritis and Rheumatology 50, no. 8 (August 2004), 2391-2399.

20. P. R. Egan, "Antipyrin as an Analgesic," Medical Record 34 (1888), 477-478, cited in Janice Rae McTavish, Pain and Profits: The History of the Headache and Its Remedies in America (New Brunswick, NJ: Rutgers University Press, 2004), 80.

21. F. Tuckerman, "Antipyrine in Cephalalgia," Medical Record (1888), 180, cited in McTavish, Pain and Profits, 80.

22. "Antipyrine a Substitute for Quinine," New York Times, January 1, 1886, 6, cited in McTavish, Pain and Profits, 74.

23. "Antipyrin," Druggists Circular 28 (1884), 185.

24. Parvez Ali et al., "Predictions and Correlations of Structure Activity Relationship of Some Aminoantipyrine Derivatives on

the Basis of Theoretical and Experimental Ground," Medicinal Chemistry Research 21, no. 2 (December 2010): 157.

25. Dan Fagin, Toms River: A Story of Science and Salvation (New York: Bantam, 2013), 11.

26. Popat N. Patil, Discoveries in Pharmacological Sciences (Hackensack, NJ: World Scientific, 2012), 672.

27. Dettwiler, Novartis, chap. 1.

28. Vladimír Křen and Ladislav Cvak, Ergot: The Genus Claviceps (Amsterdam, Netherlands: Harwood Academic Publishers, 1999), 373-378.

29. "First Penicillin Shot: Feb. 12, 1941," HealthCentral, http://www.healthcentral.com/dailydose/2013/2/11/first_penicillin_shot_feb_12_1941/. アクセス日 2013 年 2 月 11 日。

30. Maryn Mckenna, "Imagining the Post Antibiotics Future," Medium, November 20, 2013, https://medium.com/@fernnews/imagining-the-post-antibiotics-future-892b57499e77.

31. "Howard Walter Florey and Ernst Boris Chain," Chemical Heritage Foundation, last modified September 11, 2015, http://www.chemheritage.org/discover/online-resources/chemistry-in-history/themes/pharmaceuticals/preventing-and-treating-infectious-diseases/florey-and-chain.aspx.

32. "The Discovery and Development of Penicillin," American Chemical Society, 1999, last modified November 5, 2015, https://www.acs.org/content/acs/en/education/whatischemistry/landmarks/flemingpenicillin.htm.

33. Mary Ellen Bowden, Amy Beth Crow, and Tracy Sullivan, Pharmaceutical Achievers: The Human Face of Pharmaceutical Research (Philadelphia: Chemical Heritage Foundation, 2005), 89.

34. Joseph G. Lombardino, "A Brief History of Pfizer Central Research," Bulletin for the History of Chemistry 25, no. 1 (2000): 11.

35. "Discovery and Development of Penicillin."

36. Alex Planes, "The Birth of Pharmaceuticals and the World's First Billionaire," Motley Fool, September 28, 2013, http://www.fool.com/investing/general/2013/09/28/the-birth-of-pharmaceuticals-and-the-worlds-first.aspx.

37. H. F. Stahelin, "The History of Cyclosporin A (Sandimmune®) Revisited: Another Point of View," Experientia 52, no. 2 (January 1996): 5-13.

38. Pfizer, Inc., "Pfizer History Text," MrBrklyn, http://www.mrbrklyn.com/resources/pfizer_history.txt.

39. David W. Wolfe, Tales from the Underground: A Natural History of Subterranean Life (New York: Basic Books, 2002), 137.（邦訳：デヴィッド・W・ウォルフ著、長野敬、赤松眞紀訳、『地中生命の驚異（新装版）』青土社、2016 年）

40. "Penicillin: The First Miracle Drug," https://web.archive.org/web/20160321034242/http://herbarium.usu.edu/fungi/funfacts/penicillin.htm. アクセス日 2018 年 2 月 3 日。

41. J. F. Borel, Z. L. Kis, and T. Beveridge, "The History of the Discovery and Development of Cyclosporine (Sandimmune®)," in The Search for Anti-Inflammatory Drugs: Case Histories from Concept to Clinic, ed. Vincent K. Merluzzi (Basel: Birkhäuser, 1995), 27-28.

42. Donald E. Thomas Jr., The Lupus Encyclopedia: A Comprehensive Guide for Patients and Families (Baltimore, MD: Johns Hopkins University Press, 2014), 555.

43. Advameg, "Cyclosporine," Medical Discoveries, http://www.discoveriesinmedicine.com/Com-En/

Cyclosporine.html; Henry T. Tribe, "The Discovery and Development of Cyclosporin," Mycologist 12, no. 1 (February 1998): 20.

44. Camille Georges Wermuth, ed., The Practice of Medicinal Chemistry, 3rd ed. (Burlington, MA: Academic Press, 2008), 25; D. Colombo and E. Ammirati, "Cyclosporine in Transplantation—A History of Converging Timelines," Journal of Biological Regulators and Homeostatic Agents 25, no. 4 (2011): 493.

45. David Hamilton, A History of Organ Transplantation: Ancient Legends to Modern Practice (Pittsburgh: University of Pittsburgh Press, 2012), 382.

46. Harriet Upton, "Origin of Drugs in Current Use: The Cyclosporine Story," David Moore's World of Fungi: Where Mycology Starts, 2001, http://www.davidmoore.org.uk/Sec04_01.htm.

47. Karl Heuslera and Alfred Pletscherb, "The Controversial Early History of Cyclosporin," Swiss Medical Weekly 131 (2001): 300.

48. Larry Thompson, "Jean-Franξois Borel's Transplanted Dream," Washington Post, November 15, 1988, https://www.washingtonpost.com/archive/lifestyle/wellness/1988/11/15/jean-francois-borels-transplanted-dream/f3a931b9-e1a1-4724-9f08-a85ec4d3e68f/ ? utm_term=.9de240694fd1. アクセス日2018年2月3日。

49. Ketan T. Savjani, Anuradha K. Gajjar, and Jignasa K. Savjani, "Drug Solubility: Importance and Enhancement Techniques," ISRN Pharmaceutics, July 5, 2012, https://www.ncbi.nlm.nih.gov/pmc/articles/PMC3399483/.

50. "Borel, Jean-Franξois (1933-)," Encyclopedia.com, 2003, http://www.encyclopedia.com/doc/1G2-3409800096.html.

51. Nadey S. Hakim, Vassilios E. Papalois, and David E. R. Sutherland, Transplantation Surgery (Berlin: Springer, 2013), 17.

52. "Borel, Jean-Franξois (1933-)," Encyclopedia.com.

53. "Gairdner Foundation International Award," Wikipedia, January 24, 2018, https://en.wikipedia.org/wiki/Gairdner_Foundation_International_Award. アクセス日 2018年2月3日。

54. Dettwiler, Novartis, chap. 6.

55. "Pfizer's Work on Penicillin for World War II Becomes a National Historic Chemical Landmark," American Chemical Society, https://www.acs.org/content/acs/en/pressroom/newsreleases/2008/june/pfizers-work-on-penicillin-for-world-war-ii-becomes-a-national-historic-chemical-landmark.html. アクセス日 2017年9月13日。

56. Catharine Cooper, "Procter & Gamble: The Early Years," Cincinnati Magazine 20, no. 11 (August 1987), 70.

57. "The Art of American Advertising: National Markets," Baker Library Historical Collections, http://www.library.hbs.edu/hc/artadv/national-markets.html.

58. Alfred Lief, It Floats: The Story of Procter & Gamble (New York: Rinehart & Company, 1958), 23.

59. Barbara Casson, "It Still Floats," Cincinnati Magazine 8, no. 10 (July 1975): 48.

60. Lady Emmeline Stuart-Wortley, Travels in the United States During 1849 and 1850 (1851), as cited in "Cincinnati," Porkopolis, http://www.porkopolis.org/quotations/cincinnati/.

61. Bill Bryson, One Summer, America 1927 (New York: Anchor, 2014), 235.

62. Ted Genoways, The Chain: Farm, Factory, and the Fate of Our Food (New York: Harper Paperbacks, 2015), 26.

63. Writers' Project of the Works Progress Administration, They Built a City: 150 Years of Industrial Cincinnati (Cincinnati: Cincinnati Post, [1938] 2015), 112.

64. Oscar Schisgall, Eyes on Tomorrow: The Evolution of Procter & Gamble (n.p.: J. G. Ferguson Publishing Company, 1981), 25.

65. Casson, "It Still Floats," 50.

66. Paul du Gay, ed., Production of Culture/ Cultures of Production (London: Sage Publications Ltd., 1998), 277.

67. Vince Staten, Did Trojans Use Trojans？: A Trip Inside the Corner Drugstore (New York: Simon & Schuster, 2010), 90.

68. Allan A. Kennedy "The End of Shareholder Value," Cincinnati Magazine, July 1975, 50.

69. Staten, Did Trojans Use Trojans？, 91.

70. Pink Mint Publications, Elvis Was a Truck Driver and Other Useless Facts! (Morrisville, NC: Lulu Enterprises, 2007), 89.

71. Kennedy, "End of Shareholder Value," 50.

72. Schisgall, Eyes on Tomorrow, 33.

73. Joan M. Marter, ed., The Grove Encyclopedia of American Art, vol. 1 New York:Oxford University Press, 2011), 467

74. Robert Jay, The Trade Card in Nineteenth-Century America (Columbia: University of Missouri Press, 1987), 25.

75. Pamela Walker Laird, Advertising Progress: American Business and the Rise of Consumer Marketing (Baltimore: John Hopkins University Press, 1998), 87; as cited in "The Art of American Advertising: Advertising Products," Baker Library Historical Collections, accessed February 3, 2018, http://www.library.hbs.edu/hc/artadv/advertising-products.html.

76. "High Art on Cardboard," New York Times, December 3, 1882, 4.

77. Davis Dyer, Frederick Dalzell, and Rowena Olegario, Rising Tide: Lessons from 165 Years of Brand Building at Procter & Gamble (Boston: Harvard Business School Press, 2004), 35.（邦訳：デーヴィス・ダイアー、ロウェナ・オレガリオ、フレデリック・ダルゼル著、足立光、前平謙二訳『P&G ウェイ』東洋経済新報社、2013 年）

78. Bob Batchelor and Danielle Sarver Coombs, eds., We Are What We Sell: How Advertising Shapes American Life . . . and Always Has (Santa Barbara, CA: Praeger, 2014), 201.

79. Graham Spence Hudson, The Design & Printing of Ephemera in Britain & America, 1720-1920 (London: British Library, 2008), 97.

80. Procter & Gamble, "Ivory Advertisement," Journal of the American Medical Association 6, no. 7 (1886): xv; as cited in Batchelor and Coombs, eds., We Are What We Sell, 202.

81. Saturday Evening Post, October 25, 1919, 2, as cited in Batchelor and coombs, eds., We Are What We Sell, 203.

82. Ibid., 35.

83. Dyer, Dalzell, and Olegario, Rising Tide, 31.

84. Lief, It Floats, 81; "Harley T. Procter (1847-1920)," Advertising Hall of Fame, accessed September 14, 2017, http://advertisinghall.org/members/member_bio.php？memid=766.

85. "Hastings Lush French," Genealogy Bug, http://www.genealogybug.net/oh_

biographies/french_h_l.shtml. アクセス日 2018 年2月4日。

86. Schisgall, Eyes on Tomorrow, 34.

87. Dyer, Dalzell, and Olegario, Rising Tide, 39.

88. David Segal, "The Great Unwatched," New York Times, May 3, 2014, https://www.nytimes.com/2014/05/04/business/the-great-unwatched.html.

89. Walter D. Scott, "The Psychology of Advertising," Atlantic Monthly 93, no. 555 (1904): 36.

90. Christopher H. Sterling, Encyclopedia of Journalism (Thousand Oaks, CA: Sage, 2009), 20.

91. D. G. Brian Jones and Mark Tadajewski, The Routledge Companion to Marketing History (Abingdon, UK: Routledge, 2016), 71.

92. "Ad Man Albert Lasker Pumped Up Demand for California, or Sunkist, Oranges," Washington Post, November 14, 2010, http://www.washingtonpost.com/wp-dyn/content/article/2010/11/13/AR2010111305878.html;
Robin Lewis and Michael Dart, The New Rules of Retail: Competing in the World's Toughest Marketplace (New York: Palgrave Macmillan, 2014), 43.

93. Jim Cox, The Great Radio Soap Operas (Jefferson, NC: McFarland,2011), 115.

94. Batchelor and Coombs, eds., We Are What We Sell, 77-78.

95. Anthony J. Mayo and Nitin Nohria, In Their Time: The Greatest Business Leaders of the Twentieth Century (Boston: Harvard Business School Press, 2007), 197.

96. Alexander Coolidge, "Ivorydale: Model for More P&G Closings ? " Cincinnati.com, last modified June 9, 2014, http://www.cincinnati.com/story/money/2014/06/07/ivorydale-model-pg-closings/10162025/.

97. "A Company History," Procter & Gamble, https://www.pg.com/translations/history_pdf/english_history.pdf.

98. "The Creed of Speed," Economist, December 2015, 23.

99. Jerker Denrell, "Vicarious Learning, Under-sampling of Failure, and the Myths of Management," Organization Science 14 (2003): 227-243.

100. 成長を目指して新たな市場を創出するために、企業はリープしなければならないという考え方は、マネジメント研究の大きな流れと一貫するものである。そうした研究の代表的なものとしては、INSEAD のW・チャン・キムとレネ・モボルニュによるものが挙げられる。彼らの著書、『ブルー・オーシャン戦略』と『ブルー・オーシャン・シフト』は、ビジネスの現場にも学術界にも影響を与え、思考にも影響した。わたしもそうした影響を受けた。

第3章

1. Andrew Solomon, Far from the Tree: Parents, Children and the Search for Identity (New York: Scribner, 2012), 254.

2. Ashutosh Jogalekar, "Why Drugs Are Expensive: It's the Science, Stupid," Scientific American, January 6, 2014, https://blogs.scientificamerican.com/the-curious-wavefunction/why-drugs-are-expensive-ite28099s-the-science-stupid/.

3. Walter Dettwiler, Novartis: How a Leader in Healthcare Was Created out of Ciba, Geigy and Sandoz (London: Profile Books, 2014), chap. 8.

4. Günter K. Stahl and Mark E. Mendenhall, eds., Mergers and Acquisitions: Managing Culture and Human Resources (Redwood City, CA: Stanford University Press, 2005),

379-380.

5. Daniel Vasella, Magic Cancer Bullet: How a Tiny Orange Pill is Rewriting Medical History (New York: HarperCollins, 2003), 32-33.（邦訳：ダニエル・バセラ、ロバート・スレイター著、木村正伸、木村直子訳『Magic Cancer Bullet　奇跡の抗がん剤の物語』ターギス、2006 年）

6. Rik Kirkland, "Leading in the 21st Century: An Interview with Daniel Vasella," McKinsey & Company, September 2012, http://www.mckinsey.com/global-themes/leadership/an-interview-with-daniel-vasella.

7. Bill George, Discover Your True North (Hoboken, NJ: John Wiley & Sons, 2015), 58.（邦訳：ビル・ジョージ、ピーター シムズ著、梅津祐良訳『リーダーへの旅路』生産性出版、2007 年）

8. Bill George, Peter Sims, Andrew N. McLean, and Diana Mayer, "Discovering Your Authentic Leadership," Harvard Business Review, February 2007, https://hbr.org/2007/02/discovering-your-authentic-leadership.（邦訳：「『自分らしさ』のリーダーシップ」、ダイヤモンド・ハーバード・ビジネス・レビュー、2007 年 9 月）

9. Ananya Mandal, "Hodgkin's Lymphoma History," News-Medical.net, last modified August 19, 2014, http://www.news-medical.net/health/Hodgkins-Lymphoma-History.aspx.

10. Vasella, Magic Cancer Bullet, 34-36.

11. Robert L. Shook, Miracle Medicines: Seven Lifesaving Drugs and the People Who Created Them (New York: Portfolio, 2007), chap. 8.（邦訳:ロバート・L・シュック著、小林力訳『新薬誕生』ダイヤモンド社、2008 年）

12. Siddhartha Mukherjee, The Emperor of All Maladies: A Biography of Cancer (New York: Scribner, 2010), 432; Shook, Miracle Medicines, chap. 8.（邦訳：シッダールタ・ムカジー著、田中文訳『病の皇帝「がん」に挑む』早川書房、2013 年）

13. Neil Izenberg and Steven A. Dowshen, Human Diseases and Disorders: Infectious Diseases (New York: Scribner/Thomson/Gale, 2002), 30.

14. Shook, Miracle Medicines, chap. 8.

15. Andrew S. Grove, Only the Paranoid Survive (New York: Doubleday, 1999), 146.（邦訳：アンドリュー・S・グローブ著、佐々木 かをり訳『パラノイアだけが生き残る』日経 BP、2017 年）

16. Robert A. Burgelman, "Fading Memories: A Process Theory of Strategic Business Exit in Dynamic Environments," Administrative Science Quarterly 39, no. 1 (1994): 24, doi:10.2307/2393493.

17. Gordon M. Cragg, David G. I. Kingston, and David J. Newman, eds., Anticancer Agents from Natural Products, 2nd ed. (Boca Raton, FL: CRC Press, 2011), 565.

18. Mayo Clinic Staff, "Leukemia Symptoms," Mayo Clinic, January 28, 2016, http://www.mayoclinic.org/diseases-conditions/leukemia/basics/symptoms/con-20024914.

19. Shook, Miracle Medicines, chap 8.

20. Ibid.; Nicholas Wade, "Powerful Anti-Cancer Drug Emerges from Basic Biology," New York Times, May 7, 2001, accessed January 18, 2018, http:// www.nytimes.com/2001/05/08/science/powerful-anti-cancer-drug-emerges-from-basic-biology.html.

21. Ibid.

22. Wade, "Powerful Anti-Cancer Drug."

23. Mukherjee, Emperor of All Maladies, 436.

24. Vasella, Magic Cancer Bullet, 16.

25. US Department of Health and Human Services, "Remarks by HHS Secretary Tommy G. Thompson: Press Conference

Announcing Approval of Gleevec for Leukemia Treatment," HHS.Gov Archive, May 10, 2001, http://archive.hhs.gov/news/press/2001pres/20010510.html.

26. Rob Mitchum, "Cancer Drug Gleevec Wins Lasker Award," ScienceLife, September 14, 2009, http://sciencelife.uchospitals.edu/2009/09/14/cancer-drug-gleevec-wins-lasker-award/.

27. Mukherjee, Emperor of All Maladies, 438-440.

28. Tariq I. Mughal, Chronic Myeloid Leukemia: A Handbook for Hematologists and Oncologists (Boca Raton, FL: CRC Press, 2013), 30-31.

29. Andrew Pollack, "Cancer Physicians Attack High Drug Costs," New York Times, April 25, 2013.

30. Joan O. Hamilton, "Biotech's First Superstar: Genentech Is Becoming a Major-Leaguer—and Wall Street Loves It," Business Week, April 14, 1986, 68.

31. Andrew Pollack, "Roche Agrees to Buy Genentech for $46.8 Billion,"New York Times, March 12, 2009, accessed February 3, 2018, http://www.nytimes.com/2009/03/13/business/worldbusiness/13drugs.html-mtrref=www.google.ch&gwh=75ED1CAF2D042A3546663BBF0F5D3706&gwt=pay.

32. Gary Hamel and C. K. Prahalad, "Strategic Intent," Harvard Business Review, July/August 2005, https://hbr.org/2005/07/strategic-intent.（邦訳：ゲイリー・ハメル、C. K. プラハラッド「ストラテジック・インテント」ダイヤモンド・ハーバード・ビジネス・レビュー、2008 年 4 月号）

33. Andrew Pollack, "F.D.A. Gives Early Approval to Drug for Rare Leukemia, New York Times, December 14, 2012, http://www.nytimes.com/2012/12/15/business/fda-gives-early-approval-to-leukemia-drug-iclusig.html; Dave Levitan, "Nilotinib Effective for Imatinib-Resistant CML," Cancer Network, July 21, 2012, http://www.cancernetwork.com/chronic-myeloid-leukemia/nilotinib-effective-imatinib-resistant-cml.

34. Susan Gubar, "Living with Cancer: The New Medicine," New York Times, June 26, 2014, http://well.blogs.nytimes.com/2014/06/26/living-with-cancer-the-new-medicine/ ? _r=0.

35. Jeremy Rifkin, Zero Marginal Cost Society: The Internet of Things, the Collaborative Commons, and the Eclipse of Capitalism (New York: St. Martin's Press, 2014), 379.（邦訳：ジェリミー・リフキン著、柴田裕之訳『限界費用ゼロ社会』NHK 出版、2015 年）

36. "Procter & Gamble," Fortune.com, accessed February 3, 2018, http://beta.fortune.com/fortune500/procter-gamble-34.

37. Alfred Lief, "Harley Procter's Floating Soap (Aug, 1953)" Modern Mechanix, July 14, 2008, http://blog.modernmechanix.com/harley-procters-floating-soap/.

38. Robert A. Duncan, "P&G Develops Synthetic Detergents: A Short History," typewritten manuscript, September 5, 1958, P&G Archives, 1.

39. このときにダンカンが訪問した研究所は I. G. ファルベンの研究所だった。この大手化学メーカーは、のちにナチス政権下で戦争犯罪に関わったことで知られるようになる。

40. Duncan, "P&G Develops Synthetic Detergents," 3.

41. Davis Dyer, Frederick Dalzell, and Rowena Olegario, Rising Tide: Lessons from 165 Years of Brand Building at Procter & Gamble (Boston: Harvard Business School Press, 2004), 70（邦訳：デーヴィス・ダイアー、ロウェナ・オレガリオ、フレデリック・ダルゼル著、足立光、前平謙二訳『P&G ウェイ』東洋経済新報社、2013 年）Duncan, "P&G Develops Synthetic Detergents," 5.

42. Oscar Schisgall, Eyes on Tomorrow: The Evolution of Procter & Gamble (n.p.: J. G. Ferguson Publishing Company, 1981), 42; Advertising Age Editors, Procter & Gamble: How P & G Became America's Leading Marketer (n.p.: Passport Books, 1990), 11.

43. American Chemical Society, "Development of Tide Laundry Detergent Receives Historical Recognition," EurekAlert!, October 11, 2016, http://www.eurekalert.org/pub_releases/2006-10/acs-dot101106.php.

44. "Laundry Detergent," MadeHow.com, http://www.madehow.com/Volume-1/Laundry-Detergent.html.

45. "Birth of an Icon: TIDE," P&G, November 2, 2012, http://news.pg.com/blog/heritage/birth-icon-tide.

46. G. Thomas Halberstadt, interview, April 7, 1984, P&G Archives, cited in National Historic Chemical Landmarks program of the American Chemical Society, "Development of Tide Synthetic Detergent: National Historic Chemical Landmark," American Chemical Society, October 25, 2006, http://www.acs.org/content/acs/en/education/whatischemistry/landmarks/tidedetergent.html.

47. Ibid.

48. Ibid.

49. Ibid.

50. American Chemical Society, "Development of Tide Synthetic Detergent."

51. Dyer, Dalzell, and Olegario, Rising Tide, 73.

52. National Historic Chemical Landmarks program of the American Chemical Society, "Development of Tide Synthetic Detergent."

53. G. Thomas Halberstadt, interview, April 7, 1984, P&G Archives; Dyer, Dalzell, and Olegario, Rising Tide, 74;
Dan Hurley, "Changing the Tide," Cincy Magazine, December 2013/January 2014, http://www.cincymagazine.com/Main/Articles/Changing_the_Tide_3939.aspx.

54. このやり取りは、以下を含めた複数の資料に基づいて構成した。Halberstadt interview（April 7, 1984, P&G Archives）、Rising Tide, 74-75.

55. "Discover Great Innovations in Fashion and Lifestyle," Tide.com, http://www.tide.com/en-US/article/unofficial-history-laundry.jspx.

56. Advertising Age Editors, How Procter and Gamble, 23.

57. Alfred Lief, It Floats: The Story of Procter & Gamble (New York:Rinehart & Company, 1958), 254.

58. Dyer, Dalzell, and Olegario, Rising Tide, 81.

59. G. Thomas Halberstadt, interview, April 7-9, 1984, P&G Archives, 34.

60. Lief, It Floats, 253.

61. Howard Yu and Thomas Malnight, "The Best Companies Aren't Afraid to Replace Their Most Profitable Products," Harvard Business Review, July 14, 2016, https://hbr.org/2016/07/the-best-companies-arent-afraid-to-replace-their-most-profitable-products.

62. 以下の資料を参照のこと。The End of Competitive Advantage (Boston: Harvard Business School Press), 2013. このテーマにおけるマグラス教授の業績を基盤として、その後の多くの研究が行われていると思われる。

63. Ron Adner, "From Walkman to iPod: What Music Tech Teaches Us About Innovation," Atlantic, March 5, 2012, https://www.theatlantic.com/business/archive/2012/03/from-walkman-to-

ipod-what-music-tech-teaches-us-about-innovation/253158/.

64. そのための出発点の一つは、「市場の境界線を引き直す」ことだ。これは、INSEAD の W. チャン・キムとレネ・モボルニュが『ブルー・オーシャン・シフト』の第 10 章で示しており、そこでは、「(業界) 自らが設定した境界線」に挑む 6 つの方法が描かれている。この強力なフレームワークは何十年にもおよぶ研究の上に築かれた。彼らの研究は最初に『ブルー・オーシャン戦略』として出版され、国際的なベストセラーとなった。

第 4 章

1. Alexander Osterwalder, "The Business Model Ontology: A Proposition in a Design Science Approach" (PhD thesis, HEC, 2004), http://www.hec.unil.ch/aosterwa/PhD/Osterwalder_PhD_BM_Ontology.pdf.

2. 著者によるアレックス・オスターワルダーへのインタビュー。2015 年 12 月 3 日。

3. Paul Hobcraft, "Business Model Generation," Innovation Management, September 23, 2010, http://www.innovationmanagement.se/2010/09/23/business-model-generation/. アクセス日 2017 年 4 月 23 日。

4. Alex Osterwalder, http://alexosterwalder.com/. アクセス日 2017 年 4 月 23 日。

5. "The 10 Most Influential Business Thinkers in the World," Thinkers 50, November 11, 2015, http://thinkers50.com/media/media-coverage/the-10-most-influential-business-thinkers-in-the-world/, アクセス日 2017 年 6 月 30 日。
"Alexander Osterwalder and Yves Pigneur," Thinkers 50, February 1, 2017, http://thinkers50.com/biographies/alexander-osterwalder-yves-pigneur. アクセス日 2017 年 6 月 30 日。

6. Alex Osterwalder, "How to Self-Publish a Book," Agocluytens, http://agocluytens.com/how-to-self-publish-a-book-alexander-osterwalder/. アクセス日 2017 年 4 月 23 日。このケーススタディの初期のバージョンが、アレックス・オスターワルダーへのインタビューと公開情報をもとに作成され、「Who is Alex Osterwalder ?」として IMD で出版されている。Yu, Howard H., "How a Best-Selling Author Crowdsourced and Broke Every Rule in the Book," IMD, October 28, 2016, https://www1.imd.org/publications/articles/how-a-best-selling-author-crowdsourced-and-brokeevery-rule-in-the-book/. アクセス日 2018 年 3 月 13 日。

7. "50 Years of Moore's Law," Intel, http://www.intel.com/content/www/us/en/silicon-innovations/moores-law-technology.html. アクセス日 2017 年 4 月 23 日。

8. Barry Ritholtz, "When Do Scientists Believe Computers Will Surpass the Human Brain ? " The Big Picture, August 3, 2015, http://ritholtz.com/2015/08/when-do-scientists-believe-computers-will-surpass-the-human-brain/. アクセス日 2017 年 6 月 30 日。

9. "Your Smartphone Is Millions of Times More Powerful Than All of NASA's Combined Computing in 1969," ZME Science, May 17, 2017, http://www.zmescience.com/research/technology/smartphone-power-compared-to-apollo-432/. アクセス日 2017 年 6 月 30 日。

10. Daniel J. Levitin, The Organized Mind: Thinking Straight in the Age of Information Overload (New York: Dutton, 2016), 381.

11. Berin Szoka, Matthew Starr, and Jon Henke, "Don't Blame Big Cable. It's Local Governments That Choke Broadband Competition," Wired, July 16, 2013, https://www.wired.com/2013/07/we-need-to-stop-focusing-on-just-cable-companies-and-blame-local-government-for-dismal-broadband-competition/. アクセス日 2017 年 9 月 25 日。

12. Steven Cherry, "Edholm's Law of Bandwidth," IEEE Spectrum, July 1, 2004, http://spectrum.ieee.org/telecom/wireless/edholms-law-of-bandwidth.

13. Andrew McAfee and Erik Brynjolfsson, Machine Platform Crowd: Harnessing Our Digital Future (New York: W. W. Norton & Company, 2017), 98.

14. Ingrid Lunden, "If WhatsApp Is Worth $19B, Then WeChat's Worth 'at Least $60B' Says CLSA," TC, March 11, 2014, http://techcrunch.com/2014/03/11/if-whatsapp-is-worth-19b-then-wechats-worth-at-least-60b-says-clsa.

15. テンセントの株価は史上最高値の 248.40 香港ドルで引けた。"China's Tencent Is Now Worth $300 Billion," CNNMoney, http://money.cnn.com/2017/05/03/investing/china-tencent-300-billion-company/index.html. アクセス日 2017 年 6 月 30 日。

16. Tim Higgins and Anna Steele, "Tesla Gets Backing of Chinese Internet Giant Tencent," Wall Street Journal, last modified March 29, 2017, https://www.wsj.com/articles/chinas-tencent-buys-5-stake-in-tesla-1490702095.

17. Jordan Novet, "China's WeChat Captures Almost 30 Percent of the Country's Mobile App Usage: Meeker Report," CNBC, May 31, 2017, http://www.cnbc.com/2017/05/31/wechat-captures-about-30-percent-of-chinas-mobile-app-usage-meeker-report.html. アクセス日 2017 年 7 月 2 日。

18. "Number of Monthly Active WhatsApp Users Worldwide from April 2013 to January 2017," Statista, https://www.statista.com/statistics/260819/number-of-monthly-active-whatsapp-users/. アクセス日 2017 年 4 月 23 日。

19. Josh Constine, "Facebook Now Has 2 Billion Monthly Users . . . and Responsibility," TechCrunch, June 27, 2017, https://techcrunch.com/2017/06/27/facebook-2-billion-users/. アクセス日 2017 年 6 月 30 日。

20. "2017 WeChat User Report Is Out!—China Channel," WeChat Based Solutions & Services, http://chinachannel.co/1017-wechat-report-users/. アクセス日 2017 年 6 月 30 日。

21. David Cohen, "How Much Time Will the Average Person Spend on Social Media During Their Life？ (Infographic)," Adweek, http://www.adweek.com/digital/mediakix-time-spent-social-media-infographic/; アクセス日 2017 年 6 月 30 日。
Brad Stone and Lulu Yilun Chen, "Tencent Dominates in China. The Next Challenge Is the Rest of the World," Bloomberg.com, June 28, 2017, https://www.bloomberg.com/news/features/2017-06-28/tencent-rules-china-the-problem-is-the-rest-of-the-world.
As for WeChat: An earlier version of this case study has been published as Shih, Willy, Howard Yu, and Feng Liu, "WeChat: A Global Platform？" Harvard Business School Case 615-049, June 2015 (Rev. August 2017).

22. Beth Carter, "High Tech, Low Life Peeks Through China's Great Firewall," Wired, April 27, 2012, https://www.wired.com/2012/04/high-tech-low-life/.

23. He Huifeng, "WeChat Red Envelopes Help Drive Online Payments Use in China," South China Morning Post, February 15, 2016, http://www. scmp.com/tech/article/1913340/wechat-red-envelopes-help-drive-online-payments-use-china.

24. Juro Osawa, "China Mobile-Payment Battle Becomes a Free-for-All," Wall Street Journal, last modified May 22, 2016, http://www.wsj.com/articles/china-mobile-payment-battle-becomes-a-free-for-all-1463945404;
Paul Smith, "The Top Four Mistakes That Make Business Leaders Awful Storytellers," Fast Company,
November 5, 2016, https://www.fastcompany.com/3065209/work-smart/the-top-four-mistakes-that-make-business-leaders-awful-storytellers.

25. Paul Mozur, "In Urban China, Cash Is Rapidly Becoming Obsolete," New York Times, July 16, 2017, https://www.nytimes.com/2017/07/16/business/china-cash-smartphone-payments.html？mcubz=0. アク

セス日 2017 年 9 月 26 日。

26. James H. David, "Social Interaction and Performance," in Group Performance (Reading, PA: Addison-Wesley, 1969).

27. Tony Perry and Julian Barnes, "U.S. Rethinks a Marine Corps Specialty: Storming Beaches," LA Times, June 21, 2010, http://articles.latimes.com/2010/jun/21/nation/la-na-marines-future-20100621.

28. Christopher Drew, "Pentagon Is Poised to Cancel Marine Landing Craft," New York Times, January 5, 2011, http://www.nytimes.com/2011/01/06/business/06marine.html ? _r=0.

29. Edward Bowman and Bruce M. Kogut, eds., Redesigning the Firm (Oxford: Oxford University Press, 1995), 246.

30. L. J. Colfer and C. Y. Baldwin, "The Mirroring Hypothesis: Theory, Evidence and Exceptions" (Harvard Business School, Tech. Rep. Finance Working Paper No. 16-124, May 2016).

31. Spencer Ackerman, "Build a Swimming Tank for DARPA and Make a Million Dollars," Wired, October 2, 2010, http://www.wired.com/2012/10/fang/.

32. DARPAtv, "FANG Challenge: Design a Next-Generation Military Ground Vehicle," YouTube video, 3:26, September 27, 2012, https://www.youtube.com/watch ? v=TMa1657gYIE.

33. Christopher Drew, "Pentagon Is Poised to Cancel Marine Landing Craft," New York Times, January 5, 2011, http://www.nytimes.com/2011/01/06/business/06marine.html ? _r=0; Ackerman, "Build a Swimming Tank for DARPA."

34. Michael Belfiore, "You Will Design DARPA's Next Amphibious Vehicle," Popular Mechanics, October 3, 2012, http://www.popularmechanics.com/military/research/a8151/you-will-design-darpas next-amphibious-vehicle-13336284/.

35. Kyle Maxey, "DARPA FANG Challenge-$1M to the Winners," Engineering. com, April 22, 2013, http://www.engineering.com/DesignerEdge/DesignerEdgeArticles/ArticleID/5624/DARPA-FANG-Challenge—1M-to the-winners.aspx.

36. "Test and Evaluation of AVM Tools for DARPA FANG Challenge," NASA JPL, accessed April 23, 2017, https://www-robotics.jpl.nasa.gov/tasks/showTask.cfm ? TaskID=255&tdaID=700059.

37. Lane Boyd, "DARPA Pushes for an Engineering Internet," Computer Graphics World 21, no. 9 (1998).

38. "DARPA Challenges Combat Vehicle Designers: Do It Quicker," Aviation Week, November 5, 2012, http://aviationweek.com/awin/darpa-challenges-combat-vehicle-designers-do-it-quicker.

39. Allison Barrie, "Could You Design the Next Marine Amphibious Assault Vehicle ? " Fox News, April 25, 2013, http://www.foxnews.com/tech/2013/04/25/could-design-next-marine-amphibious-assault-vehicle/.

40. Beth Stackpole, "Dispersed Team Nabs $1 Million Prize in DARPA FANG Challenge," DE, May 3, 2013, http://www.deskeng.com/virtual_desktop/ ? p=7101.

41. Sean Gallagher, "Tankcraft: Building a DARPA Tank Online for Fun and Profit," Ars Technica, April 24, 2013, http://arstechnica.com/information-technology/2013/04/tankcraft-building-a-darpa-tank-online-for-fun-and-profit/.

42. Graeme McMillan, "The Family That Stays Together, Designs Award-Winning Military Vehicles Together," Digital Trends, April 25, 2013, http://www.digitaltrends.com/cool-tech/the-family-that-stays-together-

designs-award-winning-tanks-together/.

43. Ibid.

44. Stephen Lacey, "How Crowdsourcing Could Save the Department of Energy," GTM, February 27, 2013, https://www.greentechmedia.com/articles/read/how-crowdsourcing-could-save-the-department-of-energy#gs.FQgDUb8; アクセス日 2017 年 9 月 29 日。

Robert M. Bauer, and Thomas Gegenhuber, "Crowdsourcing: Global Search and the Twisted Roles of Consumers and Producers," Organization 22, no. 5 (2015): 661-681, doi:10.1177/1350508415585030.

45. McMillan, "Family That Stays Together."

46. "DARPA Challenges Combat Vehicle Designers."

47. Oliver Weck, Fast Adaptable Next-Generation Ground Vehicle Challenge, Phase 1 (FANG-1) Post-Challenge Analysis, September 21, 2013, http://web.mit.edu/deweck/Public/AVM/FANG-1percent20Post-Analysispercent20Technical percent20Report percent20(de percent20Weck).pdf.

48. Anita McGahan, "Unlocking the Big Promise of Big Data," Rotman Management Magazine, Fall 2013.

49. Sandi Doughton, "After 10 Years, Few Payoffs from Gates' 'Grand Challenges,'" Seattle Times, December 22, 2014, http://www.seattletimes.com/seattle-news/after-10-years-few-payoffs-from-gatesrsquo-lsquogrand-challengesrsquo/. アクセス日 2017 年 9 月 27 日。

50. Maxey, "DARPA FANG Challenge."

51. David Szondy, "DARPA Announces Winner in FANG Challenge," New Atlas, April 24, 2013, http://newatlas.com/darpa-fang-winner/27213/.

52. ニューヨーク大学スターン経営大学院のヒラ・リフシッツ・アサフ教授に感謝したい。同教授がわたしに初めて、オープンな場でのコラボレーションにおいて、文脈から切り離すことの重要性を説明してくれた。彼女の優れた研究については、以下の文献を参照のこと。
Karim Lakhani, Hila Lifshitz-Assaf, and Michael Tushman, "Open Innovation and Organizational Boundaries: Task Decomposition, Knowledge Distribution, and the Locus of Innovation," in Handbook of Economic Organization: Integrating Economic and Organizational Theory,ed. Anna Grandori (Northampton, MA: Elgar, 2014), 355-382.

53. L. Argote, B. McEvily, and R. Reagans, "Managing Knowledge in Organizations: An Integrative Framework and Review of Emerging Themes," Management Science 49, no. 4 (2003): 571-582.

54. "Gennady Korotkevich Wins Google Code Jam Fourth Time in a Row," Новости Университета ИТМО, http://news.ifmo.ru/en/university_live/achievements/news/6871/. アクセス日 2018 年 1 月 31 日。

55. Joseph Byrum, "How Agribusinesses Can Ensure Success with Open Innovation," AgFunder News, November 14, 2016, https://agfundernews.com/tips-agribusinesses-succeed-open-innovation.html.

56. Ibid.

57. 2016 年 3 月 1 日に、スイスのローザンヌで開かれた戦略ワークショップで、シンジェンタの複数のマネジャーと行った議論から。

58. Lizzie Widdicombe, "The Programmer's Price," New Yorker, November 24, 2014, http://www.newyorker.com/magazine/2014/11/24/programmers-price; Frederick Brooks, The Mythical Man-Month: Essays on Software Engineering (Boston: Addison-Wesley, 1995), chap. 3.（邦訳：フレデリック・P・ブルックス・Jr. 著、滝沢徹、牧野祐子、富澤

昇訳『人月の神話（新装版）』丸善出版、2014 年）

59. この議論の初期のバージョンが「Why Do People Do Great Things Without Getting Paid ?」（IMD Case IMD-7-1537, 2013）として発表された。このテーマに関して優れた内容を以下の文献で見ることができる。Charles Duhigg, The Power of Habit: Why We Do What We Do in Life and Business (New York: Random House, 2012), Ch. 5.（邦訳：チャールズ・デュヒッグ著、渡会圭子訳『習慣の力』講談社、2013 年）

60. Charles Duhigg, The Power of Habit を参照のこと。ニューヨーク州立大学オルバニー校教授のマーク・マラバンが行った一連の実験について、デュヒッグの書籍で簡明にまとめられている。

61. うわさする権利（social bragging rights）の概念は、以下の書籍で詳しく説明されている。Jonah Berger, Contagious: Why Things Catch On (New York: Simon & Schuster, 2013), chap. 1.（邦訳：ジョーナ・バーガー著、貫井佳子訳『なぜ「あれ」は流行るのか？』日本経済新聞社出版、2013 年）

62. マーク・マラバンらによる人間の意志に関する調査について検討したものとしては、以下の文献を参照のこと。Andrew C. Watson, Learning Begins—The Science of Working Memory and Attention/or the Class (Rowman & Littlefield, 2017), 123-128

63. Yue Wang, "How Chinese Super App WeChat Plans to Lock Out Foreign App Stores in China," Forbes, January 9, 2017, https://www.forbes.com/sites/ywang/2017/01/09/chinese-super-app-wechat-launches-new-plan-to-rival-app-stores-in-china/#156830965748;
Yi Shu Ng, "WeChat Beats Google to Release Apps That Don't Need to be Downloaded or Installed," Mashable, January 10, 2017, http://mashable.com/2017/01/10/wechat-mini-programs/#fKWl6IRhosqE;
Jon Russell, "China's Tencent Takes on the App Store with Launch of 'Mini Programs' for WeChat," TC, January 9, 2017, https://techcrunch.com/2017/01/09/wechat-mini-programs/.

64. Sarah Perez, "Nearly 1 in 4 People Abandon Mobile Apps After Only One Use," TC, May 31, 2016, https://techcrunch.com/2016/05/31/nearly-1-in-4-people-abandon-mobile-apps-after-only-one-use/.

65. Wang, "How Chinese Super App WeChat Plans."

66. Sijia Jiang, "With New Mini-Apps, WeChat Seeks Even More China Clicks," Reuters, May 28, 2017, http://www.reuters.com/article/us-tencent-wechat-china-idUSKCN18E38Z.

第5章

1. "What AlphaGo Means to the Future of Management," MIT Sloan Management Review, http://sloanreview.mit.edu/article/tech-savvy-what-alphago-means-to-the-future-of-management/. アクセス日 2017 年 5 月 28 日。

2. Alan Levinovitz, "The Mystery of Go, the Ancient Game That Computers Still Can't Win," Wired, May 12, 2014, https://www.wired.com/2014/05/the-world-of-computer-go/.

3. Cho Mu-Hyun, "AlphaGo Match 'a Win for Humanity': Eric Schmidt," ZDNet, March 8, 2016, http://www.zdnet.com/article/alphago-match-a-win-for-humanity-eric-schmidt/.

4. Brad Stone, The Everything Store: Jeff Bezos and the Age of Amazon (New York: Back Bay Books, 2014), 134.（邦訳：ブラッド・ストーン著、井口耕二訳、『ジェフ・ベゾス 果てなき野望』日経 BP、2014 年）

5. Seth Fiegerman, "Man vs. Algorithm: When Media Companies Need a Human Touch," Mashable, October 30, 2013, http://mashable.com/2013/10/30/new-media-technology/#H4yVxcTntkq7. アクセス日 2017 年 9 月 30 日。

6. "The Valentines!" Stranger, February 7, 2002, http://www.thestranger.com/seattle/the-valentines/Content ? oid=9976. アクセス日、2017 年 9 月 30 日。

7. Molly Driscoll, "'The Everything Store': 5 Behind-the-Scenes Stories About Amazon," Christian Science Monitor, November 4, 2013, http://www.csmonitor.com/Books/2013/1104/The-Everything-Store-5-behind-the-scenes-stories-about-Amazon/Less-space-for-creativity.

8. "History of the World Jeopardy Review Game Answer Key," https://www.superteachertools.us/jeopardyx/answerkey.php-game=1408637225. アクセス日 2017 年 5 月 28 日。

9. このケーススタディの初期のバージョンが、「IBM Watson (A): Will a Computer Replace Your Oncologist One Day ?」(IMD Case IMD-3-2402, 2013) として発表されている。Stephen Baker, Final Jeopardy: The Story of Watson, the Computer That Will Transform Our World (Boston: Mariner Books, 2012), 3.

10. Paul Cerrato, "IBM Watson Finally Graduates Medical School," InformationWeek, http://www.informationweek.com/healthcare/clinical-information-systems/ibm-watson-finally-graduates-medical-school/d/d-id/1106982. アクセス日 2017 年 5 月 28 日。

11. "Memorial Sloan-Kettering Cancer Center, IBM to Collaborate in Applying Watson Technology to Help Oncologists," IBM News Room, March 22,2012, https://web.archive.org/web/20141222165826/http://www-03.ibm.com/press/us/en/pressrelease/37235.wss.;"The Science Behind Watson," IBM Watson, https://web.archive.org/web/20130524075245/http://www03.ibm.com/innovation/us/watson/the_jeopardy_challenge.shtml. アクセス日 2017 年 5 月 28 日。

12. IBM, "Perspectives on Watson: Healthcare," YouTube video, 2:16, February 8, 2011, https://www.youtube.com/watch-v=vwDdyxj6S0U.

13. Ken Jennings, "Watson Jeopardy! Computer: Ken Jennings Describes What It's Like to Play Against a Machine," Slate Magazine, February 16, 2011, http://www.slate.com/articles/arts/culturebox/2011/02/my_puny_human_brain.2.html.

14. Brian Christian, "Mind vs. Machine," Atlantic, February 19, 2014, https://www.theatlantic.com/magazine/archive/2011/03/mind-vs-machine/308386/.

15. Natasha Geiling, "The Women Who Mapped the Universe and Still Couldn't Get Any Respect," Smithsonian, September 18, 2013, http://www.smithsonianmag.com/history/the-women-who-mapped-the-universe-and-still-couldnt-get-any-respect-9287444/.

16. A. M. Turing, "Computing Machinery and Intelligence," Mind (1950): 433-460, doi:10.1093/mind/LIX.236.433.

17. IBM, "IBM Healthcare," YouTube video, February 21, 2013, https://www.youtube.com/watch ? v=D07VJz0uGM4.

18. Baker, Final Jeopardy.

19. IBM, "IBM Watson: Watson After Jeopardy!" YouTube video, 4:36, February 11, 2011, http://www.youtube.com/watch ? v=dQmuETLeQcg&rel=0. アクセス日 2017 年 10 月 2 日。

20. Deepak and Sanjiv Chopra, Brotherhood: Dharma, Destiny, and the American Dream (New York: New Harvest, 2013), 187.

21. Malcolm Gladwell, Blink: The Power of Thinking Without Thinking (Boston: Little, Brown, 2005), 9.(邦訳:マルコム・グラッドウェル著、沢田博、阿部尚美訳、『第 1 感「最初の 2 秒」の「なんとなく」が正しい』光文社 2006 年)

22. Gary Klein, a psychologist, originally reported this story, which a number of authors have since popularized. For additional accounts, please refer to http://www.fastcompany.com/40456/whats-your-intuition;
Daniel Kahneman, Thinking, Fast and Slow (New York: Farrar, Straus and Giroux, 2011)（邦訳：ダニエル・カーネマン著、村井 章子訳『ファスト＆スロー』早川書房、2012 年）；
Gladwell, Blink: The Power of Thinking Without Thinking.

23. "Simon Property Group Fights to Reinvent the Shopping Mall," Fortune, http://fortune.com/simon-mall-landlord-real-estate/. アクセス日 2017 年 10 月 1 日。

24. "Simon Property Group Inc.," AnnualReports.com, http://www.annualreports.com/Company/simon-property-group-inc. アクセス日 2017 年 10 月 1 日。

25. "China's Dalian Wanda 2015 Revenue up 19 Pct as Diversification Takes Hold," Reuters, January 10, 2016, http://www.reuters.com/article/wanda-group-results/chinas-dalian-wanda-2015-revenue-up-19-pct-as-diversification-takes-hold-idUSL3N14V1DU20160111. アクセス日 2017 年 10 月 1 日。

26. "Dalian Wanda to Open Nearly 900 Malls by 2025, Focus on Lower-Tier Cities," Reuters, April 20, 2015, http://www.reuters.com/article/dalian-wanda/dalian-wanda-to-open-nearly-900-malls-by-2025-focus-on-lower-tier-cities-idUSL4N0XH2MM20150420. アクセス日 2017 年 10 月 1 日。

27. Zhu Lingqing, "Top 12 Chinese Firms Debuted in 2016 Fortune Global 500," ChinaDaily.com, http://wap.chinadaily.com.cn/2016-07/22/content_26203491.htm. アクセス日 2017 年 10 月 2 日。

28. 王健林のワンダグループは中国最大級のコングロマリットである。Sherisse Pham, "China's Wang Jianlin Battles Talk of Trouble at Dalian Wanda," CNNMoney, http://money.cnn.com/2017/07/20/investing/wanda-wang-jianlin-battles-rumors/index.html. アクセス日 2017 年 10 月 2 日。

29. Barbara Goldberg, "Trump's Net Worth Dwindled to $3.5 Billion, Forbes Says," Reuters, March 20, 2017, https://www.reuters.com/article/us-usa-trump-forbes-idUSKBN16R250. アクセス日 2017 年 10 月 2 日。

30. Daniel J. Levitin, The Organized Mind: Thinking Straight in the Age of Information Overload (New York: Dutton, 2016), chap. 6.

31. Nicholas Bakalar, "No Extra Benefits Are Seen in Stents for Coronary Artery Disease," New York Times, February 27, 2012, http://www.nytimes.com/2012/02/28/health/stents-show-no-extra-benefits-for-coronary-artery-disease.html. アクセス日 2017 年 11 月 18 日。

32. Brian Christian, "The A/B Test: Inside the Technology That's Changing the Rules of Business," Wired, April 25, 2012, https://www.wired.com/2012/04/ff_abtesting/. アクセス日 2017 年 10 月 15 日。

33. Jerry Avorn, "Healing the Overwhelmed Physician," New York Times, June 11, 2013, http://www.nytimes.com/2013/06/12/opinion/healing-the-overwhelmed-physician.html.

34. "Watson Is Helping Doctors Fight Cancer," IBM Watson, http://m.ibm.com/http/www-03.ibm.com/innovation/us/watson/watson_in_healthcare.shtml. アクセス日 2017 年 5 月 28 日。

35. "Big Data Technology for Evidence-Based Cancer Treatment," Experfy Insights, August 28, 2015, https://www.experfy.com/blog/big-data-technology-evidence-based-cancer-treatment. アクセス日 2017 年 7 月 3 日。

36. David Kerr, "Learning Machines: Watson Could Bring Cancer Expertise to the Masses," Huffington Post, March 29, 2012,

http://www.huffingtonpost.com/david-kerr/learning-machines-watson-_b_1388429.html.

37. Cerrato, "IBM Watson Finally Graduates Medical School."

38. "Memorial Sloan Kettering Cancer Center, IBM to Collaborate in Applying," Memorial Sloan Kettering, March 22, 2012, https://www.mskcc.org/press-releases/mskcc-ibm-collaborate-applying-watson-technology-help-oncologists.

39. Memorial Sloan Kettering, "Memorial Sloan-Kettering's Expertise Combined with the Power of IBM Watson Is Poised to Help Doctors," YouTube video, 2:45, January 8, 2014, https://www.youtube.com/watch？v=nNHni1Jm4p4.

40. Cerrato, "IBM Watson Finally Graduates Medical School."

41. Jon Gertner, "IBM's Watson Is Learning Its Way to Saving Lives," Fast Company, October 16, 2012, http://www.fastcompany.com/3001739/ibms-watson-learning-its-way-saving-lives.

42. Sy Mukherjee, "Digital Health Care Revolution," Fortune.com, April 20, 2017, http://fortune.com/2017/04/20/digital-health-revolution/.

43. Ian Steadman, "IBM's Watson Is Better at Diagnosing Cancer Than Human Doctors," Wired UK, May 23, 2016, http://www.wired.co.uk/article/ibm-watson-medical-doctor.

44. Jacob M. Schlesinger, "New Recruit IPO, New Era for Japan？" Wall Street Journal, September 11, 2014, https://blogs.wsj.com/japanrealtime/2014/09/12/new-recruit-ipo-new-era-for-japan/.

45. このネットワーク効果は、「メトカーフの法則」と呼ばれることもある。ゼロックスのパロアルト研究所の研究者、ボブ・メトカーフが、ネットワークの価値はユーザー数の二乗に比例するとしたためである。

46. Richard Teitelbaum, "Snapchat Parent's IPO Filing Omits Monthly Data," Wall Street Journal, February 8, 2017, https://www.wsj.com/articles/snapchat-parents-ipo-filing-omits-monthly-data-1486580926.

47. Nicholas Jackson and Alexis C. Madrigal, "The Rise and Fall of MySpace," Atlantic, January 12, 2011, https://www.theatlantic.com/te/archive/2011/01/the-rise-and-fall-of-myspace/69444/.

48. Stuart Dredge, "MySpace-What Went Wrong: 'The Site Was a Massive Spaghetti-Ball Mess,'" Guardian, March 6, 2015, https://www.theguardian.com/technology/2015/mar/06/myspace-what-went-wrong-sean-percival-spotify.

49. Amy Lee, "Myspace Collapse: How the Social Network Fell Apart," Huffington Post, June 30, 2011, http://www.huffingtonpost.com/2011/06/30/how-myspace-fell-apart_n_887853.html.

50. Christopher Mims, "Did Whites Flee the 'Digital Ghetto' of MySpace？" MIT Technology Review, October 22, 2012, https://www.technologyreview.com/s/419843/did-whites-flee-the-digital-ghetto-of-myspace/.

51. "GE's Jeff Immelt on Digitizing in the Industrial Space," McKinsey & Company, http://www.mckinsey.com/business-functions/organization/our-insights/ges-jeff-immelt-on-digitizing-in-the-industrial-space. アクセス日 2017 年 5 月 28 日。

52. KurzweilAI, "Watson Provides Cancer Treatment Options to Doctors in Seconds," http://www.kurzweilai.net/watson-provides-cancer-treatment-options-to-doctors-in-seconds. アクセス日 2017 年 5 月 28 日。

53. Bruce Upbin, "IBM's Watson Gets Its First Piece of Business in Healthcare," Forbes, February 15, 2013, https://www.forbes.com/sites/bruceupbin/2013/02/08/ibms-watson-gets-its-first-piece-of-business-in-

healthcare/.

54. "IBM Watson Hard at Work: New Breakthroughs Transform Quality Care for Patients," Memorial Sloan Kettering, February 8, 2013, https://www. mskcc.org/press-releases/ibm-watson-hard-work-new-breakthroughs-transform-quality-care-patients.

55. Kerr, "Learning Machines."

56. David H. Freedman, "What Will It Take for IBM's Watson Technology to Stop Being a Dud in Health Care ? " MIT Technology Review, June 27, 2017, https://www.technologyreview.com/s/607965/a-reality-check-for-ibms-ai-ambitions/. アクセス日 2017 年 6 月 29 日。

57. Christof Koch, "How the Computer Beat the Go Master," Scientific American, March 18, 2016, http://www.scientificamerican.com/article/how-the-computer-beat-the-go-master/.

58. Cade Metz, "In Two Moves, AlphaGo and Lee Sedol Redefined the Future," Wired, March 16, 2016, https://www.wired.com/2016/03/two-moves-alphago-lee-sedol-redefined-future/.

59. ハードウェア 1000 ドル当たり、1 秒当たりで行われる計算で測定すると、コンピュータの能力は 1960 年代以来、1 秒当たり 1 万分の 1 回（3 時間に 1 回）から、100 億回に増加した。以下の書籍を参照のこと。Edward O. Wilson, Half-Earth: Our Planet's Fight for Life (New York: Liveright Publishing Corporation, 2017), 199.

60. Sam Byford, "Why Google's Go Win Is Such a Big Deal," Verge, March 9, 2016, http://www.theverge.com/2016/3/9/11185030/google-deepmind-alphago-go-artificial-intelligence-impact.

61. Metz, "In Two Moves."

62. Pui-wing Tam, "Daily Report: AlphaGo Shows How Far Artificial Intelligence Has Come," New York Times, May 23, 2017, https://www.nytimes.com/2017/05/23/technology/alphago-shows-how-far-artificial-intelligence-has-come.html;
Cade Metz, "AlphaGo's Designers Explore New AI After Winning Big in China," Wired, May 27, 2017, https://www.wired.com/2017/05/win-china-alphagos-designers-explore-new-ai/.

63. David Runciman, "Diary: AI," London Review of Books, January 25, 2018, https://www.lrb.co.uk/v40/n02/david-runciman/diary. アクセス日 2018 年 2 月 9 日。

64. Paul Mozur, "Google's AlphaGo Defeats Chinese Go Master in Win for A.I.," New York Times, May 23, 2017, https://www.nytimes.com/2017/05/23/business/google-deepmind-alphago-go-champion-defeat.html.

65. "AI May Be 'More Dangerous Than Nukes,' Musk Warns," CNBC, August 4, 2014, http://www.cnbc.com/2014/08/04/ai-potentially-more-dangerous-than-nukes-musk-warns.html.

66. Greg Kumparak, "Elon Musk Compares Building Artificial Intelligence to 'Summoning the Demon,'" TechCrunch, October 26, 2014, https://techcrunch.com/2014/10/26/elon-musk-compares-building-artificial-intelligence-to-summoning-the-demon/.

67. Stacey Higginbotham, "Elon Musk, Reid Hoffman and Amazon Donate $1 Billion for AI Research," Fortune.com, December 12, 2015, http://fortune.com/2015/12/11/open-ai/.

68. "Steve Wozniak: The Future of AI Is 'Scary and Very Bad for People,'" Yahoo! Tech, March 23, 2015, https://www.yahoo.com/tech/steve-wozniak-future-ai-scary-154700881.html.

69. Rory Cellan-Jones, "Stephen Hawking

Warns Artificial Intelligence Could End Mankind," BBC News, December 2, 2014, http://www.bbc.com/news/technology-30290540.

70. Andrew Nusca, "This Man Is Leading an AI Revolution in Silicon Valley-and He's Just Getting Started," November 16, 2017, http://fortune.com/2017/11/16/nvidia-ceo-jensen-huang/. アクセス日 2017 年 11 月 26 日。

71. "Predix-The Premier Industrial Internet Platform," GE Digital, May 15, 2017, https://www.ge.com/digital/predix-utm_expid=109794401-13.6V0rEbO8RzmRu71-IsKIUQ.0.

72. "Internet of Everything," Cisco, http://ioeassessment.cisco.com/. アクセス日 2017 年 5 月 28 日。

73. The importance of cloud computing to the success of Airbnb has been documented excellently in Leigh Gallagher, The Airbnb Story (London: Virgin Books, 2017), 45.

74. Joseph Treaster, "Buffett Holds Court at Berkshire Weekend," New York Times, April 30, 2000, http://www.nytimes.com/2000/05/01/business/buffett-holds-court-at-berkshire-weekend.html.

75. Daniel Howley, "Warren Buffett: AI Is Good for Society but 'Enormously Disruptive,'" Yahoo! Finance, May 6, 2017, https://finance.yahoo.com/news/warren-buffett-ai-good-society-enormously-disruptive-203957098.html.

第6章

1. Theodore Levitt, "Marketing Myopia," Harvard Business Review,　March 20, 2017, https://hbr.org/2004/07/marketing-myopia.（邦訳:「マーケティング近視眼（新訳）」ダイヤモンド・ハーバード・ビジネス・レビュー、2001 年 11 月号）

2. "An Interview with Steve Jobs," Nova, October 10, 2011, http://video.pbs.org/video/2151510911/.

3. Steve Lohr, Data-Ism: The Revolution Transforming Decision Making, Consumer Behavior, and Almost Everything Else (New York: Harper Business, 2015), 65.

4. このケーススタディの初期のバージョンが、「Finding Community Solutions from Common Ground: A New Business Model to End Homelessness（IMD Case IMD-3-2289, 2012)」として発表されている。Pam Fessler, "Ending Homelessness: A Model That Just Might Work," NPR, March 7, 2011, http://www.npr.org/2011/03/07/134002013/ending-homelessness-a-model-that-just-might-work.

5. Alastair Gordon, "Higher Ground," WSJ Magazine RSS, https://web.archive.org/web/20120608011853/http://magazine.wsj.com/hunter/donate/higher-ground/. アクセス日 2017 年 6 月 6 日。

6. Dennis Hevesi, "On the New Bowery, Down and Out Mix with Up and Coming," New York Times, April 13, 2002, http://www.nytimes.com/2002/04/14/realestate/on-the-new-bowery-down-and-out-mix-with-up-and-coming.html?pagewanted=3.

7. Gordon, "Higher Ground."

8. Brad Edmondson, Ice Cream Social: The Struggle for the Soul of Ben & Jerry's (San Francisco: Berrett-Koehler, 2014), 76-77, 136.

9. Malcolm Gladwell, "Million-Dollar Murray," New Yorker, June 7, 2017, http://www.newyorker.com/magazine/2006/02/13/million-dollar-murray.

10. "Linking Housing and Health Care Works for Chronically Homeless Persons," HUD USER, https://www.huduser.gov/portal/periodicals/em/summer12/highlight3.html. アクセス日 2017 年 6 月 15 日。

11. TEDx Talks, "How to Solve a Social Problem: Rosanne Haggerty at TEDxAmherstCollege," YouTube video, 18:31, December 19, 2013, https://www.youtube.com/watch?v=DVylRwmYmJE.

12. Fessler, "Ending Homelessness."

13. Becky Kanis, "Facing into the Truth," National Archives and Records Administration, https://obamawhitehouse.archives.gov/blog/2013/03/21/facing-truth. アクセス日 2017 年 6 月 9 日。

14. Carl Benedikt Frey and Michael A. Osborne, "The Future of Employment: How Susceptible Are Jobs to Computerisation?" Technological Forecasting and Social Change 114 (2017): 254-280, doi:10.1016/j.techfore.2016.08.019.

15. Edward O. Wilson, Half-Earth: Our Planet's Fight for Life (New York: Liveright Publishing Corporation, 2017), 199-200.

16. Gordon, "Higher Ground."

17. Brenda Ann Kenneally, "Why It's So Hard to Stop Being Homeless in New York," Daily Intelligencer, http://nymag.com/daily/intelligencer/2017/03/nyc-homelessness-crisis.html. アクセス日 2017 年 10 月 8 日。

18. "Turning the Tide on Homelessness in New York City," City of New York, http://www1.nyc.gov/assets/dhs/downloads/pdf/turning-the-tide-on-homelessness.pdf. アクセス日 2017 年 10 月 8 日。

19. Alana Semuels, "How to End Homelessness in New York City," Atlantic, January 4, 2016, https://www.theatlantic.com/business/archive/2016/01/homelessness-new-york-city/422289/. アクセス日 2017 年 10 月 8 日。

20. Ellen Lupton, Beautiful Users: Designing for People (New York: Princeton Architectural Press, 2014), 21.

21. Tom Kelley and David Kelley, "Kids Were Terrified of Getting MRIs. Then One Man Figured Out a Better Way," Slate Magazine, October 18, 2013, http://www.slate.com/blogs/the_eye/2013/10/18/creative_confidence_a_new_book_from_ideo_s_tom_and_david_kelley.html.

22. "From Terrifying to Terrific: The Creative Journey of the Adventure Series," GE Healthcare: The Pulse, January 29, 2014, http://newsroom.gehealthcare.com/from-terrifying-to-terrific-creative-journey-of-the-adventure-series/.

23. ダグ・ディーツのストリーリーは、デザイン思考の専門家による次の書籍で見事に紹介されている。Tom Kelley and David Kelley, Creative Confidence Unleashing the Creative Potential Within Us All (New York: HarperCollins, 2013).（邦訳：デイヴィッド・ケリー、トム・ケリー著、千葉敏生訳『クリエイティブ・マインドセット』日経 BP、2014 年）。Kelley and Kelley, "Kids Were Terrified of Getting MRIs."

24. "Doug Dietz: Transforming Healthcare for Children and Their Families," PenneyLaneOnline.com, January 24, 2013, http://www.penneylaneonline.com/2013/01/22/doug-dietz-transforming-healthcare-for-children-and-their-families/.

25. "'Adventure Series' Rooms Help Distract Nervous Youngsters at Children's Hospital," May 28, 2012, Pittsburgh Post-Gazette, http://www.post-gazette.com/news/health/2012/05/28/Adventure-Series-rooms-help-distract-nervous-youngsters-at-Children-s-Hospital/stories/201205280159. アクセス日 2017 年 6 月 11 日。

26. "From Terrifying to Terrific," GE Healthcare: The Pulse.

27. "Changing Experiences Through Empathy—The Adventure Series," This Is Design Thinking! July 6, 2015, http://thisisdesignthinking.net/2014/12/changing-experiences-through-empathy-ge-healthcares-adventure-series/.

28. Kelley and Kelley, "Kids Were Terrified of Getting MRIs." ダグ・ディーツのストーリーをもっと詳しく知りたい場合は、以下の2冊の書籍が参考になる。Tom and David Kelley's, Creative Confidence Unleashing the Creative Potential Within Us All (New York: Crown Business, 2013). and Robert I. Sutton and Huggy Rao's, Scaling Up Excellence: Getting to More Without Settling for Less (New York: Crown Business, 2014). わたしもダグの発見についてまとめるうえでは、この優れた2冊を大いに参考にした。

29. Martin Lindström, Small Data: The Tiny Clues That Uncover Huge Trends (New York: Picador, 2017).

30. Jeffrey Guhin, "History (and Logic) Explains Why Neil deGrasse Tyson's Proposed Rational Nation Is a Terrible Idea," Slate Magazine, July 5, 2016, http://www.slate.com/articles/health_and_science/science/2016/07/neil_degrasse_tyson_wants_a_nation_ruled_by_evidence_but_evidence_explains.html.

31. David Leonhardt, "Procter & Gamble Shake-Up Follows Poor Profit Outlook," New York Times, June 9, 2000, http://www.nytimes.com/2000/06/09/business/procter-gamble-shake-up-followspoor- profit-outlook.html.

32. Nikhil Deogun and Robert Langreth, "Procter & Gamble Abandons Talks with Warner-Lambert and AHP," Wall Street Journal, January 25, 2000, http://www.wsj.com/articles/SB94873352953885170.

33. "P&G Warning Hurts Dow," CNNMoney, March 7, 2000, http://money.cnn.com/2000/03/07/companies/procter/.

34. "P&G CEO Quits amid Woes," CNNMoney, June 8, 2000, http://money.cnn.com/2000/06/08/companies/procter/.

35. Leonhardt, "Procter & Gamble Shake-Up." A・G・ラフリーのリーダーシップの下で、いかにP&Gが業績回復を遂げたかについては、非常に多くの文献に記されている。その中で、わたしが最も参考になると感じたのは以下の書籍だ。Roger L. Martin, The Design of Business: Why Design Thinking Is the Next Competitive Advantage (Boston: Harvard Business Press, 2009). 本書のこの部分のケーススタディを書くうえでも、主に参考としたのはロジャー・マーティンのこの本である。

36. Dana Canedy, "A Consumer Products Giant Will Most Likely Stay With What It Knows," New York Times, January 25, 2000, http://www. nytimes.com/2000/01/25/business/a-consumer-products-giant-will-most-likely-stay-with-what-it-knows.html.

37. Warren Berger, CAD Monkeys, Dinosaur Babies, and T-Shaped People: Inside the World of Design Thinking and How It Can Spark Creativity and Innovation (New York: Penguin Books, 2010), chap. 6.5.

38. Kamil Michlewski, Design Attitude (Farnham, UK: Ashgate, 2015).

39. Jennifer Reingold, "Claudia Kotchka Glides from the Design World to the Business World and Back with Ease. Now She Has to Teach 110,000 Employees at Procter Gamble to Do the Same Thing," Fast Company, June 2005, http://www.fastcompany.com/53060/interpreter.

40. Roger L. Martin, The Design of Business: Why Design Thinking Is the Next Competitive Advantage (Boston: Harvard Business Press, 2009), 83.

41. Ibid., 87.

42. Warren Berger, Glimmer: How Design Can Transform Your Life, and Maybe Even the World (New York: Penguin Press, 2009), 172.

43. Martin, Design of Business, 86.

44. Reingold, "Claudia Kotchka Glides."

45. Sutton and Rao, Scaling Up Excellence, 20.

46. Dorothy Kalins, "Going Home with the Customers," Newsweek, May 22, 2005, http://www.newsweek.com/going-home-customers-119233.

47. Martin, Design of Business.

48. Harvard Business Review, "Innovation at Procter & Gamble," YouTube video, 14:27, June 23, 2008, http://www.youtube.com/watch?v=xvIUSxXrffc.

49. Ibid.

50. Dev Patnaik, "Forget Design Thinking and Try Hybrid Thinking," Fast Company, August 25, 2009, http://www.fastcompany.com/1338960/forget-design-thinking-and-try-hybrid-thinking.

51. Sutton and Rao, Scaling Up Excellence, 5.

52. "Automation and Anxiety," Economist, June 25, 2016, https://www.economist.com/news/special-report/21700758-will-smarter-machines-cause-mass-unemployment-automation-and-anxiety. アクセス日 2018 年 2 月 3 日。

53. David Autor, "Polanyi's Paradox and the Shape of Employment Growth," National Bureau of Economic Research, 2014, doi:10.3386/w20485.

54. Mercatus Center, "Atul Gawande on Priorities, Big and Small," Medium, July 19, 2017, https://medium.com/conversations-with-tyler/atul-gawande-checklist-books-tyler-cowen-d8268b8dfe53. アクセス日 2017 年 10 月 9 日。

55. Andrew McAfee and Erik Brynjolfsson, Machine Platform Crowd: Harnessing Our Digital Future (New York: W. W. Norton & Company, 2017), 78.（邦訳：アンドリュー・マカフィー、エリック・ブリニョルフソン著、村井章子訳『プラットフォームの経済学』日経 BP、2018 年）

56. Siddhartha Mukherjee, "A.I. Versus M.D.," New Yorker, June 19, 2017, https://www.newyorker.com/magazine/2017/04/03/ai-versus-md. アクセス日 2017 年 10 月 9 日。

57. Clayton M. Christensen and Michael E. Raynor, The Innovator's Solution: Creating and Sustaining Successful Growth (Boston: Harvard Business Review Press, 2013), 58.（邦訳：クレイトン・クリステンセン、マイケル・レイナー著、玉田俊平太監修、櫻井祐子訳『イノベーションへの解』翔泳社、2003 年）

58. "Weekly Adviser: Horror at Credit Scoring Is Not Just Foot-Dragging," American Banker, November 2, 1999, https://www.americanbanker.com/news/weekly-adviser-horror-at-credit-scoring-is-not-just-foot-dragging. アクセス日 2017 年 10 月 15 日。

59. Norm Augustine, "The Education Our Economy Needs," Wall Street Journal, September 21, 2011, https://www.wsj.com/articles/SB10001424053111904265504576568351324914730?mg=prod percent2Faccounts-wsj#articleTabs percent3Darticle.

60. William Taylor, Simply Brilliant: How Great Organizations Do Ordinary Things in Extraordinary Ways (London: Portfolio Penguin, 2016), 83.

61. Christian Madsbjerg, Sensemaking: The Power of the Humanities in the Age of the Algorithm (New York: Hachette Books, 2017);
Cathy O'Neill, Weapons of Math Destruction: How Big Data Increases in Equality and Threatens Democracy (Great Britain: Penguin Books, 2017), Afterword.（邦訳：キャシー・オニール著、久保尚子訳『あなたを支配し、社会を破壊する、AI・ビッグデータの罠』インターシフト、2018 年）

62. Ethem Alpaydin, Machine Learning: The New AI (Cambridge, MA: MIT Press, 2016), 58, 162.

63. Larry Greenemeier, "20 Years After Deep Blue: How AI Has Advanced Since Conquering Chess," Scientific American,

https://www.scientificamerican.com/article/20-years-after-deep-blue-how-ai-has-advanced-since-conquering-chess/. アクセス日 2017 年 10 月 9 日。

64. "Just like Airbnb," Economist January 6, 2015, http://www.economist.com/blogs/democracyinamerica/2015/01/data-and-homelessness. アクセス日 2018 年 2 月 3 日。

65. James Bessen, "The Automation Paradox," Atlantic, January 19, 2016, https://www.theatlantic.com/business/archive/2016/01/automation-paradox/424437/. アクセス日 2017 年 7 月 15 日。

66. James Bessen, "Scarce Skills, Not Scarce Jobs," Atlantic, April 27, 2015, https://www.theatlantic.com/business/archive/2015/04/scarce-skills-not-scarce-jobs/390789/. アクセス日 2017 年 7 月 15 日。

67. Christopher Mims, "Automation Can Actually Create More Jobs," Wall Street Journal, December 11, 2016, https://www.wsj.com/articles/automation-can-actually-create-more-jobs-1481480200. アクセス日 2017 年 11 月 19 日。

68. Vanessa Fuhrmans, "How the Robot Revolution Could Create 21 Million Jobs," Wall Street Journal, November 15, 2017, https://www.wsj.com/articles/how-the-robot-revolution-could-create-21-million-jobs-1510758001; Mims, "Without Humans." アクセス日 2017 年 11 月 19 日。

69. A. G. Lafley, "A Liberal Education: Preparation for Career Success," Huffington Post, December 6, 2011, http://www.huffingtonpost.com/ag-lafley/a-liberal-education-prepa_b_1132511.html.

第7章

1. Elizabeth Woyke, "Environmental Balance," Forbes, September 13, 2011, http://www.forbes.com/global/2011/0926/feature-environmental-balance-shih-revamp-taiwan-farms-woyke.html.

2. Michael V. Copeland, "The Man Behind the Netbook Craze," Fortune, November 20, 2009, http://fortune.com/2009/11/20/the-man-behind-the-netbook-craze/.

3. Andrew S. Grove, Only the Paranoid Survive (New York: Doubleday, 1999)（邦訳：アンドリュー・S・グローブ著、小澤隆生、佐々木 かをり訳『パラノイアだけが生き残る』日経 BP、2017 年）

Willy C. Shih, Ho Howard Yu, and Hung-Chang Chiu, "Transforming ASUSTeK: Breaking from the Past," Harvard Business School Case 610-041, January 2010 (revised March 2010).

4. 台湾企業：このケーススタディの初期のバージョンが、以下の二篇のケーススタディとして公表されている。Willy C. Shih, Ho Howard Yu, and Hung-Chang Chiu, "Transforming ASUSTeK: Breaking from the Past." Harvard Business School Case 610-041, January 2010 (Rev. March 2010);Willy C. Shih, Chintay Shih, Hung-Chang Chiu, Yi-Ching Hsieh, and Ho Howard Yu,"ASUSTeK Computer Inc. Eee PC (A)." Harvard Business School Case 609-011, July 2008 (Rev September 2009).
台湾の PC 業界を調査するよう勧めてくれたのは、ハーバード・ビジネススクールの Willy Shih 教授だ。この調査をまとめたものが、以下の文献として公表されている。"Taiwan's PC Industry, 1976-2010: The Evolution of Organizational Capabilities," by Howard H. Yu and Willy C. Shih, Business History Review, Vol. 88, Issue 02, June 2014, pp. 329-357.

Richard Lai, "The Past, Present and Future of ASUS, According to Its Chairman," Engadget, July 14, 2016, https://www.engadget.com/2015/08/16/asus-chairman-jonney-shih-interview/. アクセス日 2018 年 2 月 3 日。

5. Keith Bradsher, "In Taiwan, Lamenting a Lost Lead," New York Times, May 12, 2013, http://www.nytimes.com/2013/05/13/business/global/taiwan-tries-to-regain-its-

lead-in-consumer-electronics.html.

6. Jeffrey S. Young and William L. Simon, iCon: Steve Jobs, the Greatest Second Act in the History of Business (Hoboken, NJ: Wiley, 2006).（邦訳：ジェフリー・S・ヤング、ウィリアム・L・サイモン著、井口耕二訳『スティーブ・ジョブズ - 偶像復活』東洋経済新報社、2005 年）

7. Leander Kahney, "Inside Look at Birth of the iPod," Wired, July 21, 2004, https://www.wired.com/2004/07/inside-look-at-birth-of-the-ipod/.

8. Leander Kahney, Inside Steve's Brain (London: Atlantic Books, 2012)（邦訳：リーアンダー・ケイニー著、三木俊哉訳『スティーブ・ジョブズの流儀』ランダムハウス講談社、2008 年）; Steven Levy, The Perfect Thing (London: Ebury, 2007).

9. Department of Trade and Industry, "Strategy Alternatives for the British Motorcycle Industry," gov.uk, https://www.gov.uk/government/publications/strategy-alternatives-for-the-british-motorcycle-industry. アクセス日 2017 年 7 月 10 日。

10. American Honda 50th Anniversary Timeline, http://hondanews.com/releases/american-honda-50th-anniversary-timeline?l=en-US&mode=print. アクセス日 2017 年 7 月 8 日。

11. "Establishing American Honda Motor Co. / 1959," Honda Worldwide, http://world.honda.com/history/challenge/1959establishingamericanhonda/page03.html. アクセス日 2017 年 7 月 8 日。

12. Adam Richardson, "Lessons from Honda's Early Adaptive Strategy," Harvard Business Review, July 23, 2014, https://hbr.org/2011/02/lessons-from-hondas-early-adap.

13. Richard T. Pascale, Perspectives on Strategy (Palo Alto, CA: Graduate School of Business, Stanford University, 1982), 55.

14. Clayton M. Christensen, The Innovator's Dilemma: When New Technologies Cause Great Firms to Fail (Boston: Harvard Business Review Press, 2016), 150-153.（邦訳：クレイトン・クリステンセン著、玉田俊平太監修、伊豆原弓訳『イノベーションのジレンマ 増補改訂版』翔泳社、2001 年）

15. Richardson, "Lessons from Honda's Early Adaptive Strategy."

16. Henry Mintzberg and James A. Waters, "Of Strategies, deliberate and Emergent," Strategic Management Journal 6, no. 3 (1985): 257-272, doi:10.1002/smj.4250060306.

17. Edwin Catmull and Amy Wallace, Creativity, Inc. Overcoming the Unseen Forces That Stand in the Way of True Inspiration (New York: Random House, 2015).（邦訳：エイミー・ワラス、エド・キャットムル著、石原薫訳『ピクサー流 創造するちから』ダイヤモンド社、2014 年）

18. Amar Bhide, "Bootstrap Finance: The Art of Start-ups," Harvard Business Review, August 22, 2014, https://hbr.org/1992/11/bootstrap-finance-the-art-of-start-ups.

19. Justin D. Martin, "How to Predict Whether a New Media Venture Will Fail," Quartz, December 10, 2012, https://qz.com/35481/how-to-predict-whether-a-new-media-venture-will-fail/.

20. "The Lean Startup," The Lean Startup: The Movement That Is Transforming How New Products Are Built and Launched, http://theleanstartup.com/. アクセス日 2017 年 7 月 9 日。

21. J. L. Bower and C. G. Gilbert, eds., From Resource Allocation to Strategy (Oxford, New York: Oxford University Press, 2005).

22. R. A. Burgelman, "Intraorganizational Ecology of Strategy Making and Organizational Adaptation: Theory and Filed Research," Organization Science 2, no. 3 (1991): 239-262.

23. T. Noda and J. L. Bower, "Strategy

Making as Iterated Processes of Resource Allocation," Strategic Management Journal 17, no. 7 (1996): 159-192.

24. C. G. Gilbert, "Unbundling the Structure of Inertia: Resource Versus Routine Rigidity," Academy of Management Journal 48, no. 5 (2005): 741-763.

25. Christensen, Innovator's Dilemma.

26. Fortune Editors, "Is Google Suffering from Microsoft Syndrome?" Fortune. com, July 31, 2014, http://fortune.com/2011/08/04/is-google-suffering-from-microsoft-syndrome/.

27. Jessica E. Lessin, "Apple Gives In to Employee Perks," Wall Street Journal, November 12, 2012, https://www.wsj.com/articles/SB10001424127887324073504578115071154910456.

28. Steven Levy, "Google's Larry Page on Why Moon Shots Matter," Wired, January 17, 2013, https://www.wired.com/2013/01/ff-qa-larry-page/. アクセス日 2017 年 10 月 16 日。

29. "Google Inc. (NASDAQ:GOOG), 3M Company (NYSE:MMM)—Google: An Ecosystem of Entrepreneurs," Benzinga, https://www.benzinga.com/general/10/09/498671/google-an-ecosystem-of-entrepreneurs. アクセス日 2017 年 10 月 16 日。

30. Lara O'Reilly, "The 30 Biggest Media Companies in the World," Business Insider, May 31, 2016, http://www.businessinsider.com/the-30-biggest-media-owners-in-the-world-2016-5/#20-hearst-corporation-4-billion-in-media-revenue-11.

31. Eric Rosenberg, "The Business of Google (GOOG)," Investopedia, August 5, 2016, http://www.investopedia.com/articles/investing/020515/business-google.asp.

32. Zach Epstein, "Google Bought Motorola for $12.5B, Sold It for $2.9B, and Called the Deal 'a Success,'" BGR, February 13, 2014, http://bgr.com/2014/02/13/google-motorola-sale-interview-lenovo/.

33. Charlie Sorrel, "Google to Stop Selling Nexus One," Wired, June 4, 2017, https://www.wired.com/2010/07/google-to-stop-selling-nexus-one/.

34. Klint Finley, "Google Fiber Sheds Workers as It Looks to a Wireless Future," Wired, June 3, 2017, https://www.wired.com/2017/02/google-fiber-restructure/. アクセス日 2017 年 10 月 16 日。

35. Andrew Cave, "Why Google Glass Flopped," Forbes, February 15, 2015, https://www.forbes.com/sites/andrewcave/2015/01/20/a-failure-of-leadership-or-design-why-google-glass-flopped/.

36. Doug Gross, "Google: Self-Driving Cars Are Mastering City Streets," CNN, April 28, 2014, http://www.cnn.com/2014/04/28/tech/innovation/google-self-driving-car/; Max Chafkin, "Uber's First Self-Driving Fleet Arrives in Pittsburgh This Month," Bloomberg.com, August 18, 2016, https://www.bloomberg.com/news/features/2016-08-18/uber-s-first-self-driving-fleet-arrives-inpittsburgh-this-month-is06r7on; Neal E. Boudette, "Tesla Upgrades Autopilot in Cars on the Road," New York Times, September 23, 2016, https://www.nytimes.com/2016/09/24/business/tesla-upgrades-autopilot-in-cars-on-the-road.html.

37. Eugene Kim, "Jeff Bezos Says Amazon Is Not Afraid to Fail—These 9 Failures Show He's Not Kidding," Business Insider, October 21, 2015, http://www.businessinsider.com/amazons-biggest-flops-2015-10/#in-2012-amazon-shut-down-endlesscom-a-high-end-fashion-commerce-site-and-moved-it-under-amazoncomfashion-it-still-owns-other-non-amazon-branded-fashion-sites-like-zappos-and-shopbop-7.

38. Issie Lapowsky, "Jeff Bezos Defends the Fire Phone's Flop and Amazon's Dismal

Earnings," Wired, June 2, 2017, https://www.wired.com/2014/12/jeff-bezos-ignition-conference/.

39. Austin Carr, "The Real Story Behind Jeff Bezos's Fire Phone Debacle and What It Means for Amazon's Future," Fast Company, July 8, 2017, https://www.fastcompany.com/3039887/under-fire.

40. Joshua Brustein and Spencer Soper, "The Real Story of How Amazon Built the Echo," Bloomberg.com, April 18, 2016, https://www.bloomberg.com/features/2016-amazon-echo/.

41. James F. Peltz and Makeda Easter, "Amazon Shakes up the Grocery Business with Its $13.7-Billion Deal to Buy Whole Foods," Los Angeles Times, June 16, 2017, http://www.latimes.com/business/la-fi-amazon-whole-foods-20170616-story.html.

42. Tim Higgins and Nathan Olivarez-Giles, "Google Details New Pixel Smartphones, Amazon Echo Rival," Wall Street Journal, October 5, 2016, https://www.wsj.com/articles/google-to-detail-amazon-echo-fighter-called-home-new-phones-1475592365.

43. Sarah Perez, "Amazon's Alexa Passes 15,000 Skills, up from 10,000 in February," TechCrunch, July 3, 2017, https://techcrunch.com/2017/07/03/amazons-alexa-passes-15000-skills-up-from-10000-in-february/.

44. Mike Sullivan and Eugene Kim, "What Apple's HomePod Is Up Against," Information, June 20, 2017, https://www.theinformation.com/what-apples-homepod-is-up-against.

45. Brian X. Chen, "Google Home vs. Amazon Echo. Let the Battle Begin," New York Times, May 18, 2016, https://www.nytimes.com/2016/05/19/technology/personaltech/google-home-a-smart-speaker-with-a-search-giant-for-a-brain.html?_r=0.
46. Richard H. Thaler, Misbehaving: The Making of Behavioral Economics (New York: W. W. Norton, 2016). (邦訳：リチャード・セイラー著、遠藤真美訳『行動経済学の逆襲』早川書房、2016年)

47. ディープダイブのコンセプトは、わたしがハーバード・ビジネススクールの博士課程の学生だった頃に、初めて以下の論文で発表した。Yu, Howard H., and Joseph L. Bower. "Taking a 'Deep Dive: What Only a Top Leader Can Do." Harvard Business School Working Paper, No. 09-109, April 2009 (Rev. February 2010, May 2010.) この研究は、Israel Strategy Conference 2010で、Best Paper Award を受賞した。以下を参照のこと。Yu, Howard H., "Leopards Sometimes Change Their Spots: How Firms Manage a Shift between Strategic Archetypes" (September 9, 2010). Israel Strategy Conference, 2010. この論文は、SSRN のサイト https://ssrn.com/abstract=1733430. で見ることができる。この論文での気づきの多くは、論文委員会の委員長の Joseph Bower のおかげである。

エピローグ

1. Kim Gittleson, "Can a Company Live Forever?" BBC News, January 19, 2012, http://www.bbc.com/news/business-16611040.

2. Neil Dahlstrom and Jeremy Dahlstrom, The John Deere Story: A Biography of Plowmakers John & Charles Deere (DeKalb: Northern Illinois University Press, 2007), 12-14.

3. Margaret Hall, John Deere (Chicago: Heinemann Library, 2004), 30.

4. David Magee, The John Deere Way: Performance That Endures (Hoboken, NJ: John Wiley, 2005), 6.

5. Randy Leffingwell, Classic Farm Tractors: History of the Farm Tractor (New York: Crestline, 2010), 82.

6. Magee, The John Deere Way, 57.

7. Ronald K. Leonard and Richard Teal, John Deere Snowmobiles: Development, Production, Competition and Evolution, 1971-1983 (Jefferson, NC: McFarland & Company, 2014), 15.

8. Andrea Peterson, "Google Didn't Lead the Self-Driving Vehicle Revolution. John Deere Did," Washington Post, June 22, 2015, https://www.washingtonpost.com/news/the-switch/wp/2015/06/22/google-didnt-lead-the-self-driving-vehicle-revolution-john-deere-did/?utm_term=.402c93254201.

9. Pietra Rivoli, The Travels of a T-Shirt in the Global Economy (Hoboken, NJ: Wiley, 2009), 41.（邦訳：ピエトラ・リボリ著、雨宮寛、今井章子訳、『あなたのTシャツはどこから来たのか？』東洋経済新報社、2006年）

10. USDA ERS, "Glossary," https://www.ers.usda.gov/topics/farm-economy/farm-household-well-being/glossary.aspx#familyfarm.
アクセス日2017年7月14日。

11. Michael E. Porter and James E. Heppelmann, "How Smart, Connected Products Are Transforming Competition," Harvard Business Review, March 17, 2017, https://hbr.org/2014/11/how-smart-connected-products-are-transforming-competition.

12. Andrew McAfee and Erik Brynjolfsson, Machine Platform Crowd: Harnessing Our Digital Future (New York: W. W. Norton, 2017), 204.（邦訳：アンドリュー・マカフィー、エリック・ブリニョルフソン著、村井章子訳『プラットフォームの経済学』日経BP、2018年）

13. "Why Fintech Won't Kill Banks," Economist, June 16, 2015, https://www.economist.com/blogs/economist-explains/2015/06/economist-explains-12. アクセス日2017年10月20日

14. DuPont Pioneer and John Deere, "DuPont Pioneer and John Deere Help Growers to See More Green," Pioneer Hi-Bred News Releases, May 24, 2016, https://www.pioneer.com/home/site/about/news-media/news-releases/template.CONTENT/guid.0642711A-FCCC-A4F0-21A6-AF150D49ED01.

15. Ina Fried, "John Deere Quietly Opens Tech Office in San Francisco," Axios, June 26, 2017, https://www.axios.com/john-deere-quietly-opens-a-lab-in-san-francisco-2448240040.html.

ハワード・ユー　Howard Yu

世界トップクラスのビジネススクールIMD（スイス・ローザンヌ）教授。同スクールのエグゼクティブ向けコース、AMP（Advanced Management Program）ディレクター。2011年にハーバード・ビジネススクールにて博士号を取得。専門は戦略とイノベーション。洞察に富むケーススタディーには定評がある。

東方雅美　Masami Toho

翻訳者、ライター。慶應義塾大学法学部卒業。米バブソン大学経営大学院修士課程修了（MBA）。日経BPやグロービスなどでの勤務を経て独立。

LEAP

2019年12月3日　第1刷発行

著　者　ハワード・ユー
翻訳者　東方雅美
発行者　長坂嘉昭
発行所　株式会社プレジデント社
〒102－8641
東京都千代田区平河町2－16－1
電　話　編集（03）3237－3732
販売（03）3237－3731

ブックデザイン　吉岡秀典（セプテンバーカウボーイ）
編　集　中嶋 愛
制　作　関 結香
販　売　桂木栄一　高橋徹　川井田美景
森田巌　末吉秀樹
印刷・製本　凸版印刷株式会社

　ISBN978-4-8334-2344-1